Joe Bauer
In Stiefeln durch Stuttgart

W0086157

Joe Bauer, Jahrgang 1954, Autor und Kolumnist der *Stuttgarter Nachrichten*, zieht als Einzelgänger zu Fuß und mit der Bahn durch die Stadt. Seine Geschichten und Glossen verbreitet er in der Zeitung, in seinem Blog und in seiner mit Musikern und Entertainern aufgerüsteten Leseshow *Joe Bauers Flaneursalon*. Buchveröffentlichungen u. a.: »Ich gebe alles. Ein mentaler Anpfiff«, Berlin 2000. »Gefangen in Cleverly Hills. Stuttgarter Glossen und Geschichten«, Stuttgart 2003. »Schwaben, Schwafler, Ehrenmänner«, Berlin 2009. »Im Kessel brummt der Bürger King«, Berlin 2012.
www.joebauer.de

Edition
TIAMAT
Deutsche Erstveröffentlichung
Herausgeber:
Klaus Bittermann
1. Auflage: Berlin 2015
© Verlag Klaus Bittermann
www.edition-tiamat.de
Druck: cpi books
Buchcovergestaltung: Felder Kölnberlin Grafikdesign
ISBN: 978-3-89320-202-7

Joe Bauer

In Stiefeln durch Stuttgart

Zwischen Komakäufern und Rebellen

**Critica
Diabolis
230**

**Edition
TIAMAT**

Liebe Leserin, lieber Leser,

die meisten Texte dieses Buchs habe ich für meine mehrfach wöchentlich erscheinende Kolumne »Joe Bauer in
der Stadt« in den *Stuttgarter Nachrichten* geschrieben;
für den vorliegenden Band wurden sie überarbeitet. Ich
bedanke mich bei Jürgen Holwein und Gunther Scheuthle
für ihre freundschaftliche Unterstützung als ehrbare
»Stiefel«-Knechte.

Alle verbleibenden Fähler gehen auf mich.

Lieber zu weit gehen als gar nicht.

Inhalt

Der Strampeur

Vorwärts, der Tag ist warm und sonnig, ein heißer Blitz hat im Kreuz eingeschlagen, es war wohl mein eigenes, danach war ich schlecht zu Fuß. Wenn das Flanieren schwer fällt, die Neugier auf das merkwürdige Gebilde namens Stadt aber bleibt, empfehlen sich Straßenbahn- und Bus-Touren. Der Reise-Rhythmus muss bleiben.

Leider gibt es für das Herumfahren keinen so schönen Begriff wie für das Herumgehen: das Flanieren. In Erinnerung an das schwäbische Wort »Strampe« für Straßenbahn nenne ich meine SSB-Ausritte deshalb in Zukunft Strampieren. So kann ich auch dem Flaneur ein würdiges Hauptwort entgegensetzen: den Strampeur.

Das Busfahren ist nicht so meine Sache, man müsste von busieren und Buseuren reden. Heute, im Jahr 2015, bin ich mir nicht einmal sicher, ob noch einer das Wort poussieren kennt. Laut Duden bedeutet poussieren »mit jemandem eine Poussage pflegen«, also jemanden anbaggern. Das klingt altbacken, weil die poussierende Pussy-Generation anders spricht, wenn es darum geht, voll geil eine coole Bitch aufzureißen. Oder umgekehrt.

Sehr angetan bin ich, weil ich in jüngster Zeit immer wieder das Wort »knorke« bei jungen Menschen höre. Knorke kehrt zurück! »Eines Tages beschloss der Berliner, etwas Schönes, Angenehmes, Liebliches, etwas, das das Herz erfreut, mit knorke zu bezeichnen ... Eines Tages war das Wort da«, schrieb 1924 Kurt Tucholsky unter seinem Pseudonym Peter Panter. Der Dichter erklärte das Adjektiv allerdings schon damals für veraltet. Unsereins hat knorke erst Ende der Siebziger aufgeschnappt, als die berühmte Berliner Kabarett-Truppe »Die 3 Tornados« ihre Bühnenshow immer mit dem Lied

einleitete:»Ei, was ist denn da los / Da sind Die 3 Tornados / Knorke, knorke, knorke alle Mann.«

Knorke klingt definitiv knorke. Es beflügelt den Strampeur, wenn er hinausfährt in die weite Welt. Wo er etwas
erfährt über die Intelligenz der Menschen von Stuttgart
beim Versuch, eine Bahn zu nehmen. Dann dröhnt die
Stimme der SSB aus den Boxen des U-Bahnhofs, als
wären wir auf dem Rummelplatz:»Bitte lassen Sie aussteigen, bevor Sie einsteigen!«

Meine Hausbahn, die Linie 4, startet am Hölderlinplatz
im Westen. Nur selten mache ich mir die Mühe, bis ans
andere Ende, ins östliche Untertürkheim, zu reisen. Die
Fahrt dauert stolze sechsundzwanzig Minuten, und in
nicht mal einer halben Stunde fliegen die Bilder vieler
Kapitel Stadtgeschichte an dir vorbei.

Vorwärts, zum Stöckachplatz, wo in der Hackstraße bis
heute die Ruine des Gutshofs steht. Im Haus war früher
das Kino Schaumburg und danach das Tanzlokal Guts-
hof, Treffpunkt der Poussier-Stängel; so nannte man die
Vorstadt-Typen auf der Jagd nach einsamen Damen.
Heute sieht das Gutshof-Gebäude aus wie nach einem
Bombenangriff. Bald wird es abgerissen.

Weiter oben in der Hackstraße hat Emil Molt bis 1927
seine berühmte Zigarettenfabrik Waldorf Astoria betrie-
ben (und schon 1919 auf der Uhlandshöhe die Waldorf-
schule gegründet). Wenig später komme ich an einem der
letzten noch funktionierenden Gasthäuser aus der gla-
mourösen deutschen Epoche gerupfter Hühner vorbei, es
heißt Wienerwald, und an der Haltestelle Leo-Vetter-Bad
erinnere ich mich, wie dort in den Achtzigern Stuttgarts
Jugend von Welt Hallenbad-Partys feierte. Das Wort
Event war noch nicht üblich, es spielten aber schon
Rock-Bands, es gab Mode- und Frisurenshows. Das alles
nannte man nicht knorke und nicht geil, und schon lange
nicht mehr bärig oder dufte. Es war einfach so lange
hammerhart, bis mich meine internationalen Freunde in

der Strampe eines Besseren belehrten: Ey, voll krass, Alder, Fisch du, alte Puffbohne, weisch. Noch in Gedanken an den Osten setzte ich zur Landung an in Untertürkheim, wo der Strampeur als Buseur weiterreist auf der Linie 60 Richtung Luginsland. So heißt die vor mehr als hundert Jahren gegründete Arbeiterkolonie mit ihrem historischen Genossenschaftsmodell für lebenswürdiges Wohnen. Nicht weit vor dem Ortsschild, noch auf Untertürkheimer Hoheitsgebiet, steige ich aus und gehe die paar Schritte bis zum Jägerhaus. Das war mal eine stattliche Gaststätte mit Kellergewölbe, Metzger-Katakombe, Schweinetrog und Gartenwirtschaft. 1999 hat das Jägerhaus das Hundertjährige gefeiert.

Vor ein paar Jahren war Schluss mit der Gastlichkeit (zuletzt war es eine griechische). Dann haben Babs Steinbock und ihr Mann Udo, zwei Menschen, die seit jeher etwas mit Musik zu tun haben, das Jägerhaus zu ihrem Heim gemacht. Von ihrer Wohnung aus können sie hinaufschauen zur Grabkapelle auf dem Württemberg. Manchmal kommen alte Leute vorbei und erzählen Frau Steinbock, wie sie als Kinder im Jägerhaus einen Krug Bier für ihren Vater holen mussten, meistens am Zahltag. Und sie kennen die Geschichte der Familie Schlotterbeck, der Luginsländer Widerstandskämpfer in der Nazi-Diktatur; in Stuttgart hat man sie so gut wie vergessen. Vor 71 Jahren, am 30. November 1944, haben die Nazis die Mitglieder der Gruppe Schlotterbeck im KZ Dachau ermordet.

Die Jägerhaus-Besitzer öffnen einmal im Monat ihre Gasträume und präsentieren auf ihrer kleinen Bühne eine Vorstellung. Als ich Platz genommen habe, singt der Flaneursalon-Musikant Ralf Schübel einen Song von Joni Mitchell, er trägt den schönen Titel »Cool«. Das klingt voll knorke, bevor ich hinausgehe in die Abenddämmerung und meinen geilen Sonntag auf der Linie vier als Strampeur beende.

Die Seelenheilsarmee

Bin umzingelt von Psychos. Im Westen der Stadt wohnen fünfzigtausend Menschen, etwa eine Million von ihnen verdient nach meinem Gefühl ihr Geld im Therapie-Geschäft. Am Morgen stiefelte ich wie immer durch meinen Kiez, wollte vor dem Computer-Klimpern etwas Luft schnappen und die Birne aufladen. Einige Meter Hölderlinplatz, Lerchen-, Johannes- und Rosenbergstraße. Guten Gewissens kann ich in diesem Revier von einer Psychotherapeuten-Schwemme sprechen. Zu schweigen von unzähligen Heilpraktikern.

Wenn ich die Praxis-Schilder an den Häusern lese, befürchte ich, gleich könnten zwei Türsteher-Typen in langen, weißen Mänteln aus einem Lieferwagen springen und mich einsacken. So viele Psycho-Betriebe wie im Westen müssen von Schleppern und Kopfgeldjägern beliefert werden, wollen sie rentabel arbeiten. Womöglich aber leide ich auch nur an einer Psychotherapie-Phobie und brauche dringend professionelle Hilfe.

Das erste Warnschild entdeckte ich in meiner eigenen Straße: eine psychokinesiologische Praxis. Reaktionsschnell schaute ich im Taschentelefon nach, was Kinesiologen so treiben: Angeblich bauen sie Blockaden und ähnliche Stressdinger ab und steigern die Lebensqualität. Das ist wichtig, wenn du in Stuttgart lebst.

Dann streifte ich eine Praxis für analytische Kinder- und Jugendlichen-Psychotherapie, schon beim ersten Blick war ich überzeugt, dass die Sozpäd-Betreuer die jungen Seelen erfolgreich heilen: Im Eingang des Ladens steht ein Kicker. Der kreative Einsatz am Tischfußball-Gerät ist zweifellos effektiver zum Abbau von Depressionen als der Besuch eines VfB-Spiels.

Es steht mir in keiner Weise zu, die wissenschaftliche

Seriosität der Praxen zu hinterfragen, zumal ich selbst ein unheilbarer Anhänger von Gauklern, Magiern und ähnlichen Hokuspokus-Artisten bin. Weithin sichtbar wirbt an der Ecke Lerchen-/Johannesstraße ein geräumiges Etablissement namens Stiftung Psyche mit dem Schaufensterhinweis »gemeinnützig«. Das Motto »Faszination Psychologie« steht nicht nur für Gruppenarbeit und Workshops, sondern auch für »Führungen« und »Stadtspaziergänge«. Leider hatte die Stiftung während meiner Tour geschlossen, sonst hätte ich mich nach einer psychologisch untermauerten Herumstiefel-Tour durch die Stadt erkundigt.

Meine Stadtspaziergänge sind ja eher Ego-Trips, meist bin ich allein unterwegs, auf asozialem Kurs, und schon deshalb nicht in der Lage, das Angebot der Stiftung anzunehmen: »Wir helfen Dir zu werden, was Du Dir vorgenommen hast.« Etwas Vernünftiges habe ich mir nie vorgenommen, das ist die Tragik meines Lebens. Bis heute schleppe ich als Mantra einen Satz von Mark Twain mit mir herum, den ich aus therapeutischen Gründen an dieser Stelle los werden muss: »Die zwei wichtigsten Tage im Leben sind der Tag, an dem man geboren wird, und der Tag, an dem man herausfindet, warum.«

Diese Erkenntnis erklärt mein Scheitern auch ohne die Hilfe der Psychotherapie: An den Tag, an dem ich geboren wurde, kann ich mich nicht erinnern, und an den einundzwanzigtausend Tagen danach habe ich nicht mal ansatzweise herausgefunden, warum.

Bin mir deshalb auch nicht sicher, ob ich erste Hilfe am Hölderlinplatz fände. Ausgerechnet an dieser Chaos-Kreuzung mit ihren tausend Ampellichtern, die jedes gesunde Hirn beim Warten am Zebrastreifen zerstören, gibt es ein ganzes Haus voller Psycho-Personal. Anscheinend das westliche Epizentrum der Branche. Da spürst du die Schwingungen schon im Vorbeigehen: Der Groove der Seelen-Gurus macht deine Synapsen happy. Mit der Wirkung dieser ferngesteuerten Wellness-Therapie im Schritt kann der zahlungsfreudige Patient nicht nur auf »Beratung, Coaching, Seminare« verzichten. Er wird auch ganz entspannt aus der Diskussion um die Freigabe von Cannabis aussteigen und die wahre Gehirnwäsche eher in der gegenüberliegenden Bank vermuten.

Sehr wichtig im Angebot der Seelenheilsarmee sind die drei K: »Karriere, Konflikte, Kommunikation«. Diese Kriterien, auch als Auslöser von Kriegen bekannt, hängen mit weiteren menschlichen Schwächen wie »Mobbing, Ehe, Familie« zusammen – jedenfalls lerne ich das von den Praxis-Schildern.

Lösungen findet man im Bereich »Sprechen, Atmen, Stimme«, vor allem wenn auch ein Laie wie unsereins begriffen hat, wie sehr Sprechen, Atmen und Stimme voneinander abhängig sind. Man darf in diesem Fall von der menschlichen Troika des Lautgebens reden, solange nicht Roboter vollends das Sprechen übernehmen und so die sinnlose Sauerstoffvernichtung eindämmen: Politiker beispielsweise tragen ihre Statements ja nur in Sonderfällen wie Merkel oder Kuhn ohne Atmung und Stimme vor.

Die Therapeuten-Schwemme im Westen hat nicht nur damit zu tun, dass in diesem Bezirk extrem viele Grünen-Wähler wohnen. Die Zahl der Therapeuten stieg mit dem Niedergang der Eckkneipen, die neben lebenserfahrenen Abhängern mit Nehmerqualität auch heftig atmende Akademiker mit lauter Stimme besuchen durften. In diesen gut geräucherten Anstalten der höheren Psychologie funktionierte die Konfliktlösung früher therapeutisch einwandfrei: Man nahm die Brille ab, sagte »Gehn wir raus!« und kommunizierte vor der Kneipe, bis der Notarzt kam.

Das war kein Mord. Das war Fortschritt

Gestatten Sie, dass ich mich vorstelle, bin eine Art Heimaterkunder, gebe durch zielloses Herumgehen – das wahre Flanieren – und gezielte Touren meiner Neugier nach. Habe Gefallen gefunden am Müßiggang, einer Tugend, die lange vergessen war und seit geraumer Zeit in unsinnigen »Flanier«-Kursen der Sightseeing-Kundschaft als Event untergejubelt wird.

Flanieren ist eine intime Sache, Selbstschutz. Sören Kierkegaard hat 1847 in einem Brief an seine Schwägerin geschrieben: »Ich laufe mir jeden Tag das tägliche Wohlbefinden an und entlaufe so jeder Krankheit; ich habe mir meine besten Gedanken angelaufen, und ich kenne keinen Gedanken, der so schwer wäre, dass man ihn nicht beim Gehen los würde ... Bleibt man am Gehen, so geht es schon.« Jeder vernünftige Arzt würde diese Sätze auch heute unterschreiben.

2014 durfte ich als auswärtiger Gast das Vorwort für das Buch »Frankfurter Wegsehenswürdigkeiten« schreiben, eine Textsammlung von Autoren, die in Frankfurt Rang und Namen haben. Dieses Vorwort dient mir als Grundlage für die folgenden Zeilen.

Ich habe lange nach einem Weg gesucht, dem Phänomen »Meine Stadt« näherzukommen, auch um die Frage zu beantworten: Wem gehört sie? Wohl war ich als geborenes Landei neugierig, aber es dauerte, bis ich erkannte, dass der Satz »Geschichten liegen auf der Straße« keine Floskel ist. Das gilt nicht nur für Projekte wie die Stolpersteine zur Erinnerung an unsere ermordeten jüdischen Bürger. Manchmal hängen Geschichten an Hauswänden; eine unscheinbare Gedenktafel erinnert an einen Menschen, dessen Vergangenheit uns mehr über die Stadt erzählt als alle Marketingleute zusammen. Politiker, heute auch schon in den unteren Ligen von Marketing-Blendern gecoacht, sprechen von einer »Erzählung«, wenn sie Parteipropaganda meinen. Dass ihre Stadt durch wahre Erzählungen, nämlich durch Geschichte und Geschichten, interessanter würde als durch Stuttgarter Einkaufsnächte mit dem peinlich holprigen Slogan »S-City leuchtet«, kommt ihnen nicht in den Sinn.

Seit Mitte der siebziger Jahre lebe ich in Stuttgart. Der Schriftsteller Helmut Heißenbüttel hat diese Stadt einmal mit einer Wanne verglichen: »Diese Wanne ist rundherum abgeschlossen, sie hat zwei offene Seiten, einmal zum Neckartal und in einem schmalen Durchgang nach Heslach und Kaltental. Ein Spaßvogel hat einmal gesagt, wenn man diese beiden Ausgänge zustopfte und die Wanne voll Wasser laufen ließe, würde aus Stuttgart ein schöner See.«

Das ist eine reizvolle Idee angesichts der Tatsache, dass man für Stuttgart 21 mehrere Parks umpflügt, sechzig Kilometer Tunnel bohrt und damit Europas zweitgrößtes Mineralwasseraufkommen gefährdet. Offiziell heißt es, die Deutsche Bahn baue einen neuen »Tiefbahnhof«: ein »Verkehrsprojekt«. Als ob irgendein Trottel Milliarden investierte, damit der ohnehin ungeliebte Eisenbahnkunde fünf Minuten schneller von Stuttgart nach Bratislava fährt. Die Wahrheit ist: Die Gleise auf Gottes Erdboden müssen in den Untergrund, damit das milliardenschwere Immobilien- und Bodenspekulationsgeschäft freie Fahrt hat.

In aller Regel geht es ums Geschäft, wenn Städte verschandelt werden. Nach dem Zweiten Weltkrieg ließen die Rathauspolitiker Stuttgart mit Stadtautobahnen tranchieren. Es waren nicht nur die Bomber der Alliierten, die den Charakter von Stuttgart zerstörten. Es gilt der Satz, Stuttgart habe nach 1945 einen weiteren Krieg erlebt, nämlich die Vernichtung einzigartiger Architektur zugunsten der Autostadt. So glaubte jeder Fremde, Stuttgart mit seinen Fabriken von Mercedes, Porsche und Bosch sehe so aus wie manche Industrielöcher im Kohlenpott. Dabei liegt die Stadt, wie von Dichtern und Malern eingebettet, in einem Talkessel mit Weinbergen, die man aus dem einfahrenden Zug über dem Bahnhof sehen kann. Allerdings nicht mehr lange, weil das von Paul Bonatz entworfene, für S 21 zerstörte Gebäude durch eine U-Bahnstation ersetzt wird.

Warum ich durch die Stadt spaziere? Nach gut zwanzig Jahren als Redakteur, die meiste Zeit im Kulturressort der *Stuttgarter Nachrichten*, gab man mir eher zufällig eine Kolumne mit dem Titel »In der Stadt«. Womit ich die Kolumne füllen könnte, sagte keiner. Wasser haben wir ja leider nur in der Vorstadt. Der von Hölderlin besungene Neckar fließt nicht durch Stuttgarts Zentrum, wird deshalb von der Politik ignoriert und seit jeher als industrielle Wasserstraße missbraucht. Es gilt das alte Dichterwort: Den Charakter einer Stadt erkennt man am Umgang mit ihrem Fluss. Da liebe ich fast das nicht viel größere Frankfurt, wenn mich ein Einheimischer in ein Café am Mainufer führt, eine lustige Songzeile der Stranglers auf den Lippen: »Walkin' on the beaches looking at the peaches«.

Als Zeitungsschreiber hatte ich schon früh den Eindruck, eine Zeitung spiegele nur dürftig die Menschen und das Leben in der Stadt. Das ging mir nicht nur in Stuttgart so, auch in Berlin oder Hamburg wunderte ich mich, wie die Tagesblätter das Leben in ihrer Stadt wegblendeten. Mit den Menschen hatte die Feuerwehr- und Rathaus-Berichterstattung in den Lokalteilen nicht viel zu tun. Also begann ich vor vielen Jahren versuchsweise mit dem Herumgehen und Schnüffeln. In meiner ersten Herumgeherzeit nannte ich mich »Stadtstrolch«, ohne zu ahnen, dass diese Bezeichnung etwas mit dem wirklichen

Image des Flaneurs zu tun hatte. Vom schlechten Ruf des Flaneurs hörte ich erst später bei der Lektüre des literarischen Spaziergängers Franz Hessel: »Ich bekomme immer misstrauische Blicke ab, wenn ich versuche, zwischen den Geschäftigen zu flanieren. Ich glaube, man hält mich für einen Taschendieb.« Mich hält man oft wohl für einen Tagedieb, weil ich mir die Zeit nehme, die Augen aufzumachen.

Eines Tages kaufte ich mir ein kleines, gummiertes Fernglas. Mit dessen Hilfe gewöhnte ich mir an, die Häuser in den Straßen nicht länger nur bis zur Gürtellinie, also bis zum oberen Ende der Eingangstüren oder der Schaufenster, zu betrachten. Obenrum, das ist wie bei Menschen, wirkt alles anders als beim Blick bis zum Bauchnabel.

Das ziellose Herumgehen kam mir gelegen, weil ich an einer angeborenen Orientierungslosigkeit leide. Da fehlen irgendwelche Synapsen. Ich finde in einer fremden Stadt nie eine Straße oder eine Kneipe wieder, in der ich tags zuvor war. Am besten, ich suche nichts, gehe einfach der Nase nach. Zum Glück las ich in Paul Austers Buch »Winterjournal«, wie sich der New Yorker Autor und Spaziergänger in seiner Heimatstadt trotz nummerierter Straßen schwer tut, beim Aussteigen aus der U-Bahn zu begreifen, wo Süden und wo Norden ist. »Immer auf dem Holzweg, immer in der falschen Richtung, immer im Kreis herum«, schreibt er. Damit war geklärt, dass die Krankheit des hilflosen Herumirrens in der Stadt jeden befallen kann. Heute mache ich mir Mut mit meiner Losung: *Lieber zu weit gehen als gar nicht.*

Fast jedes Jahr reise ich für eine Woche pflichtschuldig nach New York auf der Suche nach dem Gefühl von Stadt: in der Nacht mit der U-Bahn raus aus dem Gewühl von Manhattan, runter nach Brooklyn, wo es entspannt sein kann wie auf einem Dorf und aufregend wie nur in New York City. An einem Ort, wo die Meldung umgeht, man wolle die Pferdekutschen in der Straßen nicht etwa aus Tierliebe abschaffen. Die Droschken sollen weg, weil ihre Stallungen im Trendviertel Hell's Kitchen den Immobilienhaien im Wege stehen.

Der Flaneur ist nicht rastlos. Wichtig beim Müßiggang ist die Pause. Die Pause an sich ist im Fluss des Lebens völlig unterschätzt, und die beste Erholung auf der Flucht vor den Wegsehenswürdigkeiten einer Stadt findet der Spaziergänger im Park. Der Park, sagen Stadtplaner, hat im kakofonischen Gebilde einer Großstadt (und was sich dafür hält) eine ähnlich bedeutende Rolle wie die Pause in einem sinfonischen Orchesterwerk. Deshalb ist es nur vernünftig, wenn die Bürger ihre Parks gegen die Bulldozer der Investoren und deren Lobbyisten verteidigen.

Der Hinwendung zur Stadt, auch zur eigenen, folgt meist eine gewisse Liebe oder Hassliebe, je nachdem, und die Liebe macht nicht blind, sie schärft den Blick und das Gehör. Der Streuner beginnt, sich über die Würdelosigkeit im Umgang mit der Stadt zu ärgern, er spürt den Zorn auf die Verschandler mit ihrem Geschwätz von »Modernität«. Sie reden von »Moderne«, wo der Ramsch der Vergangenheit in neuer Verpackung zum Himmel stinkt. Es sind die Wegsehenswürdigkeiten, die uns zu Hinsehern machen. Es sind die ästhetischen Verbrechen, die uns den Blick auch politisch öffnen. Kaum war 2011 in Baden-Württemberg die grün-rote Landesregierung angetreten, sagte der SPD-Fraktionsvorsitzende Schmiedel: »Wo der Bagger steht, geht es uns gut.«

Welch gestriger Geist die Bagger-Fraktion prägt, erklärte der amerikanische Konzeptkünstler Joseph Kosuth in einem Interview mit der Zeitschrift *Spex* über Städtebau: »Selbst wenn etwas nicht vollständig abgerissen wird, so lässt man in der Regel nur die Fassade stehen und baut dahinter praktische Gebäude. Das ist ein rückschrittliches Architekturverständnis. Architektur hat die Psychologie eines Ortes zu konservieren, dadurch ist es uns Menschen möglich, eine Verbindung herzustellen zu den Menschen, die vor uns dagewesen sind. Durchbricht man diese Logik, indem man nur die Fassade stehen lässt, verändert man die Städte, in denen wir leben, in eine Art Euro-Disneyland.« Euro-Disneyland macht sich in Deutschlands Städten unaufhaltsam breit, und die Kriminalpolizei meldet: Es gibt keine deutsche Großbaustelle mehr ohne den extremen Einfluss der internationalen Mafia, keine ohne Schwarzarbeiter.

Die Architekturkritikerin der *Stuttgarter Zeitung*, Amber Sayah, schreibt in ihrem 2012 erschienenen Buch »Architekturstadt Stuttgart«: »Auf dem Vormarsch ist die kalte Beliebigkeit schnell hochgezogener Büro- und Geschäftshäuser, dazu schreitet im Zentrum die Ausweitung der Konsumzone mit immer mehr immer gleichen Shopping-Malls fort, an den Rändern das gesichtslose Nebeneinander von Gewerbebauten, Discount-Märkten, Tankstellen und Fertighäusern wie überall.«

Man denke an Konfektionskästen wie *Das Gerber* (wegen der Marienkirche und den Obdachlosen in der Nachbarschaft nenne ich es St. Berber) oder das *Milaneo* (für mich Müllaneo). Das Müllaneo steht im sogenannten Europaviertel, eine jener Glas- und Beton-Wüsten, wie man sie unter demselben Namen auch in Frankfurt findet.

In den zwanziger Jahren des vorigen Jahrhunderts war Stuttgart ein Zentrum der Avantgarde, die Stadt wohl entschieden städtischer als heute. Liberal, weltoffen, manchmal mutig. Das galt für die Theater- und Musikbühnen ebenso wie für die Literatur oder das Varieté, wo Josephine Baker trotz Auftrittsverboten in Wien, Budapest und München in ihrem Bananen-Röckchen singen und tanzen durfte. Wo der Dichter und Kabarettist Joachim Ringelnatz den Satz formulierte: »Ja, Stuttgart ist schön. Gegen dies Scheiß-München ein Paris.«

Die Avantgarde wurde vor allem sichtbar in der Architektur, als Bauhaus-Pioniere wie Peter Behrens, Mies van der Rohe oder Richard Döcker in der Stadt wirkten. Es war die Zeit, als die Weißenhofsiedlung entstand, die Epoche der Moderne. Kurt Schwitters hat in seinem Aufsatz »Komplimente für den Weißenhof« über die Stuttgarter Ausstellung »Die Wohnung« 1927 ein schönes Bild von der damaligen Politik entworfen: »... die Behörden in Stuttgart und Württemberg kommen mir vor, als wären sie Hühnerglucken, die falsche Eier ausgebrütet haben, und nun stehen sie am Ufer des Teichs und sehen mit Stolz und mit Grauen, wie die Entenkücklein, die sie aber doch für ihre Kinder ansehen, weit hinaus auf die Wasserfläche schwimmen, wo sie ihnen nicht folgen können.«

Bis heute gibt es Stuttgarter Behörden-Gockel, welche die Avantgarde-Architektur des Weißenhofs für Schrott halten, den Plattenbau-Plunder im neuen Europaviertel in Bahnhofsnähe dagegen als Fortschritt rühmen. Im Europaviertel können sie nicht mal wie Schwitters' Hühnerglucken am Teichufer stehen, weil man das ursprünglich geplante Wasserbecken vor der Stadtbibliothek mit dem Kleingeist von Entenhausen gestrichen hat. Die neue Bücherei steht, eingekeilt von Shopping- und Bankenbauten, am Mailänder Platz, Symbol einer städtebaulichen Bankrotterklärung wie der nicht weit entfernte Pariser Platz – das Wahrzeichen meines geliebten *Quartier Kretin*.

Wie in der Architektur herrschte auch an der Akademie der Bildenden Künste Aufbruchstimmung, bevor die Nazis kamen. Abstrakte Maler wie Adolf Hölzel, Oskar Schlemmer und Willi Baumeister standen für eine neue Kunst, die Furore machte. Baumeister, der wie Schlemmer bei Hölzel an der Akademie studierte und seine Arbeiten schon 1926 in New York ausstellen konnte, schrieb 1929 in seinem Aufsatz *Stuttgart und die Schwaben*: »Stuttgart gehört zu den schönsten Städten des Kontinents. Im Sommer ist's im Talkessel heiß wie im Süden. Die Vegetation gedeiht wie im Treibhaus. Der Schlossplatz erinnert an Paris, der Hasenberg an Florenz, der Weißenhof an Algier, dank einer sowohl südlichen als auch radikal modernen Bauweise ...«

Mag bei Baumeisters Sätzen auch Ironie im Spiel gewesen sein, so kommt einem doch der Gedanke: Aus einer solchen Stadt hätte man doch was machen können. Aus ihrer einzigartigen Topografie, aus dem sympathischen Zusammenspiel von Ländlichkeit und Urbanität. Im Umgang mit den eigenen Ressourcen aber vermisst man in Stuttgart, diesem originellen Gebilde zwischen Hängen und Würgen, die Liebe zur Heimat. Keiner schert sich um die Frage: Wem gehört die Stadt?

Diese Ignoranz erfahren wir bei der fehlenden Wertschätzung des Neckars und des Mineralwassers, auch bringt die Stadtplanung keine in sich lebenden Viertel hervor. Stattdessen lässt sie historische Bausubstanz wie in ihrer Altstadt, etwa im Leonhardsviertel, verkommen und schielt dauernd nach anderen Städten, um mit peinlichem Image-Getue mitzuhalten. Erinnert sei an die großkotzige Trump-Tower-Idee, an einen ernsthaft ins Auge gefassten Tivoli-Park im Schlossgarten – oder gar an den Plan der achtziger Jahre, die Zahnradbahn zugunsten der Autofahrer ins Unterirdische zu verlegen. Heute baut man, der Himmel sei uns gnädig, in der Europaviertel-Zone ein Luxus-Hochhaus mit dem läppischen Namen *Cloud Number Seven.*

Unter der Überschrift »Teufelsspiralen« schrieb der (2015 leider verstorbene) Architekturkritiker Dieter Bartetzko 2013 in der *FAS* einen denkwürdigen Beitrag über den Bauwahn und den Mietwahnsinn. »Immobilienentwickler« versprächen »Neues Wohnen in der Stadt«, in Wahrheit aber »wachsen in den Innenbezirken von München, Stuttgart, Frankfurt, Hamburg, Lübeck, Leipzig, Hannover oder Berlin Wohnquartiere wie die sprichwörtlichen Pilze aus dem Boden. Doch mit dem Wohnungsbedarf und den fehlenden Sozialwohnungen haben diese so viel zu tun wie ein Flamingo mit einem Huhn – was entsteht, sind Luxusquartiere, deren Mieten und Kaufpreise das Monatseinkommen oder die Rücklagen der sogenannten Mittelschicht um ein Vielfaches übertreffen.« Die Luxusarchitektur, so Bartetzko, neige ästhetisch »zur Armseligkeit«, die Einheitlichkeit der Bauten erinnere »erschütternd an Praktiken der späten DDR«: an austauschbare Dekor-Serien in so unterschiedlichen Städten wie Rostock, Erfurt, Dresden.

Wo das dämliche Wort »modern« auftaucht, folgen die Totschlag-Argumente aus den Marketing-Büros: Jeder Schwachsinn gilt heute als »Zukunft« und »Fortschritt«. Aus der Psychologie weiß man, dass die menschlichen Hirnspeicher nicht etwa mehrheitlich mit Sammelstücken aus der Vergangenheit oder der Gegenwart gefüllt sind. Was den Kopf am meisten belastet, ist die Existenzangst. Schon deshalb steht heute jeder verkäufliche Scheiß für Zukunft und Fortschritt.

In Ruben Fleischers düsterem Hollywood-Film »Gangster Squad« spielt Sean Penn den Mobster Mickey Cohen im Los Angeles der vierziger Jahre. Der Verbrecher will die ganze Stadt. Als er, größenwahnsinnig und gierig nach »mehr«, ein weiteres menschliches Hindernis auf seinem Weg nach oben beseitigt hat, sagt er: »Das war kein Mord. Das war Fortschritt. Ich bin Fortschritt.«

Herr Lustig

Die tropischen Temperaturen des Höllensommers 2015 im Talkessel liefern dem Spaziergänger die beste Ausrede, sich im Schweiß seines Angesichts auf engem Radius zu bewegen. Das ist gut so. Menschen wie ich mit ihrem Herumstiefel-Kodex nehmen den eigenen Kiez in der Stadt oft am wenigsten wahr. Der anhaltende Baulärm in meiner engsten Umgebung hat mich schon vor Wochen in ein Exilbüro im Anfangsbereich der Senefelderstraße vertrieben. Seitdem nehme ich täglich die Senefelder von ihrem Ende aus in Angriff, von der Schwabstraße zwischen Hölderlinplatz und Rosenbergplatz.

1861 hat man die Straße nach Alois Senefelder benannt, dem 1771 in Prag geborenen Erfinder des Steindrucks. Halbwegs berühmt und berüchtigt in der Stadt ist sie bis heute für ihr ehemaliges Zuchthaus hinter dem Post-/DHL-Gebäude. 1850 wurde es eröffnet, bis zu 185 Gefangene waren darin untergebracht, vor allem zu lebenslanger Haft verurteilte Männer. Drei Delinquenten starben an diesem grausigen Ort unter dem Fallbeil. Offiziell hieß die Festung Pönitentiarhaus, abgeleitet von poena: lateinisch für Strafe. 1900 wurde der Kerker geschlossen, danach zogen Werkstätten der Kunstgewerbeschule, das Schulmuseum und später Wohnungsmieter ein. Wer das ehemalige Zuchthaus sucht, findet es, leicht versteckt, hinter besagter Poststation, einer Art Kolonialladen, über den Zugang Senefelderstraße/Ludwigstraße.

Der Horror-Knast wirft heute keine Schatten mehr auf die Route zwischen Reinsburgstraße und Schwabstraße. Im Gegenteil, mir ist die Strecke ein Vergnügen. Bevor ich in die Senefelder einbiege, komme ich an der Shell-Tankstelle am Rosenbergplatz vorbei. Gegenüber ist seit vierzehn Jahren das Lokal La Bamboo. Mit seinen bunten Menü-Fotos neben der Tür erinnert es fälschlicherweise an einen Fast-Food-Laden. Mit der seltenen journalistischen Erfahrung, nie im Leben auch nur eine einzige Gastro-Kritik verbrochen zu haben, versichere ich mit gutem Gewissen, dass man in dieser Eckkneipe vortrefflich & günstig essen kann. Würzige, von Curry und Kokosmilch geprägte Speisen nach Rezepten aus Sri Lanka. Der sri-lankische Wirt, genannt Leo, kam vor Jahren nach Stuttgart, seine Frau, Stuttgarterin, hat er in einem Hotel seiner Heimat kennengelernt.

Immer wenn ich solche kleinen Dinge aufschreibe, merke ich, wie einfältig und lächerlich es ist, ständig Leute nach »Flüchtlingen«, »Ausländern«, »Einwanderern«, nach »Bürgern mit Migrationshintergrund« und so fort zu sortieren. Es leben nun mal viele verschiedene Menschen in der Stadt, und mich fragt ja auch keiner, woher ich komme, wenn ich bei Gluthitze Cowboystiefel aus dem Gerberviertel-Laden *Boots by Boots* trage, mich für ehemalige Zuchthäuser interessiere und mir bei ihrem Anblick gerechte Folterstrafen für Lärmhandwerker ausmale.

Jetzt aber wieder hurtig in die Senefelder. Leicht bergab und schnurgeradeaus. Überall im Westen gibt es neue kleine Tageslokale, eines von ihnen ist das Mertens an der Ecke Breitscheidstraße, geöffnet montags bis freitags von morgens um acht bis nachmittags um drei. Frühstück. Mittagessen. Sehr beliebt. Keine Bange, ich bin auch kein verkappter Gastro-Führer, verweise aber noch auf das Café Moulu, Ecke Leuschnerstraße, vor dem zu jeder Tageszeit Leute an der Straße sitzen. Vorsichtshalber sage ich im Vorbeigehen pauschal guten Tag, buenos díaz usw., irgendeinen kennt man immer.

Ein Schild an der Ecke Schlossstraße hat zuvor schon meine Aufmerksamkeit geweckt: Der Arzt Dr. Zoltán Vámosi kümmert sich hier nicht nur um Hals-, Nasen-

und Ohrenprobleme, er ist auch Spezialist für die *Musi-kermedizin.* Ein weites Feld, doch verschweige ich an dieser Stelle die Probleme gelenk- und sehnengeschä-digter Geiger und atemloser Trompeter mit Lampenfieber mit Rücksicht auf das internationale Arztgeheimnis und den Zustand einiger meiner Freunde.

Nicht weit von der Praxis des ungarischen Musiker-doktors treffe ich, als hätte mich der Sound der Stadt zu ihm geführt, Duncan Smith, den Chef der *Rock Star Photo Gallery.* In seiner kleinen Hall of Fame, Senefelder 56, lagern viele Originalfotos, Porträts von Bob Dylan bis Frank Zappa. Mr. Smith kennt erstklassige Fotokünstler in London, wo er geboren und aufgewachsen ist. Ein Schulfreund seines Vaters ist der Rockstar Ray Davies, der legendäre Sänger und Songschreiber der Kinks.

Muss ich noch das buddhistische Meditationszentrum und den benachbarten Spezialladen für Brautmoden und Taufen mit den Hausnummern 37 und 35 erwähnen? Ja, das Leben muss noch eine Weile weitergehen. Wer weiß, wann ich wiedergeboren werde.

Und dann lande ich bei einem der für mich längst wichtigsten Männer der Senefelderstraße. Er begrüßt mich wie einen Bekannten, dabei bin ich ein absoluter Neuling ohne besondere Kaufkraft in Orhan Sevimlis Laden, Ecke Gutenbergstraße. Das Geschäft namens Markt-Ecke gibt es seit vierzehn Jahren, ein großes klei-nes Ding, das wir zwischen all den Konsumklötzen in der Stadt brauchen wie die Luft zum Atmen. Es gibt Obst, Gemüse, Getränke, was weiß ich, vor allem auch astreine Brezeln. Herr Sevimli sagt mir, sein Nachname bedeute auf Deutsch »lustig«, und als ich im türkischen Wörter-buch nachschaue, wird »sevimli« unter anderem auch mit »charmant, liebenswürdig, putzig, knuffig« übersetzt. Ich arbeite noch mehr als die Schwaben, sagt Herr Lustig, und an der Kasse nickt heftig zustimmend ein Kunde, den ich kenne: Es ist der Stuttgarter Kunstsammler Rolf

Mayer, auch er ein großer Spezialist für Fotos aus dem 19. Jahrhundert. Wir plaudern eine Weile, ehe ich in der Nähe des italienischen Restaurants Riva in einem Hinterhof verschwinde. Wenn ich noch mal auf die Welt komme, werde ich wieder Straßenjunge.

Der Klang der Klinge

Als Spaziergänger bin ich nicht frei von Betriebsblind-
heit. Gelegentlich verliere ich ausgerechnet die Nachbarschaft, den eigenen Kiez aus den Augen. Es ist ein kalter,
sonniger Februarmorgen, als ich im Westen aus dem
Haus und dann durch die Traubenstraße gehe, linker
Hand der Hölderlinplatz. An der Ecke Ludwig-Pfau-
Straße arbeitet Timi der Barbier. Am Eingang seines Her-
rensalons steht eine alte Schreibmaschine. Retro-Deko.
Timi, eigentlich Shpëtim Osmani, rasiert gerade einen
Kunden mit dem Messer, und vom Hörensagen weiß ich,
dass ich schlechte Karten habe: Der nächste freie Termin
für eine Rasur mit Zitronenkompressen, Dachshaarpinsel
und Messer ist erst in vier Wochen. Kein Problem. Bis
dahin werde ich mich selber rasieren, und das neuerdings
mit Vergnügen.

Der Reihe nach. Wir lassen uns Zeit, und wenn wir
dem Bart beim Wachsen zuschauen, ist das spannender
als die Diskussion, wer neuer Baubürgermeister von
Stuttgart wird. Und anschließend die Befehle der Immobilien-Investoren und ihrer Rathaus-Lobbyisten befolgt.

Gegenüber Timis Salon ist die italienische Bar Vicino.
Hier triffst du Tod und Teufelin, hie und da die Komike-
rin Christine Prayon, dem Fernsehpublikum als Birte
Schneider aus der »Heute Show« des ZDF bekannt. Ein
paar Meter weiter arbeitet Johannes Metzner. »Moderne
Schuhreparatur« steht über dem Ladeneingang. Ich kaufe
Spanner aus Holz für meine Stiefel. Der Schuhmacher-
meister ist 77, seit vierzig Jahren hat er seinen Laden.
Davor wurde in den Räumen Milch und Käse verkauft.
Er arbeite, damit er nicht wie viele Rentner Depressionen
bekomme. Sagt er. Die Leute im Westen brauchen ihn.

Vor der Tür begegnet mir die Schauspielerin Lucia Schlör, sie ist auf dem Weg zur Bäckerei Willi Kratz. Hier gibt es die besten Laugenwecken weit und breit, sagt sie. Gegenüber liegt die Blumen-Insel; der Laden gehört Dilaver Gök, einem Kollegen von Lucia. Manchmal tritt er in seinem Geschäft bei abendlichen Comedy-Shows auf.

Eigentlich sollte ich jetzt Richtung Arbeitsgericht abbiegen und mich im benachbarten Café Stöckle in Juristen-Gesellschaft vor der Arbeit drücken. Aber da ist noch diese Rasiergeschichte, und die führt ein paar Schritte weiter: zu Anne John, Schwabstraße 183.

Frau John, gelernte Pädagogin, hat nach ihrer Umschulung vor dreizehn Jahren den Kosmetikladen »Balance« eröffnet. Haut- und Wellness-Behandlungen, Beratung, Bio-Produkte. Bei ihr erfahren wir etwas über die Vorzüge einer guten Seife gegenüber dem Waschgel. Sie weiß viel über die Sensibilität eines lebenswichtigen Organs namens Haut, führt auch Riechfläschchen mit Kräutern und französische Geruchsverzehrer, gibt sich aber so bodenständig, dass keiner an Esoterik denkt. Bei mir gibt es kein Chichi, sagt sie. Nein, es geht ums Durchhalten im Kampf gegen die Konzernfilialen.

Ich bin jahrelang an Frau Johns Laden vorbeigegangen, eher achtlos, hie und da eine Spezialcreme, wenn nach der Amateurrasur die Haut gejuckt hat. Dann kam der Tag, als mein Blick an den Rasierern im Schaufenster hängen blieb. An diesen formschönen Objekten aus Edelstahl. Man spricht von einem Griffkörper und dem Kragen für die traditionellen Stahlklingen. Die sind wirklich edel, anders als die in Plastik versenkten Dinger, mit denen sich Frauen die Beine rasieren.

Ich habe mir einen Klassiker von Mühle aus dem Erzgebirge gekauft. Mühle wurde im 19. Jahrhundert gegründet, in der DDR verstaatlicht, nach der Wende privatisiert und international erfolgreich. Mein Rasierer kostet vierzig Euro, es gibt viel teurere, virtuos geformte Instrumente mit Schmetterlings-Öffnung oder Bajonett-Verschluss für die Klinge. Die Investition wird sich amortisieren, traditionelle Klingen, lange nur noch an den Ketten von Punks zu sehen, sind entschieden billiger als die Vielfach-Klingen aus der TV-Werbung.

Seit ich mein Edelmetall habe, diesen Hobel mit der klassischen Klinge, macht mir Rasieren erstmals im Leben Spaß. Das Gesicht heiß waschen, mit der Seife einpinseln, den Schaum drei Minuten einziehen lassen. Das Gewicht des gut in der Hand liegenden Stahls spüren, die Klinge legt sich mit knisterndem Sound auf die Haut. Das ist so erregend, wie die Nadel eines Platten-spielers auf eine Vinyl-Scheibe zu setzen. Und am Ende kaltes Wasser und Balsam. Nicht umsonst redet man in spanisch sprechenden Ländern vom »Ritual del Hom-bre«.

Die Nassrasur ist heute weltweit ein Männerkult, vor allem in Großstädten. Bei Frau John erhält man das in zwei Sprachen produzierte Magazin *Rasier-Spiegel*, auch im Internet gibt es reichlich Lektüre. Anne John, 61, hat seit jeher ihre kleine Barbier-Abteilung im Laden. Und bevor Timi der Barbier seinen Salon eröffnete, hatte er bei ihr von Zeit zu Zeit Männer mit Pinsel und Messer auf den Geschmack gebracht.

In Frau Johns Laden steht der schöne Rasiersessel, ein mit Leder gepolsterter Öldruckpumpstuhl. Funktionale Handwerkskunst. Weil die schwere Metallplatte am Fuß eines solchen Sitzes selbst schwerem Seegang standhält, sind historische Rasiersessel bei reichen Jacht-Besitzern sehr gefragt und deshalb nicht leicht zu bekommen.

Vor der eigenen Haustür ist viel im Fluss. Mehrfach war ich zuletzt in den neuen Einkaufsklötzen der Stadt. Gelangweilt habe ich mich gekratzt, wo die unrasierten Haarstoppeln jucken.

Lügen haben Beine

Es konnte nur noch Stunden dauern, bis der Frühling kommen würde. Ich saß auf dem Sofa und sang: »Im Märzen der Bauer / die Rösslein einspannt ...« Diese musikalische Darbietung mit mir als einzigem Zuhörer im Publikum geriet etwas kurz, weil ich den restlichen Text nicht kenne und aus ökologischen Gründen auf einen Internet-Ausdruck verzichtete.

Ich habe keine Zweifel, dass Sie meine Ausführungen bis hierher vermutlich so interessant finden wie die Frage, ob Baden-Württembergs weithin unbekannter SPD-Spitzenkandidat Schmid auch künftig ohne ein *t* am Namensschwanz zurechtkommt.

Die einleitende Notiz mit dem Lied aus meinem Langweilerleben habe ich gewählt, um Sie auf mein Dilemma hinzuweisen: Würde ich meine Arbeit als Kolumnenschreiber so berechnend ausüben wie unsere Politiker ihren Job als Berufslügner, müsste ich mich pausenlos damit beschäftigen, was bei Ihnen gut ankommt.

Leider aber weiß ich nicht, was Ihnen Spaß macht und worunter Sie leiden. Nicht mal sexuell. Politiker wissen das noch weniger. Deshalb lassen sie auf Kosten der Steuerzahler ganze Trupps von Marketing-Typen ermitteln, mit welchen Waschmittel-Sprüchen sie das Lebensgefühl der noch wählenden Bürger treffen könnten. Mit »Geiz ist geil«, »Atemlos durch die Nacht« oder doch lieber mit der Prosa: »An allem sind die Flüchtlinge schuld, und ist gerade keiner greifbar, hacken wir auf den Griechen rum.«

Am Sonntag las ich auf dem Sofa eine Biografie der jüdischen Denkerin und Publizistin Hannah Arendt. Bekanntlich missbraucht der grüne Ministerpräsident bei jeder unpassenden Gelegenheit Frau Arendt als Kalendersspruchlieferantin. Sie ist tot und kann sich nicht mehr wehren. Dank seines vegetarischen Presssack-Schwäbisch kommen vor allem die nasal gequetschten A-Laute bei der Nennung des Namens Hannah Arendt höchst wirksam beim Publikum an. Viele von Kretschmanns Zuhörern leiden inzwischen an Hörsturz oder Tinnitus.

Neulich war in einer 3Sat-Folge aus der Reihe »Bauerfeind attestiert ...« zu sehen, wie Kretschmanns Pressesprecher für einen Eintrag ins Gästebuch einer Landgemeinde seinem Chef Kalendersprüche zur Auswahl vorlegte. Als der Verlautbarungsknecht mit der ihm eigenen Stilsicherheit befand, Hannah Arendt sei »zu sperrig«, nahm Kretschmann ein Seneca-Zitat. Vermutlich hat er es bis heute nicht gelesen. So funktioniert große Landesvater-Propaganda.

Bei meiner Sonntagslektüre auf dem Sofa las ich Hannah Arendts Satz: »Wer sich selbst belügt und auf seine eigene Lüge hört, kommt schließlich dahin, dass er keine einzige Wahrheit mehr weder in sich noch um sich unterscheidet.« Diese Weltsicht nennt man auch Politik. Wer auf seine eigenen Lügen hört, labert wie Kretschmanns Grüne von »Bürgerbeteiligung«. In Wahrheit existiert der Bürger als Mensch mit Würde für die Politiker schon lange nicht mehr. Vielmehr werden auch noch die letzten halbwegs bürgernahen Einrichtungen auf marktwirtschaftlichen Profit getrimmt. Der Bürger ist tot. Es vegetiere der Kunde! Näheres in Ihrem Jobcenter.

Die Parteien und deren Marketing-Ermittler des gesunden Volksempfindens machen ja bekanntlich nichts anderes als die BWL-Strategen von Media-Markt oder Telekom. Allerdings habe ich im international besetzten Telekom-Shop schon erlebt, wie ein freundlicher junger Mensch dem Kunden aus der Patsche half. Bei den vom deutschen Größenwahn beherrschten Politikern ist diese Art Lebenshilfe undenkbar.

Ich saß also sonntags auf meinem Sofa und spielte mal nicht mit meinem Smartphone, sondern mit Gedanken. In der Arendt-Biografie blieb ich an einem Satz des römischen Philosophen Cato über den Austausch des Menschen mit sich selbst hängen: »Nie ist der Mensch tätiger, als wenn er nichts tut, und nie ist er weniger allein, als wenn er für sich allein ist.«

Postwendend schickte ich das Zitat per SMS an einen älteren Freund in der Absicht, sein tristes Rentnerdasein poetisch aufzuwerten. Nach einiger Zeit erreichte mich seine Nachricht, er büffle gerade Italienisch und sei in seinem Lehrbuch auf folgenden Satz römischer Philosophen gestoßen: »Per te contano di più le tette o le gambe?«

Um dem Freund meine mangelnde Bildung zu verheimlichen, leitete ich das Zitat arglos mit der Bitte um Übersetzung rasch an eine in Italien lebende Freundin weiter. Schneller als mir lieb war, kam die Antwort: Ob ich in meinem Alter nichts Besseres zu tun hätte, als eine ehrbare Dame am helllichten Sonntag mit der blöden Männerverein-Frage zu belästigen: »Sind die Titten für dich wichtiger oder die Beine«?

In diesem Moment begann ich »Im Märzen der Bauer…« zu singen. Und jetzt sage ich Ihnen, woher der Satz »Per te contano di più le tette o le gambe?« kommt: Er stammt aus dem Lehrbuch »Sprechen wie ein echter Italiener«, erschienen im Pons-Verlag der Klett-Gruppe Stuttgart. Und womöglich kommt der deutsche Original-Dialog aus einem S-Bahnabteil auf der Strecke von Böblingen nach Herrenberg. Ich hoffe, damit doch noch ein Thema von breitem Interesse gefunden zu haben. Selbst wenn die Frage, ob Lügen Beine haben oder Titten, beim Blick auf die Grünen etwas vermessen erscheint: Aufregender als die Wahl zwischen Grün-Rot, Schwarz-Grün, Schwarz-Rot usw. ist sie allemal.

Wie in New York

Es ist April und endlich Frühling. Auf dem Schlossplatz haben die Berufsschachspieler ihre Bretter aufgebaut, sie treten simultan gegen zwei Gegner an und gewinnen. Gute Profis achten darauf, dass ihrem Publikum die Siege nicht so mühelos erscheinen. In New York saßen früher Dutzende von Schachspielern an Klapptischen am Straßenrand und forderten Touristen heraus. Wenn hin und wieder ein Tourist siegte, hatte ihn der Straßenprofi in der Regel gewinnen lassen, um weitere Kandidaten für ein Spiel um gute Dollars zu ermutigen. Die Null-Toleranz-Politik in den Neunzigern, als New Yorks Bürgermeister Giuliani die Stadt rigoros säuberte, vertrieb auch die meisten Schachspieler. Nur noch an wenigen Plätzen sind sie geduldet. Nach dem Anschlag auf das World Trade Center sagte Giuliani den Bürgern von New York: »Zeigt, dass ihr keine Angst habt. Geht einkaufen!«

Im April 2015 ging im Kunstmuseum am Schlossplatz die Ausstellung des universellen Künstlers Dieter Roth zu Ende. Roth gehörte zur New Yorker Fluxus-Bewegung, in den Achtzigern hat er auch in Stuttgart gearbeitet, von ihm stammt der Satz: »Alles, was ich mache, ist ein Irrsinn, der eines Tages in sich zusammenbricht.«

Damit hat er die Arbeit der gegenwärtigen Politiker auf den Punkt gebracht. Die Stuttgarter Landtagsmeute haust ja im Kunstgebäude, seit ihr Stamm-Domizil umgebaut wird. Grund für die Renovierung des Gebäudes ist ein Defizit, das auch der beste Architekt nicht beheben kann: Im Landtag herrschte notorische Unterbelichtung.

Lange hat man Stuttgart »Stadt der Architekten« genannt, weil überdurchschnittlich viele Menschen dieses Berufsstands unter uns lebten. Dass viele dieser Leute an ihrem Wohnort auch gearbeitet haben, ist unwahrscheinlich. Die meisten unserer neueren Stadtarchitekten müssen von Beruf Baggerfahrer oder Panzeroffiziere gewesen sein.

Der große, erst im März dieses Jahres gestorbene Stuttgarter Architekt und Visionär Frei Otto war ein Bruder im Geiste Dieter Roths. Er schaffe nichts Dauerhaftes, hat Frei Otto gesagt, seine Bauten seien immer für den Abriss bestimmt. Für die wahren, die protzigen Denkmäler für die Ewigkeit, sind bekanntlich die Politiker zuständig. Wem zu Lebzeiten nichts Brauchbares einfällt, der will wenigstens mit städtebaulichen Schandmalen unsterblich werden.

Ein Kollege und Projektpartner Frei Ottos hat mal gesagt: »Ein Bau muss dort stehen, wo er hingehört. Sonst ist er ein toter Bau zwischen anderen toten Dingen.«

Wer den Wahrheitsgehalt dieses Satzes prüfen will, gehe hinaus in die Glas- und Steinwüste namens Europaviertel und besuche die Stadtbibliothek. Deren imposante Architektur, getötet von Shopping-Hochbunkern und Bankenklötzen, müssen Security-Leute schützen. Die dynamische Schnellfress-Kundschaft des benachbarten Müllaneo hat die Eingangshalle immer wieder als Pausenhof missbraucht.

Über die zentrale Moskauer Straße des Europaviertels gelangt man zur Wolframstraße, wo an der Ecke zur Heilbronner Straße auf dem Baufeld 7 der neue Wohnturm »Cloud No 7« steht. Wolke sieben ist ein guter Name für ein Hochhaus in dieser Stadt. Im Englischen gibt es den Begriff *cloud number seven* überhaupt nicht. Bei den Briten heißt das, was wir Wolke sieben nennen, *cloud nine* (George Harrison hat es uns gesungen).

Es ist überfällig, dass Stuttgart seine städtebauliche Vollkommenheit auf Erden auch himmelwärts ausdehnt. Der Wolke-sieben-Bauherr, von Beruf Chef der Schwäbischen Wohnungs AG, sagte neulich, der 61 Meter hohe

Luxus-Bau schaffe das »Lebensgefühl von New York in heimischer Umgebung«. Das ist wahr. Kaum stehst du als chinesischer Apartment-Käufer vor der heimischen Tür an der Heilbronner Straße, musst du dich entscheiden: Gehst du heute lieber hoch zum Central Park oder doch lieber runter zum südlichen Battery Park? Oder womöglich gleich hinaus ans Meer nach Coney Island?

Vielleicht machst du am Morgen aus Fitness-Gründen einen Abstecher zur Jogging- und Fahrradroute am Ufer des Hudson River. Vom Neckar hast du eh noch nie was gehört. Von der Ecke Heilbonner Straße/Wolframstraße ist es auch nicht weit zur Grand Central Station, der Bahnhofsruine im Schlossgarten. Die neuen Schienenstränge von Stuttgart bis zur Donau sind zwar noch nicht ganz fertig. Schon die Bauarbeiten aber bereiten dem Passagier ein geiles Wellness-Feeling: Auf dem Weg von der Bahnhofshalle zu seinem Bahngleis muss er inzwischen die Hälfte der Strecke von Stuttgart nach Ulm zu Fuß zurücklegen. Um die Beschleunigung konditionell zu meistern, hat man im Bahnhof extra neue Fress- und Proviantbuden aufgestellt.

Für das New Yorker Lebensgefühl im schwäbischen Kessel hat nur noch das Wahrzeichen Wolke sieben gefehlt: Sage und schreibe achtzehn Stockwerke ist es hoch! Damit bist du in einem New Yorker Wolkenkratzer knapp über dem Keller. Die restlichen paar hundert Meter Höhe bis zum Penthouse des Mafia-Bosses denkst du dir beim Blick auf den geschlossenen Fernsehturm hinzu.

Zur Aufwertung unserer urbanen Heimat und vor allem unserer heimischen Hipster sei gesagt: Brooklyn oder Botnang, Staten Island oder Stetten/Filder – das ist beim Blick durch die Hornbrille völlig wurscht.

Wenn du mit Vollbart, Strampelhose und Stoffturnschuhen in einem weltstädtischen Eiscafé am Marienplatz vor der Zacke hockst, ist auf New Yorks Meatpacking District samt seiner alten Hochbahn geschissen.

Der Big Apple mit seiner virtuosen Schachbrett-Architektur ist überall in unserer schönen Stadt präsent, vor allem jetzt, da sich nach den Keilereien von Straßenbanden aus Stuttgarts umliegenden Dörfern eine Lobby im Kessel für die Null-Toleranz-Politik stark macht: Demnächst sollen Waffen in Stuttgart verboten werden, vor allem solche, die schon seit jeher verboten sind. So ist das, wenn es mal richtig auf den Big Epfel gibt.

Sollte sich ein Stuttgarter Sittenwächter allerdings an meinem Hosentaschenmesser vergreifen, wird es Trouble geben wie damals in Hell's Kitchen, bevor sich das Viertel die New Yorker Immobilien-Geier unter den Nagel rissen. Mein Messer ist 5,6 Zentimer lang, neun Millimeter breit und zehn Millimeter tief. Erworben habe ich es im Laden der einst königlichen Messerhofschmiede Gebrüder Müller an der Stiftskirche, wo über dem Turm der wahre Himmel ist. Mein Messer beherbergt sieben gute Klingen, und Ihnen, werte Waffenbrüder, verrate ich, was mein vielteiliges Schweizer Taschenstilette mit New Yorks Städtebau gemein hat: „Architektur", habe ich mal gelernt, „ist die Kunst, Raum zu organisieren." Architektur in Stuttgart dagegen ist das Kunststück, Raum, Topografie und Landschaften zu zerstören. Dafür braucht man nicht mal einen Waffenschein. Das richtige Parteibuch genügt.

Heimat Hallschlag

Cannstatt. 66 000 Einwohner. Ein Spaziergänger hat gut zu tun, will er halbwegs ein Gefühl dafür bekommen, wo er ist. Von einer Anhöhe des Kurparks aus kann ich den Killesberg sehen. Dazwischen im Tal liegt das, was man Stuttgart nennt, ohne zu ahnen, was zu dieser Stadt alles gehört. Als der scheidende Asylpfarrer der Stadt, Werner Baumgarten, im Sommer 2015 sagte, die derzeit 3800 Flüchtlinge in Stuttgart seien in viel zu wenigen der 152 Stadtteile untergebracht, vermutete ich einen Schreibfehler. Und hatte mal wieder keine Ahnung. Es gibt tatsächlich 152 Stadtteile, allein im Bezirk Cannstatt 18.

In der Gottfried-Daimler-Gedächtnisstätte, dem Gartenhaus im Kurpark, unterhalte ich mich mit Herrn Köble, dem charmanten Besucher-Betreuer. Neben uns steht der »Reitwagen«, der Nachbau des Motorrads, das Gottlieb Daimler zusammen mit Wilhelm Maybach entwickelt hat. Beide Pioniere sind auf dem Uff-Kirchhof begraben, einem der ältesten Friedhöfe Stuttgarts. Als ich nach dem Parkbesuch über den Friedhof gehe, sehe ich das Grab des revolutionären Dichters Ferdinand Freiligrath, gestorben 1876 an Herzversagen in seiner Cannstatter Stammkneipe Alter Hasen. Das Gasthaus in der Neckartalstraße gibt es noch.

Cannstatt: Stuttgart-Juwel, unterschätztes Anhängsel mit großer Geschichte, einem echten Fluss und feinem Mineralwasser.

Rund 30 Prozent der Cannstatter sind heute Ausländer. Seit langem schon kommen Migranten in den Ort, Kriegsflüchtlinge im 17. Jahrhundert, polnische Arbeiter in den Tabakfabriken des 19. Jahrhunderts, Zwangsarbeiter unter den Nazis (die Cannstatt 1933 in »Bad Cann-

statt« umtauften). Über den Umgang mit Fremden gibt
es, wie immer im Schwäbischen, widersprüchliche Aus-
sagen. In Jürgen Hagels lehrreichem Buch »Cannstatt
und seine Geschichte« findet sich ein Zitat des 1980 verstorbenen Autors Thaddäus Troll: »Wer in der Schule
nicht Schwäbisch schwätzte, wurde so lange verhauen,
bis er von seinem Hochdeutsch abließ.« Und man liest
den Satz aus einem Fremdenführer von 1869: »Der
Cannstatter benimmt sich gegen den Fremden so, dass
Letzterer, wenn er nur will, sich schnell heimisch fühlen
wird.«

Die meisten Ausländer auf Cannstatter Gebiet leben
heute im Hallschlag, 40 Prozent der 7000 Einwohner.
Bevor ich im herrlich wilden Kurpark Luft geholt und
mich rund um den Kirchhof umgesehen habe, war ich im
Hallschlag. Einem der Stadtteile, in dem Flüchtlinge untergebracht werden. In der Lübecker und in der Dessauer
Straße, nur Minuten von der Haltestelle der noch jungen
Linie 12 entfernt, ist eine unheilvolle Situation entstanden: Mehrere Wohnblocks wurden vom Besitzer, der
städtischen Immobilienfirma SWSG, zum Abriss frei-
gegeben. Erbaut in den Fünfzigern, Ende der Achtziger
saniert. Neue, »attraktive« Wohnungen mit höheren
Mieten sollen hochgezogen werden. Die bisherigen Bewohner mussten bereits oder müssen bald ausziehen. In
ihren Räumen wurden und werden bis zum Abriss im
kommenden Jahr Flüchtlinge untergebracht. Bei vielen ist
der Eindruck entstanden, sie müssten nur wegen der
Flüchtlinge gehen. Und nicht aufgrund der »Stadtteil-
Aufwertung«, der Gentrifizierung. Sie können das nicht
verstehen. Das Gefühl von Ungerechtigkeit fördert die
Fremdenfeindlichkeit.

Ich unterhalte mich mit zwei Frauen, beide müssen um-
ziehen, bekamen Ersatzwohnungen in der Gegend. Eine
von ihnen ist eine alleinstehende Mutter mit drei Kindern,
sie muss mit 50 Quadratmetern und einem Ofen zurecht-

kommen. »Ja, wenn man alle Flüchtlinge zu uns reinlässt...«, sagt sie. Ich frage die Frauen, ob sie eine Vorstellung hätten, wie viele Flüchtlinge gerade in Stuttgart lebten. »Fünfzigtausend«, sagt eine. »Keine viertausend«, sage ich. »Dann ist das was anderes«, sagt sie. – Ein Beispiel dafür, wie sich die »Menschenflut«-Propaganda in den Köpfen festgesetzt hat.

Härtefälle im Hallschlag sind keine Seltenheit. Herrn S., seiner Frau und seinem Sohn drohte die Stadt mit der Zwangsräumung ihrer Sozialwohnung; sie lebten 15 Jahre lang im Hallschlag. Im Schreiben des Sozialamts heißt das: »Beendigung des Nutzungsverhältnisses in Ihrer Fürsorgeunterkunft«. Nachdem die Familie die nach ihrem Urteil unzumutbaren Ersatzunterkünfte abgelehnt hatte, wurde ihr mitgeteilt, man könne sie innerhalb von zwei Wochen »zwangsweise ... ausweisen«, auch »wenn Sie bis zum ... keine Wohnung gefunden haben«. Die Familie wurde inzwischen im Süden der Stadt untergebracht, die neue Unterkunft ist kleiner als die alte. Das Ehebett passt nicht rein. Das Ganze wäre weit weniger glimpflich abgelaufen, hätte sich nicht wie so oft die Mieterinitiative Hallschlag eingeschaltet.

Ich wechsle ein paar Worte auf Englisch mit einer Mutter aus Nigeria, gerade erst wurde sie aus dem Flüchtlingsheim Heumaden umquartiert, ich plaudere mit syrischen Männern, der Jüngste kann Deutsch. Sie bringen Kaffee. Zu viert wohnen sie in einer kleinen Wohnung, es sollen noch zwei weitere Landsmänner einziehen. Ich lerne schnell: Nur nicht fragen, was morgen ist. Die Gegenwart ist schwer genug, das Morgen weiter weg als der Mond überm Neckar.

Im schön über dem Tal gelegenen Hallschlag im Nordosten der Stadt ist alles im Umbruch. Ein neuer Stadtteil wird entstehen, Quartiere für Leute, die wesentlich mehr Geld haben als der Großteil der jetzigen Bewohner. Und es wird noch mehr »dramatische Szenen« geben, Tränen, von denen mir eine Betreuerin auf dem Aktivspielplatz, dem Aki Hallschlag, erzählt. Die Aki-Kinder kommen aus vielen Nationen. Einige von ihnen müssen wegen der Häuserabrisse wegziehen, verlieren ihre Heimat Hallschlag, ihr Lebenszentrum.

Es wird sich viel verändern in der Stadt, von der ich noch vieles nicht weiß.

Wo die Toten erwachen

Die Menschenschlange vor dem Geldautomaten am Wilhelmsplatz war lang. Länger als vor einer Athener Bank in den Zeiten der EU-Invasion. Ich nahm mir vor, auf den Hoppenlau-Friedhof zu flüchten.

Die Stadt hat sich unglaublich verändert in den vergangenen Jahrzehnten, heute wirkt sie im Sommer fast großstädtisch überfüllt. Vor dreißig Jahren noch erinnerte Stuttgart an eine geschlossene Anstalt, oft nur mit viel Mühe und guten Kontakten zu den heimischen Kneipenwirten zu knacken.

Am letzten Juni-Samstag des zurückkehrenden Sommers kam ich am Nachmittag aus dem Westen, wo die Leute in sechzig Hinterhöfen Flohmärkte abhielten, um sich näher zu kommen. Es gibt wunderschöne, verborgene Hinterhöfe in der Stadt: im atemraubend dicht besiedelten Westen mit seinen Parkplatzkatastrophen sind es wahre Überlebensinseln. Nebenbei, am Hölderlinplatz, veranstalteten die Geschäftsleute ihr »Laden-Hopping«, eine Art Floh-Hüpfen mit Drinks & Speisen im totalitären Konsumstaat der Gegenwart.

Auf dem Kleinen Schlossplatz spielten Musiker, wie man sie nicht alle Tage erlebt. Mit einem Festival für den schräg tönenden und noch schräger kostümierten Künstler trat das Kunstmuseum gewissermaßen vor seine eigene Haustür. Auf die Bühne gingen fantastische Figuren wie *Levin goes lightly* aus dem Umfeld der Wagenhallen oder die *Akademische Betriebskapelle* aus dem Bauch der Kunstakademie.

Alles zusammen ein Genuss, zumal ja viele Leute, vor allem in der antiquierten Politik, bis heute glauben, ein Museum sei nichts anderes als ein Friedhof für Relikte –

und nicht ein überaus gegenwärtiger Ort zur Beleuchtung der Veränderungen des Lebens.

Vom Schlossplatz ins Leonhardsviertel, weiter zum von allen Stadtplanungsgeistern verlassenen Wilhelmsplatz, wo sich gegenüber die Cash-Kundschaft vor den Geldautomaten die Beine in den Bauch stand. Auf dem Wilhelmsplatz hatte man eine motorisierte Getränkekarre in die Betonwüste gestellt, und schon ging es zu wie auf dem Straßenfest mit Bargeldbetrieb im benachbarten Heusteigviertel, wo der Spaziergänger nur mithilfe einer Machete in gewohntem Tempo vorwärtskommen würde. Die Event-Stadt hat zum Glück ihre kühlenden grünen Oasen, und so ging ich Tags darauf auf den Hoppenlau-Friedhof, Stuttgarts ältesten Gottesacker, der lange schon ein offener Park ist und ein Mahnmal des schändlichen Verfalls.

Oft schon bin ich zufällig in einem Gebeinsgarten gelandet, wie neulich auf dem Fangelsbach-Friedhof. An diesem Sonntag aber hatte ich mit gutem Grund die Hoppenlau angesteuert. Der Koch, Autor und Musikant Vincent Klink hat in seiner gleichnamigen Edition die Neuausgabe eines 1991 in der Reihe »Marbacher Magazin« erschienenen Buchs herausgebracht, diesmal unter dem Titel »Die Gräber der Dichter auf dem Stuttgarter Hoppenlau-Friedhof«. Als Autoren des 420 Seiten starken, mit 68 Abbildungen geschmückten Werks mit zahlreichen neu hinzugefügten Fakten zeichnen Waltraud und Friedrich Pfäfflin. In seinem Essay »Poesie auf Gräbern« beschreibt Udo Dickenberger die Geschichte und die literarischen (oft nicht mehr lesbaren) Inschriften des Friedhofs. 1626 wurde er zur Pestzeit im Nordwesten der Stadt, nicht weit vom »Großen See« (in der Nähe des heutigen Katharinen-Hospitals), angelegt: »Der zwischen der heutigen Rosenbergstraße, dem Holzgartenweg und dem Berliner Platz gelegene, mehr und mehr durch Hochbauten eingefriedete Begräbnisplatz lag im 18.

Jahrhundert noch ein Stück vor der Stadt.« Heute ist er ein zentrales Open-Air-Museum, leider aber sind die meisten Zeugnisse der Geschichte der Umweltverschmutzung und den kulturlosen Schläfern im Rathaus zum Opfer gefallen. Im vergangenen Jahr, nach vielen Protesten und Initiativen der Bürger, hat man mit der Restaurierung der Grabmale begonnen. Die Bauzäune erzählen davon.

Das neue Buch ist nicht nur ein wertvolles Verzeichnis mit den Biografien berühmter Dichter, Verleger und Künstler wie Wilhelm Hauff, Christian Friedrich Daniel Schubart, Johann Friedrich Cotta, Johann Heinrich Dannecker. Es ist eine poetische Schatztruhe.

Nehmen wir die Geschichte des Hoppenlau-Toten Ernst Eugen Freiherr von Hügel, württembergischer Kriegsminister von 1829 bis 1842. Vor der Schlacht von Waterloo sagte er voraus, wo Napoleon den britischen Herzog Wellington angreifen werde. »Der Erfolg Wellingtons gibt Hügel recht«, heißt es im Buch. »Wellingtons Sieg könnte auch der von Hügel genannt werden.« Waterloo hat also ein Schwabe gewonnen. Der eine oder andere könnte sich fragen: Was hat ein Militärstratege unter den Dichtern zu suchen – hätte nicht Wilhelm Hauff zwei Jahre lang bei Hügel als Hauslehrer gewirkt (Hauffs Hoppenlau-Stätte ist bis heute halbwegs erhalten, seine Lyra allerdings wurde in den fünfziger Jahren des vorigen Jahrhunderts gestohlen).

Das Buch verfolgt Spuren, die sich zu einer weiträumigen Erzählung über Stuttgart zusammenfügen. Wer damit durch den Friedhof spaziert, trägt so etwas wie das Drehbuch eines historischen Roadmovies bei sich. Man gelangt von Station zu Station, von Episode zu Episode, sucht sich einen Rastplatz zwischen den Gräbern, liest vom Leben der Verstorbenen, erkennt Zusammenhänge, bis Bilder und Szenen, manchmal sogar Töne und Klänge aus der Stille des Ortes erwachsen. Wieder gilt der Satz, wonach man die Seele einer Stadt auf den Totenäckern begreift.

Bis in die 1870er Jahre hinein wurden auf dem Hoppenlau-Friedhof Tote begraben. Eduard Mörike, der fleißige Stadtläufer, der oft an diesem Ort verweilte, wurde nach seinem Tod am 4. Juni 1875 bereits auf dem neuen Pragfriedhof beerdigt.

Zum Abschluss besuche ich die Hoppenlau-Nische mit dem jüdischen Friedhof, angrenzend ans Hotel Maritim. An der Mauer, vor einem umgestürzten Grabstein, liegt eine *Bild*-Zeitung vom Vortag, umringt von leeren Wodka-Flaschen und Zigarettenschachteln. Fern des Partymülls sitzt eine junge Frau mit ihrem Baby auf einer Decke zwischen den Gräbern. Es ist ein schöner Sommersonntag, und die Frau im Schatten liest ein Buch.

Der Eispickel

Richtiges Reisen mit Kofferpacken ist nicht unbedingt meine Sache. Ich habe mich auf die Kurzstrecken des Spaziergängers und Straßenbahnpassagiers spezialisiert. Nur hin und wieder, damit ich die wahre Größe des Stuttgarter Kessels besser begreife, wechsle ich die Stadt, hüpfe von hier nach dort. Mit Reisen hat das nichts zu tun, nichts mit dem Abenteuer, sich an den Abgründen und Paradieslandschaften fremder Länder selber kennzulernen. Und da nach den vielen Jahren der Stuttgart-Erkundung mit einer Macke bestraft, stoße ich fast überall auf heimische Spuren. Das geht mir in Cannstatt nicht anders als in Mexiko-Stadt.

Im Viertel Coyoacán von Mexiko-Stadt hat sich 1904 ein gewisser Herr Kahlo aus Pforzheim niedergelassen. Seine badische Gemeinde zähle ich zum inneren Kreis des Kessel-Milieus, seit sich der Pforzheimer Schwergewichtler Stefan Mappus bei uns als Ministerpräsident versucht hat. Der ehemalige CDU-Rambo gilt als größter Sohn seiner Heimatstadt nach dem Leichtgewichtsboxer René Weller.

Wilhelm Kahlo, 1871 in Pforzheim als Sohn eines Schmuckfabrikanten geboren, wanderte 1890 nach Mexiko aus, nannte sich fortan Guillermo und wurde ein anerkannter Fotograf. Er arbeitete auch für den Regierungschefs Porfirio Díaz; der Diktator hatte Kahlos Einbürgerungsantrag unterschrieben. Aus Herrn Kahlos zweiter Ehe ging 1907 Frida Kahlo hervor, die legendäre Malerin. Ihr revolutionäres Leben, überschattet von einer Kinderlähmung und den Verletzungen bei einem Busunfall, als sich eine Stahlspange durch ihr Becken bohrte, hat sie zu einer Ikone gemacht. 1954 starb sie mit 47.

In Coyoacán steht heute das nach Fridas Vorstellungen gestaltete »Blaue Haus«, das Anwesen, wo sie aufwuchs. Als ich kurz nach meinem Eintreffen in Mexiko zum Museum kam, war die Menschenschlange so lang, dass mir mein Begleiter riet, besser erst das nicht weit entfernte Heim Leo Trotzkis aufzusuchen. Der russische Revolutionär hatte zeit seines Lebens keine Beziehung zu Pforzheim, dafür, zum Leidwesen von Frau Trotzki, eine recht intime zu Frida Kahlo. Unsereins ist Herr Trotzki nicht ganz unbekannt, seit er 1907 den Internationalen Sozialistenkongress im Schützenhaus von Heslach besucht hat. Heslach gilt heute als das Coyoacán, das Kojoten-Quartier des Kessels. Es ist nur nicht ganz so berühmt, weil in Stuttgart immer noch nicht fünfundzwanzig Millionen Menschen hausen wie in Mexiko-Stadt, auch wenn sich die Kessel-Politiker pausenlos so aufführen.

Mir meines Provinzler-Lebens bewusst, schlich ich still und andächtig durch Trotzkis Exil, ehe ich in seinem Schlafzimmer vor der Wand mit den Einschusslöchern eines Mordanschlags verweilte. In diesem Augenblick kam eine Touristengruppe mit einem Englisch sprechenden Führer in Trotzkis Kammer. Eine Frau fragte, ob die Attentäter, eine Bande unter Führung des stalinistischen Malers David Siqueiros, mit Kalaschnikow-Kanonen geschossen habe. Nein, sagte der Führer, bei dem Überfall 1940 habe es noch keine Kalaschnikow gegeben. Die Kerle hätten ihre Salven mit einer Thompson abgefeuert. Kaum hatte ich die ratlosen Blicke der Touristen bemerkt, sah ich meine Stunde gekommen. In meinem besten Heslach-Englisch klärte ich die Leute auf: das amerikanische Thompson-Maschinengewehr. Wir kennen es aus vielen Mafia-Filmen. Al Capone, Valentinstag-Massaker 1929, Chicago, verstehen Sie. Auch in Rocksongs wurde die Thommy-Gun besungen. Dieses Gewehr haben die Amis früher auch an die Sowjets verscherbelt.

Obschon mir der mexikanische Führer dankbar schien für meinen Beistand in der Thompson-Frage, begriff ich schnell, warum es besser für mich ist, wenigstens außerhalb des Kessels die Klappe zu halten. Kaum hatte ich ausgeredet, rammte ich in meiner Euphorie die Oberkante eines sehr niedrigen Türsturzes neben den Einschusslöchern dermaßen konsequent mit meiner Rübe, dass ich glaubte, es habe mich wie Trotzki drei Monate nach dem Maschinengewehr-Feuer erwischt. Bei einem weiteren Überfall nämlich schlug ihm der stalinistische Agent Ramón Mercader einen Eispickel in den Schädel, und diese Verletzung war tödlich (bei der Thompson-Attacke hatte sich Trotzki unters Bett flüchten können).

Dank eines uralten französischen Fischerhuts von Hut-Hanne aus der Königstraße, den ich an diesem sonnigen Tag in Mexiko aus unerfindlichen Gründen auch im Museum trug, war mein Schädel relativ heil geblieben, der Dachschaden überschaubar. Die volle Wirkung meiner Begegnung mit Trotzkis Türsturz merkte ich erst Stunden später bei meiner ersten Burrito-Mahlzeit auf mexikanischem Boden. Beim Grübeln über die Zusammenhänge dieser verdammten Welt fiel mir der Name des Sängers der Flying Burrito Brothers nicht mehr ein. Bis heute zählt er zu meinen Lieblingsmusikern. Er gilt als Wegbereiter des Country Rock, spielte auch bei den Byrds und war mir lange über seinen Tod hinaus ein Trost in vielen Nächten. 1973 starb er mit 27 Jahren. Erst mithilfe meines Taschentelefons gelang es mir, seinen Namen zu ermitteln: Gram Parsons. Immer wenn ich ihn heute höre, spüre ich Trotzkis Eispickel im lichten Haar.

Welche Rolle die Thompson-Gewehre heute im Drogenkrieg von Mexiko spielen, weiß ich nicht. Ich habe gehört, dass vor allem Waffen von Heckler & Koch im Spiel waren, als die 43 staatskritischen Studenten im mexikanischen Bundesstaat Guerrero auf Geheiß eines korrupten Bürgermeisters von der Polizei verschleppt und ermordet wurden. Die Firma Heckler & Koch wiederum residiert bekanntlich im uns vertrauten Oberndorf am Neckar, am Rand des Schwarzwalds. Sie produziert für die Bundeswehr Sturmgewehre, die nicht geradeaus schießen können.

Der Schwarzwald gilt ja weltweit als Stuttgarter Vergnügungspark und Stuttgart als Kapitale des Schwarzwalds. Dafür haben die hiesigen Marketing-Leuchten mit ihrer Hinterwäldler-Reklame alles getan. Irgendwie war es logisch, dass ich in Mexiko schon bald vor einer Metzgerei namens *Selva Negra* stand. Der Laden hat extrem exotische Wurst- und Fleischprodukte im Angebot. Selva Negra bedeutet auf Deutsch Schwarzwald, und einen so guten Leberkäs wie beim Mexikaner von Coyoacán bekommst du in ganz Pforzheim nicht.

Glühender Beton

Die meisten Menschen sehen den Sommer womöglich gar nicht als Jahreszeit. Er dient ihnen allein als Objekt ihrer Sehnsüchte. Besonders verstörend ist des Sommers Gastspiel in städtischen Gemäuern. Er riecht nach Autogas und Asphalt, nach Kreislauf- und Deodorantversagen. Da aber selbst der unbegabteste Songschreiber in der Zeile »Sommer in der Stadt« eine Refrain-Qualität erkennt, wird das Lied vom Sonnenglück wohl nie enden. Der Stabreim »Sommer in der Stadt« beflügelte die Münchner Bierzelt-Band Spider Murphy Gang, »nackert durch'n Englischen Garten« zu rennen, während der Kölner Schlagersänger Wolfgang Petry in seiner gleichnamigen Schnulze über das Elend des Singles heulte: »Gibt's nicht irgendwo in dem Riesenhäusermeer das Mädchen, dessen Freund ich gerne wär?«

Auszuschließen ist, dass der Musiker Petry zuvor auf ein Werk des amerikanischen Malers Edward Hopper gestoßen war: Eine verloren blickende Frau in einem rosa Kleid sitzt in einem – von virtuos inszeniertem Licht durchfluteten, fast leeren – Großstadt-Zimmer auf dem Bett, hinter ihr der nackte weiße Körper eines Mannes, das Gesicht im Kissen vergraben. Bei Hopper wirft der Sommer seine traurigen Großstadtschatten, das Gemälde trägt den beängstigenden Titel »Summer in the City«.

Weil die Zeile »Summer in the City« rhythmisch entschieden besser funktioniert als »Sommer in der Stadt«, wird der gleichnamige Jahrhundert-Song »Summer In The City« der New Yorker Band Lovin' Spoonful von 1966 wohl auch noch alle bevorstehenden Erderwärmungen und Eiszeiten überdauern. Bemerkenswert an der mitreißenden Hymne ist die maskuline Botschaft, der

Sommer habe seine Reize allein in der Nacht. Nicht nur, weil es nach Sonnenuntergang einfacher erscheint, außerhalb der Hopper'schen Depressionskammer ein Girl zu treffen. Bei Tageslicht taugt der Sommertag nicht als Fest fürs Leben. Die Leute hängen im Song von Lovin' Spoonful halbtot in einem Moloch ab, wo die Bürgersteige heißer sind als Zündholzköpfe.

Wer je an einem Sommertag in New York aus einer von der Klimaanlage auf Kühlhaustemperatur getrimmten Bar hinausging auf die Straße, wird diese Geschichte bestätigen. Er glaubt, einen eisernen Glutofen zu rammen, selbst wenn er in der Bar nur warmen Pfefferminztee getrunken hat.

Gleichwohl wäre es dämlich, vor der Sommerhitze im Big Apple zu warnen. Solange der Tourist Seele und Neugier besitzt, wird ihm beim Blick auf die großartig erschaffene Architektur New Yorks selbst im härtesten Winter heiß. Nicht die Temperaturen einer Jahreszeit prägen die Stadt. Es ist das Licht. Um dieses Licht zu sehen, zu verstehen und widerzuspiegeln, braucht es Künstler wie Edward Hopper. Der einfache Reiseberichterstatter scheitert mit seinen verbalen Lichtreflexen so kläglich daran wie bei dem Versuch, den Charakter der Sommerstadt mit der Nase aufzusaugen. Wer möchte schon guten Gewissens behaupten, er könne die Gerüche beschreiben in einer Stadt, in der sich die Menschen begegnen, als hätte ein Überirdischer alle fünf Kontinente so dicht zusammengeschoben, dass kein Turnschuh mehr dazwischen passt.

In einem solchen Schmelztiegel nutzt es dir wenig, wenn du den Duft von frisch geröstetem Mais vom Gestank eines zu lange gebrutzelten Hotdogs unterscheiden kannst. Dazwischen steigen über dem Asphaltgrill der Großstadt urbane Parfümwolken auf, die der Außenstehende nicht identifizieren kann. Der Globalisierung mag es gelungen sein, die Städte dieser Welt mit seriell gefertigten Glas- und Betonkästen zu verschandeln. Das Aroma der Metropolen aber hat sie trotz aller Fast-Food-Attacken auf die Geruchs- und Geschmacksnerven noch nicht vereinheitlicht. Nach wie vor stinkt der Fisch vom Kopf her.

Eines der schönsten Beispiele, sich dem Sommer der Stadt kulinarisch zu nähern, ist Jörg Fausers Essay »Tanger«. Der erste Satz seines herrlich ausufernden Wortstroms zählt fünfundzwanzig Taschenbuchzeilen, so dass wir uns mit einem literarischen Torso begnügen wollen: »Gegen fünf am Nachmittag steht die Sonne noch ziemlich hoch über der Bucht von Tanger, in den Gassen der Medina hockt die Juni-Hitze zwischen den Cafés und den Kinos und den Läden mit den Sattelta-schen und Sitzkisten und Kaftanen und den Hotels in maurischem Stil und den Snack-Bars für diese sterilste und überflüssigste Spezies Mensch, den betuchten Hip-pie-Imitator aus den besseren Vororten der westlichen Mittelstands-Oasen, und der Besitzer von ›Freddie's French Fried – Real English Fish 'n' Chips‹ öffnet seine Kühltruhe und stapelt die aus Deutschland oder Dallas eingeflogenen tiefgekühlten Scheiben Hamburger-Hackfleisch neben dem Grill und gibt seinem Gehilfen Anweisungen, noch mehr Cola auf Eis zu legen ...«

Verlassen wir diese Welt im Warenfluss, die ihre Weite und ihre Geheimnisse inzwischen im Internet zu verlieren scheint. Kehren wir ein in die Kapelle der Besinnlichkeit. Schon einige Jahre länger als »Summer In The City« hält sich der Welthit des Liederdichters Paul Gerhardt: »Geh aus, mein Herz, und suche Freud / In dieser lieben Sommerzeit ...«

Ob dieses Lied je in den Straßen einer brodelnden Stadt gesungen wurde, ist nicht bekannt. Wie die Sommerstadt den Dichter zu einer Liebeserklärung verführt, lesen wir hingegen in Thomas Manns Novelle »Gladius Dei«: »München leuchtete. Über den festlichen Plätzen und weißen Säulentempeln, den antikisierenden Monumenten und Barockkirchen, den springenden Brunnen, Palästen und Gartenanlagen der Residenz spannte sich strahlend ein Himmel von blauer Seide, und ihre breiten und lichten, umgrünten und wohl berechneten Perspektiven lagen in dem Sonnendunst eines ersten, schönen Junitages.«

Mehr als hundert Jahre später scheinen solche Sätze in den sonnengedünsteten Hirnen Stuttgarter Reklamedichter nachzuwirken, wenn sie Thomas Manns Münchner Sommerlichtpoesie für den Slogan ihrer Einkaufsnächte missbrauchen: »S-City leuchtet«. Da wendet sich der Einheimische mit Grausen, er summt eine Zeile des Stranglers-Songs »Always The Sun«: »How many times have you woken up and prayed for the rain?«

Doch bevor er um Regen betet, therapiert sich der frustierte Sommermann mit dem Buch »Gleissendes Glück« der schottischen Autorin A. L. Kennedy. Ihre Romanheldin Helen Brindle erlebt ein Stuttgart, das so nicht jeder Stuttgarter kennt: »Der Kleine Schlossplatz bog sich unter der Sonne, und eine freundliche Leuchtanzeige verkündete die weithin sengenden Temperaturen. Sie setzte sich in Windrichtung neben einen Springbrunnen und versuchte, sich auf die regelmäßigen Wellen feinen Sprühregens zu konzentrieren, den die Hitze fast schneller wieder verdunsten ließ, als er auf ihrer Haut landete ... Jenseits der Wasserkaskaden sah man Klippen und Vorsprünge aus Beton. Die ganze Stadt war in glühenden Beton aus blasser Berghitze eingekesselt. Die britischen Bomben hatten nur kleine Inseln der Vergangenheit übrig gelassen: hier eine Kirche, dort ein öffentliches Gebäude...«

Eine solche Hommage rückt die Energie der elektrisierten Stadt präziser ins Licht als die weißen Festzelte im Schlossgarten, die Rummelplatz-Requisiten für die Illusion von der »weißen Stadt«. Die Sehnsucht nach dem Sommer in der Stadt ist ein Phänomen, das sich seit Jahrzehnten am besten im Winter beobachten lässt. Auf der

Suche nach der Freiheit, die sie meinen, hüllen sich die Menschen in der Innenstadt auch bei Temperaturen unter dem Gefrierpunkt in Wolldecken, um in Straßencafés den sexy Sommer zu spüren. Setzt sich die Sonne dann endlich am Himmel durch, enthüllen die Leute ihre Tattoos, als hätten sie diese Nummer das ganze Jahr in ihrem Waxing-Studio geübt. Die Parks verwandeln sich so schnell in illegale und geduldete Liegewiesen, als hätten am Wiesenrand Hundertschaften Unsichtbare auf das Startsignal gewartet. Jetzt sieht die Stadt größer und lebendiger aus, als sie ist. Menschenmassen improvisieren eintrittsfreie Open-Air-Partys, bevor sie die Events der professionellen Frischluft-Veranstalter besuchen. Und gehst du nach einer guten Nacht sonntagmorgens durch den Park, sieht er aus wie ein von der Polizei geräumtes Camp. Der Kohlegrill ist die Opferbank heutiger Glücksritter. Ihre Rituale aber ersetzen nur dürftig den Sommerrausch der Großstadt. Viel näher kommt ihm, wer kurz vor Mitternacht aus dem Madrider Fußballstadion ins Herz der erwachenden Stadt geschwemmt wird und fünf Stunden später vergeblich ein Taxi jagt. Die Metropole lebt nachts, Shows beginnen zur Rushhour der Vampire, und im Morgenlicht chillen die Kinder in ihren Clubs.

Die wahre Sommerstadt erlebt der Mensch allerdings erst dann, wenn sie ihm die Chance eröffnet, ans Wasser zu gehen. Es muss nicht das Meer sein, ein Fluss in der Stadt genügt, sich einem Sommernachtstraum hinzugeben und beim Anblick übernächtigter Schattengestalten mit George Harrison zu singen: »Here comes the sun ...«

Vielleicht aber ist der Sommer in Wahrheit nur ein Langweiler. Eine Saison, die das Leben viel oberflächlicher verändert als der Frühling, der Herbst und der Winter, die uns das Kommen und Gehen kompromissloser vor Augen führen als die Parade der Bademoden. Mark Twain sagte: »Sommer ist die Zeit, in der es zu heiß ist, um das zu tun, wozu es im Winter zu kalt war.«

Armer Darm

Es war schon Herbst. Eine lange Arbeitspause lag hinter mir. Das Warum ist eine eher private Sache, auf die Sie auf keinen Fall mit Nachsicht oder Mitleid reagieren dürfen. Ich sage nur so viel: Ein läppisches Stück Darm kann sich um das ganze Leben eines Menschen herumschlingen, einen Mann einschnüren, seinen Geist strangulieren.

Ich hoffe, Sie können mit dieser Steilvorlage etwas anfangen und haben von Giulia Enders' Bestseller mit dem womöglich dümmsten Buchtitel aller Zeiten gehört: »Darm mit Charme«. Gott erbarm. Es ist nicht einfach, sich in der Gegenwart zurechtzufinden und das fortschreitende Leben zu akzeptieren. Ich meine damit nicht die blühenden Herbstzeitlosen, die reifen Äpfel und die Tonnen gefallener Kastanien, die in den Tagen, von denen ich erzähle, in der kleinen Stadt zu bestaunen waren. Ich spreche auch nicht von der Eisdiele Pinguin am Eugensplatz, die schon Anfang September ihre »Winterpause« ankündigt, während schon der erste Weihnachtsramsch in den Supermarktregalen herumgammelt. Was einen vollends fertig macht, ist die extrem schnelle Entwicklung auf dem Gebiet des geheimdienstlichen Überwachungshorrors.

Vor meiner Arbeitspause hatte ich in einer Kolumne erwähnt, beim Heimspielbesuch der großen Stuttgarter Kickers in unserem Reutlinger Exil in der Umbau-Saison 14/15 sei es für jeden Mann eine Ehre, sich in einem fremden Schalensitz eine blutige Hämorrhoide zu holen. Keine fünf Sekunden später erhielt ich über zwei verschiedene E-Mail-Adressen kommerzielle Angebote zur spirituellen Hämorrhoiden-Behandlung. Einer der Wunderheiler konnte das Wort Hämorrhoide nicht mal richtig schreiben. Offenbar ist Orthografie schwieriger als Therapie.

Sie merken, liebes Publikum, heute geht es um ein delikates Thema. Darm-Alarm.

Was soll ich machen. Das menschliche Fäkalien-Füllhorn hat Unmengen Überraschungen zu bieten. Bis heute hält sich das Gerücht, Paganini habe aus dem Darm seiner ermordeten Geliebten die G-Saite seiner Geige gefertigt. Leider handelte es sich nicht um Veronica Ferres, die später in dem Film »Der Teufelsgeiger« eine kleine Rolle spielte. Wer diesen Schrott gesehen hat, begreift die Tragweite von Giulia Enders wichtigstem Buchkapitel: »Wie der Darm das Hirn beeinflusst«. Und dieser Satz verändert für immer das Urteil über die Menschheit: »Darm und Hirn arbeiten schon sehr früh zusammen.« Die ganze Wahrheit darüber sehen wir auf ARD und ZDF, der öffentlich-rechtlichen Darmstatt von Meinungspupsern wie Sigmar Gabriel und Ursula von der Leyen, Wolfgang Bosbach und Dieter Nuhr.

Warum der Darm das Sein prägt, lehrt uns auch die Lust auf die neuen Bedürfnisanstalten der Konsumenten. Dahinter verbergen sich eindeutig organische Ursachen, und Veränderungen in der Stadt reichen weit ins Innere dieser Häuser hinein. Selbstverständlich sind das »strukturelle« Veränderungen, weil Veränderungen ohne die Wörter »strukturell« und »strukturiert« zurzeit vollkommen wertlos sind. Nicht lange her, da suchte ich in der Langen Straße ein kleines, mir unbekanntes Restaurant auf. Ich musste austreten. So nennt man diesen, nicht unbedingt darmgesteuerten Vorgang bis heute, auch wenn diese Art des Austretens nichts Heroisches hat, nur etwas Erleichterndes wie ein Austritt aus der SPD.

Auf der Herrentoilette schaute ich während meiner Arbeit in ein zeitgenössisches Urinal, auch als Pissbecken bekannt. Dieses Urinal entsprach dem digitalen Standard unserer Zeit; am oberen Beckenrand war es mit einem

Bildschirm ausgerüstet. Dieses High-Tech-Teil erklärte mir nicht nur »Die saubere Lösung ohne Wasser und Chemie«, die offenbar revolutionäre Technik des Wasserlassens ohne Wasser. In einer Bildschirmecke fand sich auch der Hinweis:»»Mich kann man als Werbefläche mieten.« Bei diesem »Mich« handelt es sich nicht etwa um ein traditionelles Klo-Graffito mit der Telefonnummer eines Liebesdieners. Mit »mich« war das Urinal selbst gemeint. Unter den harten Abschlägen zielbewusster Männer muss das Pissbecken im Lauf der Zeit eine Persönlichkeit geformt, eine Existenz in Ich-Form gegründet haben, ehe ihm diese Art von Evolution ein Marketing-Chef attestierte.

Keine Frage, die Miet-Offerte habe ich sofort notiert. Ich werde mir die Werberechte im Pissoir sichern, ehe ein Pharma-Manager an diesem Ort Reklamevideos für Pillen zum Abbau von Nierensteinen und Blasenentzündungen schaltet. Mit der Marketing-Strahlkraft eines Pissbeckens könnte man nicht nur stilgerecht die neuen Einkaufszentren pushen. Es müssten sich auch große Propaganda-Erfolge in der Politik erzielen lassen. Wer in der Langen Straße beim Strullen in die gütigen Augen eines verschlafenen Ministerpräsidenten schaut, weiß noch vor dem Einpacken, auf wen seine Wahl fallen wird: eindeutig auf die saubere grüne Lösung ohne Saft und Energie. Eine virtuell wie urinal gesteuerte Personality-Show in Kneipen hätte für alle Politiker eine nachhaltigere Wirkung als beispielsweise die fortwährenden Versuche des schwäbischen CDU-Schreiers Strobl, die Linken mit der Bemerkung anzupissen, sie dienten »der Nachfolgepartei der SED«, also dem Darmfortsatz von Frau Merkels Mutterpartei, womit ich endgültig im Enddarm angelangt bin. Ich wünsche Ihnen, verehrtes Publikum, einen erregenden Winter und einen sauber funktionierenden Darm in unserer Stadt mit Charme.

Bronzezeit im Bad Berg

Es gab an diesem wundersamen Ort schon manchen Sommer, der ein Winter war. Womöglich findet man nirgendwo einen anderen Ort auf der Welt als dieses Paradies, wo Sommer und Winter so nahe beieinander liegen. Denn der Kosmos, von dem hier die Rede ist, kennt nur zwei Jahreszeiten: Sommer und Winter. Der Sommer ist verdammt kurz und heftig. Der Winter dagegen lang und beschaulich, eine Zeit großer, fast verstörender Gelassenheit, wie sie unter Menschen heute kaum mehr üblich ist. Diese Art Leben bietet pausenlos komische Momente, wenn sich in die globale Coolness eine deftige altschwäbische Folklore mischt. Da blökt der Schafseggel nicht nur, wenn die »Lampen« des benachbarten Fußballvereins in Cannstatt abkacken.

»Ein Freibad«, heißt es in der Internet-Enzyklopädie Wikipedia, »ist eine im Freien angelegte öffentliche Badeanstalt. Diese Anlage besteht neben der eigentlichen Schwimmgelegenheit auch aus Umkleidekabinen, Toiletten, Liegeflächen und wird von Aufsichtspersonen überwacht. Für die Benutzung der Anlagen wird normalerweise eine Gebühr erhoben.«

Schon der letzte Satz dieser Definition macht stutzig: Anders als für das Freibier, die Freifahrt oder das Freidenken müssen wir fürs Freibad Geld bezahlen. Demnach kann es nicht weit her sein mit dem Freisein an diesem Ort, den man einst sicher nicht zufällig »Anstalt« nannte, wie andere quälende staatliche Unterwerfungsstätten: die Erziehungsanstalt, die Strafvollzugsanstalt, die Rundfunkanstalt.

Das spezielle Freibad, um das es in diesen Zeilen geht, erzählt mehr vom Sommer als jedes andere, weil wir hier neben dem Badesommer auch den Badewinter erleben. Einerseits treffen wir Sommermenschen in der Masse und Wintermenschen als Solitäre. Andererseits aber auch Sommer- und Wintermenschen in einem: die nicht besonders zahlreichen Ganzjahresvögel, zu denen neben einigen ziemlich menschlich anmutenden Krähen- und Enten auch der Autor zählt. Der menschliche Ganzjahresvogel sitzt selbstverständlich auch am heißesten Tag des Jahres in der Sauna, wenn ihn sein Lebensrhythmus zur seelischen Selbstreinigung drängt.

Diese irre Anstalt voller allzu menschlicher Kreaturen heißt Mineralbad Berg, sie ist in Stuttgarts östlichem Stadtteil Berg in der Nähe des Neckars und des Südwestrundfunks beheimatet und nicht mehr ganz neu: Gegründet hat sie 1856 der Hofgärtner Friedrich Neuner, weshalb sie bis heute bei vielen Stammgästen »Neuner« heißt. Nichteingeweihte führen den Namen Neuner oft fälschlicherweise auf die gleichnamige Straßenbahn zurück. Die Haltestelle vor dem Haus aber dient seit jeher anderen Linien.

Weil »das Berg«, wie es liebevoll genannt wird, gewisse Mode-Mitläufer an die Zeit der Pferdekutsche erinnert, verpassen sie ihm das Prädikat »retro« – wohl als Zeugnis ihrer eigenen Ahnungslosigkeit beim Blick auf den Lauf der Zeit. Mit dem Begriff »retro« bezeichnet man in der Musik oder anderen Kunstdisziplinen bewusst eingesetzte Stilelemente aus der Vergangenheit, die »neue« Trends schaffen. Das Bad Berg dagegen ist einfach ein traditionsreiches Gesamtkunstwerk, wo vieles so geblieben ist, wie es mal war, und dies bei Gott nicht immer aus Gründen des Denkmalschutzes.

Oft war es pures Glück, dass gewisse Fortschrittsapostel aus der Politik mangels Geld das Berg nicht mit ihrem rückwärtsgewandten Geistesmix aus Geschmacklosigkeit und Geschäftemacherei verschandeln konnten. Gekünstelt, gezielt auf nostalgisch getrimmt ist im Berg so gut wie nichts. Vieles erscheint seltsam, weil originär: die alten, an Gießkannen erinnernden Kaltwasser-Duschen (»Brausen«), die betörende Guckloch-Erotik der hölzernen Umkleidekabinen, die schwäbische Maultaschenkultur.

Wer also die malerische Gartenanlage mit ihren Ginkgobäumen und Rosenbeeten, mit ihren Dannecker-Skulpturen und ihrem quadratischen Mineralwasserbecken als »retro« bezeichnet, könnte diese Floskel genauso gedankenlos auf historische Parks oder Kirchen anwenden. Wobei wir im Berg beides haben, sofern wir die Kirche nicht als bloßes Gebäude wahrnehmen.

Am ersten Sommertag des Jahres, wenn sich das Bad wie in einem hart geschnittenen Film von einer spärlich bevölkerten Oase der Ruhe in einen lärmenden Rummelplatz verwandelt, müssen junge Gäste unbedingt die Rechtfertigung »voll retro« parat haben, um in dieser – verglichen mit zeitgemäßen Spaß- und Wellness-Anstalten – doch sehr altmodisch wirkenden Vergnügungskulisse irgendwie voll hip zu wirken.

Nirgendwo erlebt der Stadtspaziergänger so hautnah und Augen öffnend, was »Sommer« für die Sommergesellschaft des Freibads bedeutet: Diese Jahreszeit hat für sie nur noch Sinn, wenn sich an sehr heißen Tagen keine einzige Wolke am Himmel zeigt. Nur so wird die Anstalt zu einer perfekten Körperrösterei mit gelegentlicher Kaffeepause. Das Wasser im Freibad, sogar das für etliche körperliche (und psychische) Defekte heilsame Nass aus der Berg-Mineralquelle, ist heute im Sommer Nebensache. Die meisten Leute achten erst gar nicht auf diese kostbare Ressource, sie verschmutzen das prickelnde, chlorfreie »Champagnerwasser« mit ihren megafett eingeölten Leibern.

Das Wichtigste ist, wie auf allen Stadtpartys und Open-Air-Events, das Bad in der Menge. Und mangels Würstchen grillt man sich selbst. Dann stehen die Selbstdarsteller und Selbstdarstellerinnen im überbevölkerten Wasser herum, als hätten sie gerade einen Stehtisch vor der Stadtfest-Bude ihrer Lieblingsbar besetzt. Gepflegtes Schwimmen in solchen Stunden ist nicht mehr möglich, wobei man wissen muss, dass ohnehin nur Hechte aus den Macho-Beständen der Provinz Mineralbäder zum Kampfschwimmen missbrauchen.

Einer der klügsten Beobachter der Berg-Welt ist der aus Wien stammende, in Stuttgart lebende Schriftsteller Heinrich Steinfest. Nicht selten wählt dieser passionierte Berg-Gänger einen Tisch auf der Restaurant-Terrasse im Bad als Arbeitsplatz. Ganze Kapitel seiner Bücher hat er im Neuner geschrieben. In seinem buchstäblich fantastischen Roman »Der Allesforscher« heuert der Ich-Erzähler, ein aus dem Profit-System ausgestiegener Manager, als Bademeister im Neuner an. Der Romanheld erlebt das Berg-Leben auf eine Weise, die wir neben der Sprachkunst des Schriftstellers auch der nahezu nackten Wahrheit verdanken:

»Es passierte an einem dieser ersten wirklich heißen Tage. Alle waren sie wieder da, die immer erst ins Bad gingen, wenn es richtig warm wurde: die Zuhältertypen, die Bodybuilder, die Schwulen, die Liegestuhlfetischisten, die dünnen Frauen in Bikinis, die dünner waren als der Lack auf ihren Nägeln, all die Eincremer und Einsprüher, die aus den Löchern der Sonnenstudios gekrabbelt kamen, und natürlich die Sixpackfanatiker, die aussahen, als schnitzten sie jeden Tag mit einem scharfen Messer feine Rillen in ihre Torsi.

Nirgends gab es dann so viele gut gebaute Männer wie im Bad Berg. Und nicht wenige, deren Haut den Farbton polierter Bronze besaß. Aus diesen Männern hätte man Kanonenkugeln gießen können. Was übrigens zu einer gewissen Wehrhaftigkeit der Stammgäste gut passte. Natürlich waren auch jene ›älteren Damen‹ vertreten, die man das ganze Jahr über sehen konnte, aber auch jüngere

Schönheiten, jedoch erstaunlich wenig Silikon. Zumindest im Vergleich. Etwa im Vergleich zu Wien, wo ich zur Fortbildung gewesen war und in den dortigen Schwimmbädern das Gefühl gehabt hatte, kaum jemand laufe noch ohne Implantat durch die Gegend. Ein Großteil der Wienerinnen schien nur noch partiell aus eigener Natur zu bestehen. Nicht so im Bad Berg, ohne dass dort die Flachbrüstigkeit regiert hätte, wirklich nicht.«

So weit Steinfest.

Die weit verbreitete These, bei einem Freibad handle es sich um klassenloses Terrain, weil man einem fast textilfreien Menschen nicht in die Taschen greifen könne, stammt eher aus dem Märchenbuch scheinheiliger Demokraten. Auch in Badehose oder Bikini, den Symbolen ihrer anscheinend schützenswerten Intimbereiche, gibt es genügend Poser-Übungen, Klassenzugehörigkeit zu vermitteln. In einer Anstalt wie dem Berg, dessen kühles Wasser (im Sommer 20 Grad) die meisten Leute auf dem Trockenen zurückhält, bilden sich Zirkel und Standeszünfte. Zwar nicht mehr wie früher, als die Besucher soziale Claims absteckten, als jeder wusste, in welcher Nische sich Schwule und Lesben niederließen, in welcher Ecke Luden, Zocker und Fußballprofis mit ihren goldenen Halsketten und Rolex-Uhren Passanten das Augenlicht raubten. Diese Ära der Subkulturen ist vorbei. Erfahrene Bad-Besucher aber merken schnell, wo auch heute harte Kämpfe um privilegierte Plätze in den Liegestuhl- und Liegewiesenzonen geführt werden. Und wie im richtigen Leben findet zielsicher seine Vip-Lounge, wer Wert legt auf eine Lagerstätte in den Reihen der bronzefarbenen Kanonen, die man auf anderen Plätzen Schönwetterspieler nennt.

Dieser Sommer im Berg ist der vorletzte, bevor die Badeanstalt vom Herbst 2016 an zwei Jahre lang umgebaut und – moderat – modernisiert werden soll. Diese Zeit könnte für uns härter werden als jeder vorherige Winter.

Die Tage, da wir auch schlimmsten Minusgraden trotzten, wenn wir mit eisigem Prickeln im Schritt in den tropischen Sommer der Sauna eilten. In Erwartung der nächsten Kältekeule.

Der Aleppo-Mann

Es sind die kleinen Dinge, die beim Herumgehen in der Stadt aus ihr hinausführen. Als ich eines Tages im Schaufenster vom Seifen-Lenz im Bohnenviertel die Aleppo-Seife sah, hatten wir uns an die Fernsehbilder über den Bürgerkrieg in Syrien schon gewöhnt. In Aleppo, der zweitgrößten Stadt des Landes, herrschten Tod und Elend, Aleppo war weit weg.

Jeder Mensch hat seine Marotten, und einige Zeit zuvor hatte ich mir gesagt: Ein Stück guter Seife unter der Dusche hat mehr mit dem richtigen Leben zu tun als die Schmiere aus einer Duschgel-Flasche. Dieser Gedanke führte mich zum größten Aleppo-Seifenhändler weit und breit. Der Mann heißt Bassam Al-Machout, kommt aus Syrien und arbeitet, die Welt ist klein, in meiner Nachbarschaft.

Die Johannesstraße, vor dem Zweiten Weltkrieg ein Prachtboulevard mit Offizierswohnungen, ist heute ein Stück bunter Westen. Kommt man vom Hölderlinplatz, führt sie am Arbeitsgericht, am sogenannten Lerchenplätzle und am schönen alten Café Stöckle vorbei. Kurz darauf stehen wir vor dem Seifenladen des Familienbetriebs Zhenobya, Johannesstraße 60, Tür an Tür mit einem türkischen Lebensmittelgeschäft.

Betritt man den Seifenladen, ist Herr Al-Machout, fünfzig Jahre alt, nicht immer präsent. Fünfmal am Tag betet er im Hinterzimmer. Seit den neunziger Jahren ist der Sohn eines Syriers und einer Kurdin praktizierender Muslim. Das Erdbeben 1999 in der Türkei habe ihn endgültig zu Gott gebracht, sagt er. Da lebte er schon lange im Exil.

Ende der Achtziger kommt er nach Deutschland, stellt

einen Asylantrag, wohnt als sogenannter Geduldeter in Eislingen/Fils. Er habe studieren wollen, sagt er, in Berlin. Geht nicht. Der Syrier arbeitet in Kneipen, als Küchenhilfe, als Musiker. Spielt Laute und Trommel, singt in einer Band, begleitet Bauchtanz-Shows. Im Lauf der Jahre macht er alle möglichen Jobs. 2005 steigt er ins Seifengeschäft ein, meldet ein Gewerbe an. Da ist er schon etliche Jahre mit seiner deutschen Frau verheiratet, besitzt einen deutschen Pass.

Herr Al-Machout zeigt mir Fotos auf seinem Smartphone, sein aus Syrien nach Griechenland geflohener Neffe hat sie ihm geschickt. Man sieht Flüchtlinge, zerlumpte Menschen, die auf der Straße schlafen. Mit Freunden organisiere er Spenden für seine Landsleute, sagt der Händler, er arbeite mit der Hilfsorganisation Ärzte ohne Grenzen zusammen. Wer einmal in einem Kriegsgebiet und in einem Flüchtlingslager war, hat gelernt, wie kostbar ein Stück Seife sein kann.

Bei unserem Gespräch will ich das Thema Krieg nicht vertiefen. Der Krieg ist kompliziert und dreckig, eine Privatmitteilung selten erhellend. Es gibt in Stuttgart Vereine, ein Netzwerk zum Helfen. Dolmetscher, Anwälte. Und wollten wir etwas über die Not von Flüchtlingen erfahren, bräuchten wir vom Seifenladen aus nur ein Stück weiter zu gehen, in die Forststraße, wo Bassam Al-Machouts Familie ihre Wohnung hat. In der Forststraße ist auch ein Asylantenheim.

Wir verlassen den Laden, gehen ins Zhenobya-Lager in einem Hinterhof zwischen Rosenbergstraße und Senefelderstraße. Was für ein Parfüm. In den Räumen stapeln sich Tonnen von Aleppo-Seifen. Sie kommen auf Schiffen nach Hamburg, auf Lastwagen nach Stuttgart. Die Aleppo-Seife aus Oliven- und Lorbeeröl mit ihren verschiedenen Mischungen und Düften geht auf eine jahrtausendalte Kultur zurück. Man findet sie deshalb auch im Linden-Museum am Hegelplatz. Ein Naturprodukt, gut und heilsam für die Haut. Aleppo ist mit der Bio-Welle bei uns in Mode gekommen und heute wertvoller denn je. Der Krieg hat viele Haine mit Oliven- und Lorbeerbäumen in Syrien zerstört. Seifensieder gaben auf, flüchteten in die Türkei. Glücklicherweise habe er große Vorräte angelegt, sagt Herr Al-Machout. Nach wie vor könne er syrische Aleppo-Originale in der ganzen Welt verkaufen. Eine echte Aleppo ist heute dreimal so teuer wie vor fünf Jahren, ein kleines Stück kostet etwa vier Euro.

Im Lager treffen wir Bassams Bruder Nawras und den Marokkaner Mustafa. Sie zeigen mir, wie eine Seife im Rohzustand in Form gebracht wird. Die Flächen der Rechtecke oder Würfel sind uneben, sehen aus wie Lehmbrocken. Mit einem Schweizer Messer spachteln und schaben die Männer sie. Die Seifenspäne, zehn Prozent des Originalstücks, wandern in Plastiksäcke, sind gut geeignet zum Waschen von Schafswolle.

Eine Aleppo-Seife, habe ich gelernt, das ist der Duft der Welt, wie sie ist.

Ede aus Stuttgart

Es war kalt, und es regnete, als ich mich auf die Suche machte nach Harry Gelbs Spuren. Achtundzwanzig Jahre war es her, dass ich ihm zum letzten Mal begegnet war. Damals lebte er in Istanbul und hing an der Nadel. Man kann sagen, ich hatte Glück bei der Fahndung nach Harry Gelb. Innerhalb einer Stunde fand ich in einer langen Straße im Stuttgarter Westen drei Zeichen, die Harry Gelb an Hauswänden hinterlassen hatte. Freundlicherweise bringt er seine Botschaften in Augenhöhe an, das erleichtert meine Schnüffelei.

Der Name Harry Gelb ist nicht unbekannt in der Stadt, nicht bei Menschen mit offenen Augen. Ich weiß nicht, wer sich dahinter verbirgt, und will es auch nicht wissen. Nicht jedes Geheimnis muss gelüftet werden. Eine Stadt braucht Geheimnisse.

Der Unsichtbare, der sich Harry Gelb nennt, hinterlässt an Hauswänden und anderen Mauern kleine Kunstwerke. Er arbeitet in der Stadtmitte, im Westen, im Osten. Bilder mit seinem Namen findet man aber auch in Frankreich, Singapur, überall in der Welt. Die Kunstwerke in Stuttgart lassen darauf schließen, dass er mehrere handwerk-liche Disziplinen beherrscht. Er ist kein üblicher Graffiti-Artist. HG befestigt steinerne Kacheln mit laminierten Fotos und signiert sie mit einer feinen Handschrift. Manchmal liest man auch in Blockbuchstaben »Harry & Gelb«. HG ist Keramiker, Fotograf, Zeichner, Poet. Vielleicht ist Harry Gelb eine Frau. Vielleicht auch ein global vernetzter Stadtverschönerungstrupp.

Die Bilder, Street Art, sind rechteckig, etwa zehn, zwölf Zentimeter breit, manchmal quadratisch. Ich habe am Tag nach meiner Entdeckungstour einen Ladenbesitzer in der Schwabstraße gefragt, ob er das schöne Relief an seiner Hauswand schon bemerkt habe. Auf dem steinern gerahmten Foto sind winzige Menschenfiguren in einer weiten, sandsteinfarbenen Steppe zu sehen, am Horizont blau-weiße Wolkengebilde. Nein, sagte der Ladenbesitzer und ging hinaus, um die Sache zu prüfen. Das Werk müsse brandneu sein, sagte er. Vor zwei Wochen erst habe er Girlanden aufgehängt, da habe er nichts gesehen. Er versprach mir, Harry Gelbs Botschaft auf keinen Fall zu entfernen, jedenfalls solange kein Schnüffler vom Denkmalamt Einspruch erhebe. Ich fragte auch eine Geschäftsfrau, ob sie Harrys Hausschmuck neben ihrer Tür gesehen habe. Nein.

Ich weiß nicht, wie lange Harry Gelb schon auf Tour ist in der Stadt. In diesem Jahr hat man immer wieder von ihm gehört. Es musste allerdings Weihnachten werden, bis ich meine Regale durchsuchte, weil ich mir sicher war, Harry Gelb irgendwo zwischen zwei Buchdeckeln zu finden. Harry Gelb, daran erinnerte ich mich, ist das Alter Ego von Jörg Fauser, einem großartigen Erzähler, Reportagenschreiber, Essayisten, Lyriker, Songtexter. Nach langer Suche fand ich im Regal Jörg Fausers Roman »Rohstoff«, 1984 erstmals bei Ullstein erschienen. Der Umschlag fehlt, der Rest ist gut erhalten.

Die Geschichte beginnt 1968 in Istanbul. Harry Gelb, süchtig nach Rohopium, nach jedem Stoff, der sich auftreiben und in die Venen pumpen lässt, haust in der Dachbude eines heruntergekommenen Hotels. Er will einen Roman schreiben. Sein Zimmerpartner ist Ede. Im ersten Kapitel des Buchs erfährt man: »Ede war ein kräftiger Bursche aus Stuttgart, den seine Sucht allmählich von innen ausbrannte – der Knochenbau war immer noch stabil, aber alles Gewebe, Fett, Muskeln reduzierten sich auf das Notwendigste.«

Wie es der Teufel will, ist Stuttgart-Ede Maler. Künstler. »Das meiste Geld von dem, was wir gelegentlich machten, ging für Leinwand und Farben drauf. Ede hatte das, was man einen unverbrauchten Stil nennen könnte, er knallte seine Valeurs nur so auf die Leinwand, und nachdem er die abstrakte Anfangsphase hinter sich hatte, ging er zu Figuren und Landschaften über.«

Ede aus Stuttgart, heißt es weiter, malte umso farbenfroher, je düsterer seine Aussichten wurden. Und er kannte seine alte Heimat. Als in Istanbul die Nachricht eintrifft, in den Straßen von Europa breche die Revolution aus, sagt Ede: »Glaub mir, ich kenn die, die jetzt Revolution machen. Das sind die Großschwätzer aus dem Club Voltaire. Bevor die in Stuttgart eine Revolution machen, hängen meine Bilder im Museum of Modern Art.«

1968 war der Club in der Leonhardstraße 8, Altstadt, Rotlichtmilieu. Keine Ahnung, was aus Ede geworden ist. Er könnte noch leben und in den Straßen von Stuttgart Bilder mit Figuren und Landschaften und der Signatur Harry Gelbs hinterlassen. Was soll's. Ich bin dem unbekannten Künstler Harry Gelb sehr dankbar. Nicht nur, weil ich heute beim Herumgehen jede Hauswand absuche und mich über jeden Treffer diebisch freue. Harry Gelb hat mich an Weihnachten dazu gebracht, zu Jörg Fausers Büchern zurückzukehren, zu diesen leidenschaftlichen, liebevollen, ironischen, wortschatzreichen, präzisen Texten. Vor ein paar Jahren ist sein Gesamtwerk im Alexander Verlag neu ediert worden, und zum Glück habe ich was davon im Haus. Ede aus Stuttgart hielt übrigens nicht viel vom Schreiben. »Ach, Schreiber«, sagt er in »Rohstoff«: Bei denen laufe alles nur übers Hirn. »Dagegen die Malerei – so direkt ist nicht mal die Musik.«

Der Schriftsteller Jörg Fauser wurde am 27. Juli 1987, in der Nacht nach seinem 43. Geburtstag, auf der A 94 bei München von einem Lastwagen erfasst. Er war sofort tot. Was er auf der Überholspur der Autobahn gesucht hatte, wurde nie geklärt. Näheres weiß vielleicht Ede aus Stuttgart.

Im Angesicht des Elends

Als wir uns treffen, kommt sie gerade aus Haitis zerstörter Hauptstadt Port-au-Prince zurück, und sie muss weiter nach El Salvador. Nur eine Nacht wird Eva Gensch in ihrem Haus verbringen, in Coyoacán, einem Viertel von Mexiko-Stadt, wo der Sowjet-Agent Ramón Mercader 1940 Leo Trotzki mit einem Eispickel erschlug. Wo die berühmte Malerin Frida Kahlo bis zu ihrem Tod 1954 lebte und arbeitete.

Cayoacán gehört zu den Gegenden der mexikanischen Hauptstadt, die man malerisch nennt. Historische Häuser, Villen, Parklandschaften, Bars. Die Graffiti an den Mauern und Holzwällen mit Nato-Stacheldraht vor den oft unsichtbaren Häusern erzählen von einem anderen Mexiko: dem Land der Korruption, der Drogenkriege, der ermordeten, verschleppten, verschwundenen Menschen.

Eva Gensch, in Österreich geboren und aufgewachsen, seit 2003 Kamerafrau beim SWR, lebt seit den neunziger Jahren in Stuttgart. Im Dezember 2013 zog sie mit ihrem Mann, dem Filmemacher Goggo Gensch, nach Mexiko. Bis Ende des Jahres wird sie im ARD-Studio der Hauptstadt arbeiten, vielleicht länger. Goggo Gensch ist Redakteur beim SWR, pendelt zwischen Mexiko und Deutschland. Irgendwann geht es zurück nach Stuttgart.

Eva Gensch strahlt etwas von der Ruhe aus, wie sie Menschen ausstrahlen, die sich an die Unruhe gewöhnt haben. Die meiste Zeit unterwegs, in jeder Pause bereit zum Aufbruch. In Haiti hat das in Mexiko-Stadt stationierte, für Mittelamerika und die Karibik-Staaten zuständige ARD-Team einen Film zum fünften Jahrestag des Erdbebens auf der Karibik-Insel gedreht. In El Salvador, dem nächsten Ziel, geht es um einen »Weltspiegel«-

Beitrag über Frauen, die man ins Gefängnis steckt, weil sie abgetrieben haben oder eines Schwangerschaftsabbruchs verdächtigt werden. Ob sie vergewaltigt wurden, interessiert die Justiz nicht.

Eva Gensch hat ihren vierten Haiti-Einsatz hinter sich. Das erste Mal war sie zwei Wochen nach der Katastrophe in Port-au-Prince, als mangels Linienflügen die Einreise nur über die Dominikanische Republik möglich war. Sie sagt, ihre erste Begegnung mit den Menschen in den Trümmern, im Morast der Stadt habe sie zunächst nicht als Realität wahrnehmen können. Alles sei ihr abstrakt erschienen. Der Anblick der zerlumpten Leute auf der Straße und in den Zelten sprengte die Grenzen ihrer Vorstellungskraft. Sie kam sich vor wie in einem Film, wie im Kino, das man verlassen kann mit der Gewissheit, es waren nur Bilder, die Wirklichkeit ist anders.

Die Kamerafrau redet nicht viel über ihren Umgang mit der Not, mit dem Leid. Die Verarbeitung der Erfahrungen im Elendsjournalismus ist etwas Intimes. Die Allerweltsfrage »Wie fühlst du dich?« wäre peinlich. Sie war noch nicht lange in Mexiko, als sich die Nachricht über die 43 vermissten Lehramtsstudenten zwischen die Berichte über die Ukraine-Krise und den Syrien-Krieg ins deutsche Fernsehen drängte. Die Studenten wurden, wie sich später herausstellte, auf Geheiß des Bürgermeisters von der Polizei verschleppt, sie galten als kritisch, bereit zum Protest. Die Recherchen zu diesem Verbrechen, sagt die Kamerafrau, hätten die schlimmsten Gefühle hervorgerufen, die sie je bei der Arbeit empfunden habe.

Schauplatz war die Provinzstadt Iguala im Bundesstaat Guerrero, ein paar Autostunden von Mexiko-Stadt entfernt. Inzwischen hat sie Angst, wenn irgendwo das Wort Massengrab auftaucht. Als sie es neulich in einer E-Mail tippen wollte, streikten ihre Finger. Die Bilder gefundener Menschenknochen in den Bergen lassen sich nicht verdrängen, so wenig wie das Gefühl einer unsichtbaren

Bedrohung, die Erinnerung an Pick-up-Konvois, die zur Entsorgung unbekannter, vermutlich menschlicher Fracht in die Berge fahren. Mexiko, ein Land, das sie eigentlich liebe, sagt sie, habe sich demaskiert.

Kein Grund, wegzusehen. Sie ist infiziert von der Neugier auf Geschichten. Auf Menschen, deren Geschichte man im Dienst der Menschlichkeit erzählen muss. Von José, dem jungen Mann aus Honduras, der sich gegen tausend Dollar von Schleppern auf den berüchtigten Flüchtlingszug durch Mexiko zur US-Grenze locken ließ. Auf dem Dach eines Waggons schlief er ein, fiel herunter, geriet unter die Räder. Als ihm ein Bein abgetrennt wurde, griff er danach und verlor seinen Arm. Man hat den Mann gerettet. Heute trägt er eine Prothese, hält Vorträge, warnt vor dem Traum, die Eisenbahn Richtung USA führe ins gelobte Land. Man nennt den Flüchtlingszug »La Bestia«; der amerikanisch-mexikanische Spielfilm darüber, »Sin Nombre«, lief auch bei uns. Und dann sind da die weißen Flugzeuge, die Tausende glückloser Flüchtlinge täglich aus den USA in die mittelamerikanischen Länder zurückbringen.

Eva Gensch, nach ihrem Studium (Fotografie und Werbefilm) zunächst als Praktikantin und Kamera-Assistentin beim SWR, absolvierte eine Woche lang den berufsüblichen, von der Bundeswehr organisierten Kurs »Journalisten im Ausland«. Die Teilnehmer lernen, sich bei Schüssen auf den Boden zu werfen, sich nicht wie die Helden in Fernsehfilmen hinter Mauern oder Autos zu verstecken. Die Kugeln durchschlagen solche Deckungen. Es gibt auch ein Training für den Entführungsfall, und nach Einsätzen wie in Haiti bietet der Sender den Mitarbeitern psychologische Betreuung an.

Eva Gensch sagt, sie verarbeite ihre Erfahrungen lieber allein. Es geht weiter, das Leben aus dem Koffer. Als ich diese Zeilen tippe, ist sie bei der Arbeit in Havanna.

Der Pinsel

Kein Schreiberling gibt gern zu, wenn es für ihn so weit ist. Es gibt diese Tage, an denen er nichts zu sagen hat. Wenn es besser ist, nichts zu sagen, weil das Nichts mehr ist als alles andere. Dann kam ein solcher Tag, es war der 8. Juli 2014. Die deutschen Fußballer gewannen 7:1 gegen Brasilien, in sechs Minuten hatten sie vier Tore erzielt, zur Halbzeit stand es 5:0. Die einzige Schlagzeile, die das Ereignis anderntags halbwegs korrekt widerspiegelte, die ahnen ließ, was da los gewesen sein könnte, stand ausgerechnet auf der Titelseite der *Bild*-Zeitung: »7:1 – Ohne Worte!«

Ohne Worte. Das war das vernünftigste Satzfragment an diesem Sommertag. Ich weiß nicht, wie die Dinge zustande kommen bei einem Fußballspiel. Fünf Tage später, am 13. Juli, sah ich ein spannendes, ein wildes, ein diszipliniertes, ein gutes, ein hartes, kein böses Spiel. Als es vorbei war, tanzten, tobten, soffen überall in den Straßen der Stadt Menschen aus der ganzen Welt, aus der Türkei, China und aus Botnang. Selbst in meiner spießigen, zu 50 Prozent Grün wählenden Nachbarschaft im Westen der Stadt krachten Böller, als wollte man im Juli das neue Jahr begrüßen.

Was sollte das alte Jahr auch noch bringen, jetzt, da wir alle Weltmeister waren? Ich und du, Müllers Kuh, Müllers Esel, shubidu.

Am Morgen nach dem Ereignis, diesem deutschen Welt-Aufgang, ging ich wie so oft in meiner Verzweiflung zum Bücherregal und griff mir Jorge Valdano, den großen Spieler und einzigartigen Fußball-Poeten aus Argentinien. Nur er hilft in solchen Momenten. Bitte gut zuhören. Valdano schreibt: »Wenn Fußball Aktion ist, dann besteht das so herbeigesehnte Gleichgewicht in einer Binsenweisheit: das Spielfeld für den Angriff größer und für die Abwehr kleiner zu machen. Allerdings, wer das erreichen will, der muss das Spiel kennen, die Spieler überzeugen und arbeiten. Macht man das korrekt, dann ist man von der Technik, dem Talent und der Gewitztheit der Spieler abhängig; sie sind es, die das Ungleichgewicht herstellen, und oft können sie es sich, wenn alles vorbei ist, nicht einmal erklären.«

Das ist die Erklärung, meine Damen und Herren.

Am Morgen, als alles vorbei war, als viele kluge Medien-Menschen mithilfe der Wörter »Spektakel«, »Drama« und »Wahnsinn« der Welt erklärt hatten, wie es den Deutschen gelang, die Ungleichheit zuungunsten der Argentinier herzustellen, ging ich durch die Straßen der Stadt.

Ein kleiner Mercedes-Bus fuhr an mir vorbei, auf seiner Karosserie stand in großen Buchstaben: »Angela's«. Es war nicht, was nahe läge, der Wahlkampfbus der deutschen Kanzlerin, die in der Nacht zuvor mit dem deutschen Bundespräsidenten und allen anderen ruhmreichen Deutschen den deutschen Sieg über die Gleichheit und über alles in der Welt gefeiert hatte. Angela war die Firmenkarre eines Stuttgarter Hygiene- und Desinfektionsbetriebs. Es gibt solche Augenblicke im Leben.

Ich war an diesem Tag nicht nur unterwegs, um deutsche Luft zu schnappen. Ich hatte ein Ziel. Ich war Weltmeister, wie du und Müllers Kuh und Müllers Esel, und mir wurde schlecht bei dem Gedanken, der blühende Glanz des Glückes könnte sich bald schon wieder verflüchtigen.

Schnurstracks ging ich in meinen Laden für alle Fälle, man findet ihn in der Stuttgarter Altstadt, in einem Quartier mit dem kriegerischen Namen Bohnenviertel. Es ist der Laden Seifen-Lenz, 230 Jahre alt. Neben einer Million Seifen, von der Aleppo-Seife bis zur Kernseife, führt das Geschäft auch unzählige Kerzen, also alles, was der Mensch braucht, wenn er bereit ist, mit sich im Reinen sein Lebenslicht auszublasen.

Im Schaufenster vom Seifen-Lenz hatte ich schon Tage zuvor mit großer Neugier einen Pinsel in einem Blechkübel bestaunt, der Pinsel war kaum größer als mein Rasierpinsel. Die Borsten vielleicht etwas gröber, und am Holzknauf war ein Lederriemen für den besseren Halt befestigt. Neben diesem Ensemble klebte ein Pappschild mit der Aufschrift: »Bauchpinsel für die täglichen Streicheleinheiten. Stück Zehnachtzig.« Der Preis galt dem Pinsel.

Mir war sofort klar: Wenn der große Rausch nachlässt, das deutsche Gefühl, ein deutscher Weltmeister zu sein, wird der Tag kommen, da ich und du und Müllers Kuh an Entzugserscheinungen leiden, schmerzhafter als die blutige Schramme im Gesicht von Schweinsteiger. Das ist der Tag des Vaterlands, an dem du ersatzweise den Bauchpinsel brauchst.

Wenn es so weit ist, werde ich den Pinsel ein paar Zentimeter oberhalb meines Bauches ansetzen, nicht zu sanft und nicht zu hart, und unter den Streicheleinheiten der Borsten vom Seifen-Lenz werde ich spüren, wie es war, als Götze den von Schürrle getretenen Ball zu einer kurzen weichen Zwischenlandung auf seiner Brust zwang, ehe er diesen betörenden Triumph über die Tücke des Objekts mit einem sauberen Linksschuss ins argentinische Tor abschloss.

Damit hatte Mario Götze, geboren in Memmingen im Allgäu, Minuten vor Spielende das bei der Aktion Fußball so herbeigesehnte Gleichgewicht der Welt endgültig zerstört. Manche sagen: für alle Ewigkeit. All das aber lässt sich nur erklären, wenn du einen guten Bauchpinsel für Zehnachtzig hast.

Wer einsam ist, der hat es gut

Ich bin aufgewachsen in einer Zeit, als das Wort »Single« von einer schwarzen Vinyl-Scheibe mit Rillen und achtzehn Zentimetern Durchmesser handelte. Diese sogenannte Schallplatte hatte in der Regel eine A-Seite und eine B-Seite mit je einem Song. Die A-Seite war für das bessere, sprich: einträglichere Stück gedacht, manchmal aber irrte der Produzent, und die B-Seite wurde so erfolgreich wie Elvis Presleys »Hound Dog«.

Später bezeichnete man als Single hartnäckig eine Spezies alleinstehender Menschen. Ist einer wie ich im Zeitalter von Pop-Singles groß geworden, zählt er nicht mehr zur Kategorie Single. Aus soziologischer, vor allem aus ökonomischer Sicht ist er zu alt – und nicht mehr wert als Elvis Presleys armer Hund, der keinen Hasen gefangen und keine Freunde hat.

Wie immer, wenn Menschen in Schubladen gezwängt werden, stecken wirtschaftliche Motive dahinter. Marketingleute, dafür geboren, zur Rechtfertigung ihrer Jobs absurde Verkaufsmethoden zu erfinden, kennen keine Menschen mehr, sondern nur noch Zielgruppen. Und der Single verspricht ein gutes Geschäft. Er ist ein Fressen für die Medien.

Wer seinen Computer einschaltet, wird mit grausamen Single-Angeboten à la »Gemeinsam einsam« belästigt, der Blick auf Kuppelei-Foren mit Namen wie »Nie wieder allein« oder »Spätzlesuche für Singles« gibt ihm den Rest. Da fragt sich der Solist, ob er womöglich die B-Seite des Lebens erwischt hat. Von der Arschkarte ganz zu schweigen.

Es gibt Regale füllende Untersuchungen über Singles, wissenschaftliche Bücher über angebliche Individuen, die sich eines Tages wie Heuschrecken ausbreiten und die traditionellen Gesellschaftswerte der westlichen Welt ausmerzen werden. Als ob es im Zeitalter des Neoliberalismus zur Zerstörung von Sitte und Moral des Singles bedürfte.

Es wäre müßig, sich an einer Definition zu versuchen. Der in Mainz lehrende Soziologe Stefan Hradil schreibt in seinem bei Suhrkamp erschienenen Aufsatz »Der Single«: »Als kennzeichnend wird angesehen, dass sie erstens keinen festen Partner haben, zweitens allein leben und sich drittens im mittleren Lebensalter befinden. Wer einen festen Partner hat, gilt nicht als Single, auch dann nicht, wenn er allein lebt.«

Was aber, wenn der Alleinlebende gleich mehrere feste Beziehungen pflegt, sein Dasein als Don Juan, Dandy oder handelsüblicher Aufreißer fristet? Erfüllt er als bindungsschwacher Macho etwa nicht das Kriterium der Partnerlosigkeit mit Anspruch auf das Single-Diplom?

Die beste Betrachtung des Alleinlebens kommt nicht aus der Soziologenecke, sondern aus der Dichterkammer eines Wilhelm Busch: »Wer einsam ist, der hat es gut, / Weil keiner da, der ihm was tut. / Ihn stört in seinem Lustrevier / Kein Tier, kein Mensch und kein Klavier . . . Und laut und kräftig darf er prusten, / Und ohne Rücksicht darf er husten . . . / Kurz, abgesehen vom Steuerzahlen, / Lässt sich das Glück nicht schöner malen ...«

Nach meinen Erfahrungen – es handelt sich um die Erlebnisse eines Allerweltsmannes – ist die Single-Existenz kein »Lebensentwurf«. Sie beruht auf Zufall. Ergebnis einer philosophischen Orientierung, wie sie der Autor P. J. O'Rourke in seinem Spott auf Sartres Existenzialismus formulierte: »Wo immer du hingehst, da bist du dann.«

Die »Marke Single« hat sich bei uns in den achtziger Jahren durchgesetzt. Damals gab es gute Gründe, sich in seine privaten vier Wände zurückzuziehen. Nicht nur, um die Gesetze der Spießergesellschaft zu unterlaufen, vor allem aus finanziellen Gründen habe ich wie viele andere in den siebziger und frühen achtziger Jahren in Wohngemeinschaften gelebt. Jahrelang damit beschäftigt, in einer politisch fortschrittlichen WG für eine halbwegs saubere Badewanne und die Einführung einer zweiten Klopapierrolle zu kämpfen, war das Leben nur schwer zu organisieren. Ohne Mobiltelefone und Computer, mit defektem Fernseher und blanker Matratze auf Erwachsenenkurs, geriet die Verständigung (heute: »Kommunikation«) äußerst kompliziert. Waren wie üblich fünf Mietpartner mit einem Wählscheibentelefon samt dreißig Meter langen Schnur ausgerüstet, hatten wir nach einer Gasexplosion in der Küche keine Chance, innerhalb einer Stunde die Feuerwehr zu rufen. Denn vorsorglich hatte immer einer der Kommunarden das Telefon unter seinem Kopfkissen versteckt, um seine aushäusige Partnerschaft zu pflegen.

Vor diesem Hintergrund war es der größte Wunsch, nach der ersten passablen Lohnüberweisung als erlöster Mensch in einer Kleinwohnung in einem Kiez der Stadt zu landen. Prompt stand man als privilegierter Single am Pranger, auch wenn einem ein WG-Kollege gerade erst den mühsam abbezahlten Gebrauchtwagen zu Schrott gefahren hatte.

Ich vergesse nie, wie ich nach Jahren des frühen möblierten Azubi-Vegetierens und späteren Gruppenzwangs meine erste Mietwohnung im Stuttgarter Westen bezog. Siebzig Quadratmeter für mich allein. Ein Traum. Da war ich knapp über dreißig und eindeutig Single, zumal die mir bekannten Schriften nichts über die Bedeutung des Adjektivs »fest« innerhalb des soziologisch relevanten Begriffs »feste Beziehung« sagen.

Vor lauter Freude hätte ich mich nach dem Einzug ins Reich der Selbstdiktatur am liebsten ans offene Fenster gestellt und es der Welt mit Wilhelm Busch gesungen und getrommelt: »Sogar im Schlafrock wandelt er / Bequem den ganzen Tag umher. / Er kennt kein weibliches Verbot, / Drum raucht und dampft er wie ein Schlot ...«

Die erste Zeit nach den Konflikten auf der WG-Achterbahn war herrlich. Endlich ein Mann mit eigenem Bettgestell, musste ich nur noch tun, was ich tun musste. Hätte ich noch etwas Schwarzkohle für eine Putzfrau gehabt, hätte ich mich gefühlt wie *The Master of the Universe*. Leider aber sind die Single-Abgaben sehr hoch. Steuerklasse einsnull.

Kein Gedanke daran, der familiär geprägte Teil der Menschheit könnte einen für einen Asozialen halten, für einen skrupellosen Egomanen ohne Sinn für die Nachwuchsarbeit. Die Vorwürfe »fehlende Verantwortung, sexueller Leichtsinn, narzisstische Rücksichtslosigkeit« waren für mich sowieso schnell vom Tisch. Der Single-Anfänger kann sich beim besten Willen nicht mehr aufbürden als sich selbst. Das Ich ist ein Fulltime-Job mit Überstunden.

Seine asozialen Macken bemerkt der Einzelgänger nicht einmal, wenn in seinen Kokon eine Frau eindringt. Was für ein Unsinn, neuerdings bei der Arbeit die Toilettentür zu schließen, wo sie ihm doch unverschlossen das großartigste Gefühl seines Lebens beschert: Die Welt steht ihm offen. Und es wäre möglich, schon morgen eine Solokarriere als freier Kunstfurzer zu starten.

Die Schlüssellochspanner der Lifestyle-Magazine schildern den Single häufig als Angehörigen einer eigenen Kaste, als Typen mit Flugtickets, Designerklamotten und Cabrio. Das zu große Loft mit Küchenkram bestückt, um eine Hochzeitsgesellschaft des Hochadels zu bewirten. Solche Bilder sollen uns die Sehnsüchte des Alleinstehenden nach Familie und die Angst vor Einsamkeit beweisen. Der Single schwirrt als Zeitgeist-Produkt herum, als hätte es den guten alten Junggesellen mit seinen Bratkartoffelverhältnissen nie gegeben. In dieses Szenario passte die übererregte Single-Zicke aus »Sex and the City«, obgleich Frauen nachweislich die professionelleren Singles sind. In Wahrheit gibt es keine typischen Singles und Familienmenschen, nur Zeitgenossen, die etwas mehr oder weniger Glück beim Umgang mit ihren lieben Mitmenschen haben.

Leise Zweifel am Alleinsein stellen sich für einen gut gesattelten, heute androgynen Asphaltcowboy erst ein, wenn er merkt, was für eine verdammte Arbeit er leisten muss, will er ohne Herde über die Runden kommen. Der Single braucht gehöriges Organisationstalent, will er nicht unter der Brücke landen. Ihm drohen nicht nur die Gefahren der Langeweile und des Ausschweifens: die pathologischen, sexuell motivierten Zwänge des nächtlichen Weiterziehens auf der Bar-Meile und in den Loser-Kanälen des Internets. Der Single muss sich, will er Dachschäden vermeiden, ein soziales Netz aufbauen, das unabhängig von allen Computern funktioniert. Dieses System gilt es ständig zu erneuern. Schließlich muss der Single täglich damit rechnen, Stützen und Krücken seiner Community durch Transfers in Ehen oder ähnlich merkwürdige Formen des Zusammenlebens zu verlieren. Der einsame Reiter muss lernen, Ersatzfamilien zu finden, ohne in den Fängen reaktionärer Rattenfänger oder Esoteriker zu landen.

Im Grunde ist der Single ein gängiges Lebewesen, nur gelegentlich mit einer Überzeugung oder Haltung ausgestattet. Bereits als Sechzehnjähriger habe ich Eheverträge zur Überwachung von Gefühlen als sittenwidrig und marktfeindlich abgelehnt – und damit in der Folgezeit mehr Fürsprecherinnen als Fürsprecher gefunden.

Kommen wir zur Moral von der Geschicht. Der erfahrene Single hat schon früh aus Albert Camus' Roman »Der Fall« gelernt, warum Selbstsucht und heuchlerische Beziehungen in den Untergang führen. Hat er diese Lektion verinnerlicht, besitzt er das Recht, sich nach Wil-

helm Busch der Muße hinzugeben: »Liebt er Musik, so
darf er flöten / Um angenehm die Zeit zu töten ...«

Dieser Vers wird einmal auf der A-Seite meines Grab-
steins stehen.

Wagner'sche Verstrickungen

Ich geh die Richard-Wagner-Straße entlang, vorbei an der Villa Reitzenstein, Blick aus östlicher Halbhöhe in den Kessel. Oft sind es die Nebenstraßen, die etwas über die Stadt erzählen, über ihre Geschichte.

Calixto Bieitos »Parsifal«-Inszenierung an der Stuttgarter Staatsoper von 2012 war inspiriert von den apokalyptischen Bildern aus Cormack McCarthys Roman »Die Straße«, und wer die Aufführung gesehen und einen Zugang hat zu den bitteren Seiten des Lebens, entdeckt selbst beim Spazierengehen auf dem schönen Panoramakurs an der Gänsheide die düsteren Zeichen der Vergangenheit.

In der Richard-Wagner-Straße mache ich Halt an einer Aussichtsnische, sie heißt tatsächlich Wieland-Wagner-Höhe – und schon der nächste Gedankenschritt führt mich in ein Buch des 2010 in Stuttgart verstorbenen Schriftstellers Peter O. Chotjewitz. Unter der Überschrift »Wagners Koffer« schreibt er über Richard Wagners Enkel: »Wieland, der als Genie verkauft wurde, wollte zunächst Fotograf und Maler werden. Seine Fotos werden unter Verschluss gehalten. Seine Bilder wurden größtenteils vernichtet, um Schaden vom Image der Firma abzuwenden. Die paar erhaltenen, darunter ein Hitler-Bild, weisen ihn als einen Mann aus, der nicht ahnt, wie unbegabt er ist. Die Vermutung liegt nahe, dass er als Opernregisseur gute Berater hatte, und so behauptete seine Witwe Gudrun zeit ihres Lebens, sie sei mehr als seine Muse gewesen. Wolfgang, Wielands Nachfolger, drohte ihr deshalb mit Entzug der Pension, wenn sie noch mal das Maul aufmache.«

Diesen Tratsch erwähne ich als Beweis dafür, wie einem auch ein kurzer Spaziergang liebenswerte, bleibende Geschichten erzählt. Unter das Straßenschild zu Ehren Richard Wagners hat man, wohl etwas beschämt, eine kleine Text-Tafel geschraubt: Bis 1933 trug diese Straße nämlich den Namen Heinrich Heines. Dann kamen die Nazis, und Hitlers Komponistengott war Richard Wagner. Bei Hitlers häufigen Besuchen im Haus von Wielands Mutter Winifred nennt Richards Enkel den Führer »Onkel Wolf«. Hitler belohnte Wieland Wagner später mit einem Kriegsdienstposten im KZ-Außenlager Bayreuth. Von 1954 an bis Mitte der sechziger Jahre hat er in Stuttgart 16 Opern inszeniert.

An die Verflechtungen der Familie Wagner mit den Nazis erinnere ich nicht ohne Grund: 1999 hat die Stadt Stuttgart mit gutem Gespür für ihre Geschichte direkt neben der Richard-Wagner-Straße und nicht weit von der Wieland-Wagner-Höhe die Georg-Elser-Staffel eingerichtet. Elser war der schwäbische Widerstandkämpfer aus Königsbronn, der 1939 im Münchner Bürgerbräukeller das Bombenattentat auf Hitler verübte und lange bei uns vergessen war.

Solche Dinge flüstert einem der Asphalt vor der Villa der Landesregierung, noch ehe der Spaziergänger Richard Wagners Stuttgarter Spuren richtig aufgenommen hat. Was gibt es da für Verwicklungen. 1860 musiziert der Virtuose Franz Liszt, ein von den Frauen vergötterter Superstar, im Hotel Marquardt zu Stuttgart, in einer Stadt, die ihn schon als zwölfjährigen Pianisten im Königlichen Hoftheater begeistert feierte. Liszts Auftritt im Marquardt (heute Bolzstraße) erfolgt nur vier Jahre bevor ein Bote des bayerischen Königs Ludwig II. – der Kabinettssekretär Franz Seraph von Pfistermeier – in Stuttgart einen erfolglosen Komponisten namens Richard Wagner aufstöbert. Pfistermeier hat den Auftrag, ihn nach Bayern zu holen. Obwohl völlig abgebrannt, ist Wagner im noblen Marquardt untergetaucht. Der Hotelchef gilt als Freund der Künste, großzügig im Umgang mit Geld. Wagner hofft in Stuttgart auch auf körperliches Wohlergehen, er besucht die Quellen von Cannstatt.

Schon damals pflegt er eine Liaison mit der vierundzwanzig Jahre jüngeren, fünfzehn Zentimeter größeren Cosima, Tochter von Franz Liszt, Ehefrau des Dirigenten Hans von Bülow, dessen Familie sich 1846 in Stuttgart niedergelassen hat. An dieser Stelle darf nicht unerwähnt bleiben, dass achtundachtzig Jahre später eine mit Hans von Bülow verwandte Familie nach Stuttgart zieht, mit ihr der fünfzehnjährige Sohn Vicco von Bülow. Er wird später unter dem Namen Loriot als Deutschlands größter Humorist Karriere machen – und nebenbei zwei Opern inszenieren, »Martha« in Stuttgart, »Der Freischütz« in Ludwigsburg.

Vor lauter Stuttgarter Verquickungen hätte ich fast vergessen zu erwähnen, dass Richard Wagner am 22. Mai 2013 zweihundert Jahre alt geworden wäre. Ohne seine Rettung in Stuttgart, ohne das Geld des ihm verfallenen Märchenkönigs hätte es die Bayreuther Festspiele womöglich nie gegeben. Und der Schriftsteller Chotjewitz, zeit seines Lebens ein Opernfreak, hätte uns nie berichten können, wie er 1951 als Siebzehnjähriger mit seinem Kumpel Alex vom Weserbergland nach Bayreuth radelte:

»Die Karten waren billig«, schreibt er. »Fünf Mark die Hörkarte im obersten Rang, hinter einer Säule, wo man nichts sah, aber alles hörte ... Wir fanden die Musik geil. So sehr faszinierte uns Wagners Musik, dass wir ihm alles vergaben, was über ihn bekannt wurde. Die seidene Unterwäsche, seine Promiskuität, die unmögliche rechtsradikale Cosima, seinen Opportunismus, seinen blanken Eigennutz.«

Heute erinnert eine kleine Tafel am Marquardtbau an der Königstraße an den Komponisten. Und hier endet meine Stuttgarter Straßenoper.

Wie Milchglas

Die Indianersommertage Ende September fordern einen geradezu heraus, in der Stadt herumzugehen, bevor die Hinterbacken auf dem Bürohocker landen. Morgens um zehn ist die Bettlermeile Königstraße kaum belebter als der Ringelnatzweg in Sillenbuch. Falls Sie den nicht kennen: Man findet ihn nach dem Ausstieg an der U-Bahn-haltestelle Silberwald, Linie 15. Ein viel zu kleiner Pfad, bedenkt man, dass der Dichter Ringelnatz der Stadt wunderbare Gedichte vermacht hat.

In der Königstraße singt ein Straßenprediger seine Jesus-Botschaft zur Gitarre, bevor er zu einer Predigt ansetzt und außer mir keinen Zuhörer hat. Ich gehe weiter zur Buchhandlung Wittwer. Im Fenster hängt ein Einkaufsbeutel mit dem Aufdruck »Herrgottsack«. Leider habe ich keine Zeit, damit den Jesus-Sänger zu trösten. Das nächste Wittwer-Fenster zieht mich an. Neben VfB-Reliquien wie Schal, Mütze und »Furchtlos und treu«-Plakat sehe ich ein Paar Filzpantoffel mit weiß-rotem Vereinswappen. Das erklärt einiges.

Die Jubiläumssäule auf dem Schlossplatz, eine dreißig Meter hohe Granit-Rakete zur Erinnerung an König Wilhelms 25. Dienstjubiläum am 28. September 1841, ist eingerüstet. Die griechische Harmonie-Göttin Concordia, normalerweise auf der Denkmalspitze wohnhaft, ist verschwunden. Ich habe extra mein kleines gummiertes Fernglas von Nikon mitgebracht, um die Sache zu untersuchen.

Das Gerüst steht schon lange. Vermutlich bauen Investoren auf der Säule gerade ein Penthouse mit Shopping Mall und Aussicht auf ihre Lobbyisten im Neuen Schloss. Oder Baden-Württembergs Verfassungsschutzpräsidentin Bube lässt da oben Überwachungsantennen installieren, damit vielleicht auch sie mal sieht, was ihre braunen V-Männer im Nazi-Sumpf rund um den NSU-Skandal treiben. Die grün-rote Regierung verweigerte lange einen Untersuchungsausschuss, hatte Angst, weitere Enthüllungen könnten eine »Staatskrise« auslösen. In Wahrheit ging es nie um eine Staatskrise. Man fürchtete, trotz aller staatlichen Schredderaktionen, einen Politikerskandal.

Erst vor wenigen Wochen ließen die Mächtigen ihre lieben Bürgerinnen und Bürger ins Neue Schloss, ins hohe Haus, wo seit der Sanierung der Villa Reitzenstein die Regierung tagt. Zielgerichtet habe ich das Kabinettszimmer des Prunkbaus aufgesucht. Unter einem Lüster steht im Kabinettszimmer eine ellipsenförmige Holztafel; sie erinnert an das Oval Office, das Amtszimmer des Präsidenten der USA. Die ovale Form im Weißen Haus hat man gewählt, damit sich die Gesprächspartner in die korrupten Augen schauen und dennoch ein Kopfende für den Chef behalten können. Dass an diesem Ort mal eine Dame Clintons Hosenschlitz ins Visier genommen hat, ist eine Fußnote der Sexualkunde. Im hocherotischen Klima unserer Landesregierung würde so etwas sofort in Szenen ausarten, wie wir sie aus dem Film »Das große Fressen« kennen. Das Neue Schloss ist nicht das Weiße Haus. Im Kabinettszimmer hängt ein Bildnis des jungen Carl Eugen. Als Sechzehnjährigen hat man ihn für mündig erklärt und zum Herzog von Württemberg gekürt. Carl Eugen litt an einer krankhaften, ruinösen Bauwut. Dieser Wahn hält sich bis heute in der Stadt. Erst im Alter wandelte er sich vom Despoten-Freak zum »Landesvater«. Mit dieser Nummer wiederum reisen seine demokratisch von Minderheiten gewählten Nachfolge-Despoten bis zum heutigen Tag.

Auf Din-A-4-großen Papierblättern auf dem Oval-Tisch im Neuen Schloss las ich die Namen der Minister, konnte mir allerdings keinen einzigen merken. Sah nur, dass der selbst ernannte Landesvater der Gegenwart eierformtechnisch am Kopfende thront. Früher war die Prachtbude wohl tatsächlich ein herrschaftliches Thronzimmer. Es hat sich also nichts geändert. Der Grüne Kretschmann praktiziert mit seinen 66 Jahren nicht mehr Demokratie als das 16-jährige Milchgesicht im 18. Jahrhundert.

Erst im vergangenen Juli schrieb der *Spiegel* beim Blick auf die grün-rote Verweigerung des öffentlichen Einblicks in politische Akten: »In Baden-Württemberg soll Transparenz offenbar die Farbe von Milchglas haben.« Das ist untertrieben. Die Informationsfreiheit der Landesregierung ist so durchsichtig wie eine Butzenscheibe.

Dafür durften die Bürger kurz mal ins Neue Schloss. Zwar gehört es ihnen so oder so. Aber jetzt erst konnten sie sehen, wie auch heute gewisse Politiker wie Fürsten hausen und sich wie Könige aufführen. Es sei ihnen gegönnt. Eines Tages wird man sie in den Herrgottsack der Geschichte stecken und die ganze Sache vergessen.

Straßentheater

In den frühen Tagen des kalten März 2013 kommt mir mein Herumgehertempo langsamer vor als zuvor. Eine Sinnestäuschung. Allein der Drang, dem Sauwetter in eine wärmende Sammelstelle, in eine zeitgemäß fette Bar oder in ein cooles Wirtshaus zu entfliehen, hat sich zuletzt gelegt. Der Herumgeher darf sich niemals vom Klima steuern lassen. Sonst wäre er wie ein Schönwetterfußballer oder ein Sommerdemonstrant.

Beim Protestieren gegen die herrschenden Zustände bläst einem manchmal ein Wind ins Gesicht, den wir aus dem Sprachlexikon der gehobenen Metapher kennen: Es ist der Furz im Einmachglas.

Neulich demonstrierten auf dem Schlossplatz siebenhundert Menschen gegen den Mietwahnsinn in der Stadt. Als die Kundgebung nach einer halben Stunde um halb sechs beendet war, stolperte ich in die Ansammlung von etwa einem Dutzend Menschen, darunter zwei junge Polizisten in blauer Uniform, angereist in einem Kleinbus.

Einer der Polizisten war gerade dabei, einen noch jüngeren Mann abzuführen und dessen Zeitung zu konfiszieren, die er zur Information über das Elend in seinem Land für eine kleine Summe zum Kauf angeboten hatte. Ich nenne den jungen Mann im Folgenden »syrischer Freiheitskämpfer«. Er hatte eine Fahne dabei.

Weil im Umfeld des umtriebigen Polizisten die Frage auftauchte, was der junge Mensch verbrochen habe, tat der Polizist alsbald kund, der syrische Freiheitskämpfer verhindere eine »Amtshandlung« und eine »polizeiliche Maßnahme«. Er forderte deshalb Verstärkung an. Im Lauf des weiteren, recht unterhaltsamen Abends kamen mehrere Polizeibusse vorgefahren, ich zählte ein Dutzend

Polizisten und noch mehr Demonstranten, die unsere Wachtmeister über die in demokratischen Ländern übliche Meinungs- und Demonstrationsfreiheit aufzuklären versuchten. In diesem Staatskundedialog mussten aus bürgerrechtlichen Gründen mehrere Personalausweise gezückt und einige Polizistennamen notiert werden. Der syrische Freiheitskämpfer saß unterdessen gut bewacht im Bus.

Die Aktion erinnerte an ein Straßentheater, in dessen Verlauf ein als liberal bekannter Polizist seinen Kollegen anbellte, er solle jetzt endlich aus dem Bus kommen und sagen, »was Sache ist«. Eine Sache schien aber nicht vorzuliegen, und bald tat mir nicht nur der syrische Freiheitskämpfer leid. Auch die Polizisten in ihrer Rolle als überflüssige Statisten eines sinnfreien Aktionstheaters litten mehr als bei sonstigen Einsätzen ihre Pferde und Hunde.

Beinahe hätte der Vorfall noch einen echten Nachrichtenwert erhalten, als sich ein weithin bekannter Vorsitzender einer altkommunistischen Seilschaft unter die Zuschauer mischte: Bernd Riexinger, der Chef der Linken, war aus Berlin in seine Heimat zum Mieterprotest gekommen. Auf seine freundliche Frage, ob man »die Peinlichkeit eventuell beenden« könne, gab ihm die Polizei aus Sicherheitsgründen keine Antwort. Die Gesichter von linken Politikern sind in schwäbischen Polizeikreisen womöglich weniger bekannt als die Kapuzen des Ku-Klux-Klan.

Zu guter Letzt wurde der syrische Freiheitskämpfer unter dem Beifall weiter Kreise der Bevölkerung aus dem Polizeibus entlassen, und alle gingen ihres Wegs. Anderntags las ich in der Zeitung, die Polizeieinsätze bei Demos gegen das von der Bahn gesteuerte Projekt S 21 hätten seit 2009 einundvierzig Millionen Euro gekostet. Rechnet man die jüngste Mieter-Demo dazu, dürfte das Maß voll sein.

Der Bundesverkehrsminister hat eine Fahrpreiserhöhung bei der Deutschen Bahn angekündigt. Ich hoffe, da bringe ich nichts durcheinander.

Das Übel

1972 durfte ich zum ersten Mal wählen, da war ich achtzehn – und damit ohne jede weitere Qualifikation zum deutschen Staatsbürger aufgestiegen. Am 19. November 1972 fand die Bundestagswahl statt, und als Neuwähler lernte ich rasch alles über die Machenschaften des politischen Geschäfts. Die CDU hatte gerade versucht, mit einem Misstrauensvotum Willy Brandt zu stürzen. Zuvor hatten einige der Genossen dem SPD-Kanzler die Gefolgschaft verweigert. Willy Brandts Konkurrent Rainer Barzel fiel trotzdem durch. Dem Schwarzen fehlten zwei Stimmen, und Jahre später kam heraus: Korruption hatte die Wahl entschieden. Als Ersttäter an der Urne wurde ich somit perfekt in den politischen Alltag und die demokratische Zukunft eingeführt.

Die frühen Siebziger waren eine merkwürdige Zeit. Die Studentenrevolte war vorbei, die Beatles hatten sich getrennt, Jimi Hendrix war tot. Schon damals diskutierten wir im Wirtshaus heftig das »kleinere Übel«. Am Tisch saßen Sozen, aber auch echte Linke. Die Suche nach dem kleineren Übel erinnerte an die Frage: Herr Metzger, von welcher Wurst wird mir am wenigsten schlecht? Blutwurst oder Presssack?

Als kleineres Übel stellte ich mir damals eine Partei vor, die weniger korrupt war als die andere. Ich war überzeugt, es gäbe eine Partei, die weniger verkommen war als die andere. Wir glaubten auch, man könne die Pest mit der Cholera austreiben. Die Cholera war die schon damals ziemlich neoliberal verpestete SPD.

Heute ist die Übel-Debatte so hoffnungslos wie früher. Rein sprachlich gaukelt einem das »kleinere« Übel vor, es gebe lediglich ein kleines und ein *noch* kleineres Übel

– und deshalb keinen Grund für das große Kotzen. Bei der Wahl zwischen dem großen und kleinen Übeln haben die meisten Menschen einen guten Grund, sich gegen die Korruption zu entscheiden – sie selbst zählen zur großen Mehrheit der unbedeutenden Wähler, die für eine Bestechung erst gar nicht in Frage zu kommen.

Das Übel beschäftigt mich seit mehr als vierzig Jahren. Das Wort Übel lässt sich fast unverändert als Substantiv und als Adverb verwenden: Es ist ein Übel, wenn dir übel ist.

Wikipedia bietet eine wegweisende Definition des Worts: »Das Übel ist in der Philosophie ein Begriff, der alles bezeichnet, was dem Guten entgegengesetzt ist. Es ist vom Bösen zu unterscheiden, mit dem es häufig verwechselt wird. Übel ist der allgemeinere Begriff, der das Böse umfasst. Alles Böse gehört zum Übel ...«

Mir wurde schlecht, als ich diese Zeilen las. »Alles Böse gehört zum Übel.« Dies gilt auch für das kleinere Übel. Der Volksmund allerdings hat dem *Übel* im Lauf der Zeit das große Böse genommen. Man sagt: »Nicht übel.« Oder: »Die fertigen Typen da drüben sind gar nicht so übel.« Das bedeutet: Diese Leute sind schwer in Ordnung.

Die Jugendsprache hat vor einiger Zeit das Wort *übel* ins Gegenteil verkehrt: Bei den coolen Jungs ist ein Film »übel lustig«, ein guter Typ »übelst cool«, ein Superarschloch sogar »übel übel« – so wie die Straßenbahn »voll voll« ist, wenn nicht »voll leer«.

Kein Mensch aber denkt an etwas Gutes, wenn er das Substantiv Übel hört. Keiner sagt: Diese Sache ist *kein* Übel. Man sagt: »OB Kuhn ist das kleinere Übel.« Diese Haltung ist typisch parlamentarisch, also voll übel. Immer geht es um die Verniedlichung, immer um das scheinbar kleinere Übel. Demokratie ist nur noch ein anderes Wort für kleineres Übel. Und alles Böse gehört auch zum kleineren Übel.

Es ist schwer, die Sache abschließend zu beurteilen. Die Übel-Exegese wäre etwas für unseren Kalenderspruch-Philosophen Kretschmann. Der eröffnet freitags die üble Säufer-Orgie auf dem schwäbischen Volksfest und erlässt samstags ein Alkoholverbot auf den übel gestalteten Plätzen von Stuttgart. So konsequent handelt man als kleineres Übel.

Viele Menschen glauben nicht an freie Wahlen. Deshalb bleiben sie den Wahlen fern. Womöglich aber liegt die Wähler-Übelkeit auch an den Wahllokalen. Unsereins muss zum Wählen in eine Anstalt namens Hasenbergschule. Hasenberg klingt wie Karnickelkacke.

Im Mief eines Klassenzimmers fehlt dir jegliche Inspiration, das eine Übel vom anderen Übel zu unterscheiden. Ich fände es deshalb demokratischer, in einer der sonntags geöffneten Bäckereien zu wählen. Man könnte große und kleine Kübel aufstellen. In diese Übel-Kübel könnte der Wähler je nach ideologischer Ausrichtung ein Schwarzbrot, einen Amerikaner oder eine Kürbiskern-Schrippe werfen. So hätten endlich auch unsere vielen Analphabeten die Chance, sich für das weniger üble Übel zu entscheiden. Vernünftiger wäre es allerdings, einem Gedicht aus meinem Tagebuch zu folgen: Den Trotteln muss man's übel nehmen, die immer nur das Übel wählen. / Ob klein, ob groß, ist Sack' wie Hos'.

Ich wünsche allen eine gute Wahl. Bald nimmt das Übel wieder seinen Lauf.

Sushi

Weil ich stolz bin, Deutscher zu sein, ging ich am Morgen zum Bürgerbüro West und holte meinen neuen Personalausweis. Personalausweis ist ein großes Wort für das Stück Plastik, das man erhält, kleiner als die Dauerkarte für die Stuttgarter Kickers.

Erstaunlich schnell war ich wieder stolzer Deutscher, wenn man bedenkt, dass mein alter Pass schon vor zwei Jahren abgelaufen war. Mit dem ungültigen Pass konnte ich sogar zur Wahl gehen. Politikern ist es wurscht, welcher Penner sie wählt.

Auch hatte ich vergessen, dass mein neuer Ausweis zum Abholen bereit lag, bis ich an besagtem Morgen aus dem Fenster schaute und am Haus gegenüber die von Wind und Wetter zerfledderte Deutschlandfahne sah. Da hatte einer seinen deutschen Stolz zum Trocknen in den Regen gehängt.

Es ist schwer für den Spaziergänger, Entscheidungen zu treffen. Die Ahnungslosen denken, Spazierengehen sei ein Hobby. In Wahrheit gibt es eine Spaziergangwissenschaft. Sie heißt Promenadologie, wird an Hochschulen gelehrt und handelt von der menschlichen Wahrnehmung der Umwelt. Dient also dazu, die Botschaft einer deutschen Fahne an der Frontwand eines Nachbarhauses zu deuten. Es war die Botschaft des Unfassbaren.

Nichts dagegen vermittelt die Promenadologie über den Konflikt, den der Spaziergänger jeden Tag mit sich selbst austrägt. »Es ist leichter, draußen zu bleiben, als nach draußen zu gehen«, hat Mark Twain gesagt.

Ich hatte derbe Stiefel und einen ordentlichen Hut gewählt, bevor ich nach draußen ging und in die Innenstadt. Im Café Königsbau, hoch über dem Schlossplatz mit

Blick auf das Neue Schloss, packte ich meinen kleinen, gut zum neuen Pass passenden Laptop aus. Ich sah, wie von einem Großplakat am Baugerüst der Jubiläumssäule der Musikant und Meisterkoch Vincent Klink herübergrüßte; er arbeitet zurzeit als Model für die Gartenschau in Schwäbisch Gmünd. Durchs Fenster rief ich: Vincent, Typen wie du brauchen nicht mal einen Pass, dich erkennt aus hundert Meter jeder Depp. Er blies in seine Basstrompete, und dann sah ich, dass die Dame mit der Leopardentasche am Nachbartisch nicht mit sich selbst sprach, wie ich vermutet hatte. Aus der Leopardentasche schaute ein Hund heraus, er riss die Schnauze auf, und er sagte nichts. Der Hund war klug. Du kannst nichts sagen über das Unfassbare.

Das Café füllte sich schleppend. Das liegt am Fußball, sagte die Kellnerin. Gut abgestimmt auf meine Stiefel, bestellte ich Eier mit Speck. Es war der verregnete Morgen, nachdem wir die Brasilianer 7:1 weggefegt, weggehauen oder abgeschossen hatten, je nachdem, was das Schlagzeilenrepertoire des stolzen Deutschen nach einem kurzen Schwenk auf den Raketenkrieg im Gazastreifen übrig gelassen hatte.

Der Dauerregen hatte die Stadt abgekühlt, die Weltmeisterschaft ging ihrem Ende entgegen, ich sah dem Hund in der Leopardentasche in die Augen, bis er schnäuzte, und ich versuchte, mich zu erinnern.

Dann kam es mir. Diese Nacht werde ich nie vergessen. Es war der Tag, als Che Guevaras Geburtstag und damit auch mein eigener schon gelaufen waren. Am 15. Juni 2014, Punkt Mitternacht, gingen die Italiener daran, die Engländer aus dem Turnier zu schießen, und als der große Pirlo die Sache zu Ende gebracht hatte, begann das Unvergessliche.

Es war das einzige Spiel des Turniers, das morgens um drei Uhr angepfiffen wurde. Ich saß in der Kneipe Schlesinger, an der Wand hingen die Fahnen der Elfenbeinküste und Japans, und wer Ehre hatte, hing mit seiner Fahne daneben. Tschelle, der Kellner, kurvte mit einem säuberlich beschrifteten Pappschild durchs Lokal: »Ab 3 Uhr Sushi!«

Der tote Fisch war gut. Bald aber wurde es still in der Schänke, und draußen pfiffen die Vögel das Lied vom Unfassbaren. Japan hatte 1:2 verloren. Das ist die Geschichte, die der stolze Deutsche einmal seinen Enkeln erzählen wird. Auch wenn er keine hat.

Weiße Tücher

Steve Bimamisa ist mir zum ersten Mal 2014 bei unserem Straßenfest in der Altstadt begegnet. Er begleitete seinen Kollegen und Landsmann, den Sänger Michael Dikizeyeko, auf der Gitarre, sie spielten Songs mit afrikanischen Rhythmen und französischen Texten, die Leute waren begeistert. Ich habe Steve damals gefragt, ob er Deutsch spreche. Diese Gedankenlosigkeit hätte ich mir besser gespart. Steve ist Deutscher wie unsereins, hat einen deutschen Pass und spricht die Sprache korrekter als ich mit meinem Dialekt. Es sind die kleinen Dinge, die uns die fehlende Selbstverständlichkeit im Umgang mit Fremden vor Augen führen.

Vor Weihnachten saßen Steve und ich wieder zusammen, im Rotebühlbau. Diesmal mit Yahi Nestor Gahe, Choreograf und Tänzer. Steve Bimamisa, 30, kommt aus Kongo-Kinshasa, Yahi Nestor Gahe, 35, von der Elfenbeinküste. Sie arbeiten gemeinsam für das Jugendprojekt Migration, haben mit Schülerinnen und Schülern das Musikstück »Hoffnung Europa – Flüchtlinge aus Afrika« entwickelt und es mehrfach aufgeführt. Junge Tänzerinnen und Tänzer aus der Schule spielen Kindersoldaten, schwenken weiße Tücher: die Bühnensymbole der Unschuld.

Yahi erzählt, wie bei seinem Türkei-Urlaub am Strand ein Kind zu ihm kam und an seiner Haut leckte. Dachte, die Haut sei aus Schokolade. Die Eltern eilten herbei, entschuldigten sich auf Englisch, und Yahi sagte: Kein Problem, es ist gut so, das Kind wird auf diese Art lernen, dass Haut eben Haut ist.

Steve sagt, er habe in Deutschland bisher keine rassistischen Angriffe von Nazis oder ähnlichen rechtsextremen

Terroristen erlebt. Die meiste Zeit werde er als Künstler wahrgenommen, sei deshalb privilegiert. Der banalste Grund für die Angst vor dem Fremden, das Motiv für den Hass auf Flüchtlinge, ist die Unwissenheit. Das lehrt die Erfahrung. Yahi erzählt: Ein Polizist nahm seine Personalien auf, notierte seinen Namen und trug, ohne zu fragen, als Heimatland »Afrika« ein. Yahi sagte: Schauen Sie bitte in meinen Pass, mein Land ist nicht Afrika, es heißt Elfenbeinküste. Das ist der Alltag in Deutschland, Europa.

Steve kommt 1998 mit seiner Mutter und drei jüngeren Geschwistern in die Bundesrepublik. Seine Mutter hat im Kongo als Krankenschwester gearbeitet, sein Vater als Arzt. Im Land herrschte Bürgerkrieg. Steves Vater starb in diesem Krieg, er wurde auf offener Straße erschossen. Der Familie gelingt es, mit dem Flugzeug auszureisen. Erste Station in Deutschland ist das Auffanglager Karlsruhe: bürokratisch-politische »Duldung« (die wahre Bedeutung des Worts Toleranz), die übliche würdelose Prozedur, schließlich die Aufenthaltsgenehmigung. Mit Hilfe von Förderprogrammen lernt Steve schnell Deutsch, kann ins Gymnasium gehen, Abitur machen. Zunächst will er Arzt werden, absolviert zur Überbrückung der Wartezeit bis zum Studium eine Krankenpflegerausbildung. In dieser Zeit macht er viel Musik, lernt afrikanische Musiker aus der Region kennen und entwickelt die Idee, diese Leute zu produzieren. Er baut sich in Schondorf ein Studio auf, betreut und fördert Musiker mit sogenanntem Migrationshintergrund. Zu seinen Schützlingen gehört Michael Dikizeyeko, der Mann mit der berührend klaren Stimme.

Es gibt, das habe ich in vielen Jahren gelernt, keine bessere Integrationsbrücke als die Musik. Beim Umgang mit Musikern verliert sich der Blick auf Nationalitäten, auf Sprache, aufs Alter. Der Dirigent Daniel Barenboim schreibt in seinem Buch »Klang ist Leben«: Wären mehr

Menschen in der Lage, sich auf Musik einzulassen, würden ihre Ohren dafür geschult, mehrere Stimmen auf einmal zu hören, wäre es ihnen auch eher möglich, »die Gemeinsamkeiten, die zwischen allen Menschen bestehen, wahrzunehmen und nicht immer nur die Unterschiede zu sehen«.

In der Show »Hoffnung Europa – Flüchtlinge aus Afrika«, von Steve produziert, von Yahi choreografiert, spielt die Band Diversité. Die meisten Mitglieder sind schwarz, fast alle Deutsche. Die Floskel »Deutsche mit afrikanischem Hintergrund« bekommen auch die zu hören, die in Deutschland geboren wurden, Afrika nie gesehen haben.

Der Choreograf Yahi Nestor Gahe hat in seiner Heimat studiert, an der Hochschule für Tanz und Theater in Abidjan. Danach begann er in Straßburg das Masterstudium für Kunst- und Kulturprojektgestaltung, einen Managerkurs. Für den Wiener Multimedia-Künstler André Heller hat er vor Jahren die Show »Afrika! Afrika!« choreografiert. Er lebt in Stuttgart, arbeitet regelmäßig mit Steve zusammen.

Durch Steves Produktionen zieht sich als roter Faden die Rumba, man kennt die Rhythmen aus Kuba, verwechselt sie oft mit Salsa. Der Legende nach, erzählt Steve, komme der Begriff Rumba von Kumba, der Bezeichnung für das Stofftuch mit Schleife, das afrikanische Frauen statt eines Gürtels trugen. Die Portugiesen konnten das Wort Kumba nicht aussprechen, haben Rumba daraus gemacht.

»Ich habe die Vision von einer funktionierenden gemischten Welt. Ich fühle mich als Weltbürger«, sagt Steve. In seiner Bühnenwelt mischt sich auch mal Schuhplatteln mit Afro-Ballett. Wie so oft ist es auch der Humor, der Grenzen und Mauern überwindet.

Wir verabschieden uns, gehen hinaus in die kleine Welt von Stuttgart. Es ist Sonntag, erster Advent. Auf dem Weihnachtsmarkt herrscht Hochbetrieb. Sprachgewirr.

Familie Uhlman

Es war Sonntag und für ein paar Stunden Sommer im April 2013. Tags zuvor hatte der Berliner Künstler Gunter Demnig fünf seiner Stolpersteine vor dem Haus in der Hölderlinstraße 57 verlegt. Das Travertinsteingebäude mit der Gaststätte Alte Wache im Erdgeschoss steht im Westen, gleich beim Hölderlinplatz. Auf dem Gehweg vor dem Eingang lagen frische Blumen neben einem Schwarz-Weiß-Foto, eine Kerze brannte, in der Mitte des unversehrten Arrangements schimmerten die Stolpersteine, die der Künstler zum Gedenken an die jüdischen Nazi-Opfer in den Asphalt gegraben hatte.

Diese Ehrung gilt den Toten der Stuttgarter Familie Uhlman: Oskar Uhlman, seinem Bruder Ludwig Uhlman, dessen Frau Hannchen, der Tochter Erna, dem Kind Tana (geboren 1942). Ein sechster neuer Stolperstein liegt in der Hegelstraße 62, gewidmet Fanny Löwenthal, Oskar Uhlmanns Schwiegermutter. Vier der Familienmitglieder wurden im KZ ermordet. Erna warf sich auf dem Transport ins Vernichtungslager Theresienstadt mit ihrem Baby vor den Zug.

Stolpersteine weisen Wege in die Stadtgeschichte. Als ich in der Hölderlinstraße 57 stehen bleibe – in dem Viertel, wo ich wohne – dämmert es mir. Der Name Uhlman erinnert auch an einen großen Sohn der Stadt, einen, der den Nazi-Terror überlebte. Sein Leben hatte mich schon einmal beschäftigt. Das war vor fünfundzwanzig Jahren.

Eines Abends im Juli 1988 gingen wir in der Redaktion aufgeregt dem Gerücht nach, in Stuttgart werde ein internationaler Kinofilm gedreht. Vor einem Vierteljahrhundert versprach eine solche Geheimsache ein Ereignis für die Stadt. Zumal durchsickerte, die Hauptrolle des Films spiele der Hollywood-Star und Oscar-Preisträger Jason Robards, der Gangster Cheyenne aus »Spiel mir das Lied vom Tod«.

1989 beginnen die Stuttgarter Dreharbeiten für Fred Uhlmans Erzählung »Reunion«; Regie führt der Amerikaner Jerry Schatzberg. Seine Crew nimmt das Hotel Interconti (heute Le Méridien) in Beschlag und ruft die Bürger auf, sich als Komparsen zu bewerben. Gesucht werden Nazi-Typen, vorzugsweise übergewichtige Männer. Die Premiere ist bei den Filmfestspielen in Cannes geplant.

Das Buch »Reunion«, 1971 erschienen, wurde in elf Sprachen übersetzt, bei uns unter dem Titel »Der wiedergefundene Freund«. Es geht um zwei Schüler in Stuttgart Ende der zwanziger Jahre; ihre Freundschaft zerbricht, als sich einer von ihnen den Nazis anschließt. Jahrzehnte später stellt sich heraus, dass der Nazi sich zum Hitler-Attentäter gewandelt hat. Der Hintergrund: Fred Uhlman ging wie Claus Schenk Graf von Stauffenberg auf das Eberhard-Ludwigs-Gymnasium.

Am 19. Januar 1901 in Stuttgart geboren, wächst Fred Uhlman von 1913 an in der Hölderlinstraße 57 auf. Sein Vater Ludwig, ein Baumwollgroßhändler, kauft 1918 das neu erbaute Haus. Nach dem Abitur studiert Fred Jura in Freiburg, München und in Tübingen, wo er 1925 promoviert. Er wird Mitglied der SPD und ein Vertrauter und Berater von Kurt Schumacher. Als der Nazi-Terror beginnt, muss er seine Arbeit als Anwalt aufgeben und verdient sein Auskommen fortan als Maler und Schriftsteller. Noch Ende Februar 1933 unterstützt er Schumachers Wahlkampf. Am 23. März gibt ihm der Stuttgarter Nazi-Richter Gottlob Dill den Wink, sofort ins Exil zu gehen. Er lässt ihm einen Zettel mit der Botschaft zukommen, das Wetter in Paris sei schön. Tags darauf flieht Uhlman über Freiburg nach Frankreich.

In Paris arbeitet er zunächst als Maler, in Spanien schließt er sich einer Künstlerkolonie an. Er lernt die Engländerin Diana Croft kennen und heiratet sie 1936 in London gegen den Willen ihres vermögenden Vaters, eines hohen Politikers. Nach der Hochzeit lebt Fred Uhlman als erfolgreicher Künstler und Autor in London. In seinem Haus beherbergt er Emigranten. Die britische Metropole wird seine neue Heimat. Mit Deutschland hat er gebrochen. Die Sprache von Goethe, Hölderlin und Mörike, schreibt er, würde ihm in diesem Land »genauso fremd werden wie die Seen und Wälder und Städte Württembergs«. Fred Uhlmann überlebt als einziger seiner Familie den Holocaust.

Kurz vor seinem Tod (am 11. April 1985 in London) reist er noch einmal nach Stuttgart zur Vorstellung seiner zweiteiligen, neu bearbeiteten Erzählung »Mit neuem Namen«. Im Ausland ist er längst bekannter als in seiner Heimatstadt. Daran sollte sich bis heute nichts ändern. In seinem Buch »The Making of an Englishman - Erinnerungen eines deutschen Juden« findet man eine Widmung von Fred Uhlman: »Der Stadt Stuttgart. Trotz Allem«.

Nachtrag: Drei Tage nach der Stolpersteinlegung im April 2013 las ich in der Zeitung, Kontrolleure hätten in der Stuttgarter Straßenbahn ein Ehepaar aus Israel schikaniert und beleidigt. Der Mann, aufgrund seiner Kleidung und seines Barts als orthodoxer Jude zu erkennen, war ein Nachfahre der ermordeten Uhlmans. Das Paar hatte an der Stolperstein-Feierlichkeit in der Hölderlinstraße 57 teilgenommen.

Eugen und Alexander

Am Eugensplatz, an der Aussichtsplatte mit gutem Blick auf Bahnhof, Museum und Theater, gehe ich los. Es ist Sonntag, feuchtes Maiwetter, ich habe mir die Alexanderstraße vorgenommen. Die Straße beginnt am Eugensplatz. Der Stuttgarter Eugensplatz ist heute nicht mehr so sehr für Otto Rieths Galatea-Brunnen aus dem Jahr 1890 berühmt, obwohl das Kunstwerk mit seinem satten Frauenhintern eine pikante Geschichte hat. Die Dame am Brunnen, so heißt es, habe einst den Zorn der Stuttgarter Spießer erregt. Sie beschwerten sich, die Figur sei nicht tragbar, weil sie ganz Stuttgart schamlos ihre nackten prallen Brüste zeige. Auch Steine müssen sich schämen. Königin Olga, die Sponsorin des Denkmals, konterte damals: »Ich kann das Denkmal auch umdrehen lassen, dann wird die Galatea Stuttgart etwas ganz anderes entgegenstrecken.« Es herrschte damals ein harter moralischer Krieg um Arsch und Titten in Stuttgart.

125 Jahre später ist es schick oder cool, die Leute mit vermeintlichen Schlüpfrigkeiten anzumachen. Reklamefuzzis tapezieren die ganze Stadt mit Plakaten aus der erogenen Öko-Zone: »Wir haben die Dicksten« (das Plakat-Foto zeigt Kartoffeln), »die Prallsten« (Tomaten), »die Schärfsten« (Rettiche). Drunter steht: »Besorg's Dir im Bioladen«. Ich bekomme bei dieser Zeile große Lust, die Dümmsten (Werbetexter) mit der Längsten (Gurke) zu beglücken.

Heute kennen die Leute den Eugensplatz weniger für sein Frauenbild als für seine Anleihen aus dem Tierreich. Bei gutem Wetter steht eine Schlange vor der Eisbude mit Namen Pinguin, und seit Mai 2014 macht ein Köter Schlagzeilen, dem man einst nicht ohne Grund ein schönes Schlachtlied gewidmet hat: »Ein Mops kam in die Küche / und stahl dem Koch ein Ei / da nahm der Koch den Löffel / und schlug den Mops entzwei ...«

Nachdem man im November 2013 am Eugensplatz eine Säule zu Ehren des großen Komikers und Mops-Liebhabers Loriot aufgestellt hatte, herrschte in der Stadt eine Aufregung, wie sie typisch ist für Dorfgemeinden. Loriot wohnte ja eine Zeitlang mit seinen Eltern am Eugensplatz, er ging aufs Eberhard-Ludwigs-Gymnasium und inszenierte später die Oper »Martha« an der Staatsoper, wo er einst als Komparse gedient hatte.

Die Spaßvögel des Internet-Blogs »Kessel.TV« allerdings fanden das von dem Bildhauer und Hobby-Tubisten Uli Gsell gefertigte Original-Denkmal langweilig und stellten heimlich einen goldfarbenen Mops aus Stein auf die Säule. Als der Hund postwendend geklaut wurde, formierte sich die Stuttgarter Mops-Bewegung mit dem Ziel, der Säule einen Köter für die Ewigkeit zu finanzieren. Das Modell musste wiederum Uli Gsell formen. Im Mai 2014 wurde es mit reichlich öffentlichem Gekläff und der moralischen Hilfe des Oberbürgermeisters auf die Skulptur gesetzt. Herr Kuhn wird eines Tages von sich sagen können: Ich habe in Stuttgart nicht nur größere Mülleimer gefordert und den Fernsehturm angezündet, ich habe auch einen Mops auf einer Auerkalk-Säule angebellt.

Es ist zum Heulen, dieses dümmliche Verständnis von Humor. Stuttgarts Mops-Mob hat unfreiwillig alles getan, um Loriots wichtigste Komiker-Botschaft im wahren Leben zu bestätigen: Wie kein Zweiter hat er den deutschen Spießern ein Gesicht geben, in Stuttgart sogar noch nach seinem Tod. Wir sollten uns hüten vor Leuten, die Humor für eine Anleitung zum Schenkelklopfen halten. Diese Witzbolde mit ihrem guten Geschmack sind noch zu ganz anderen Dingen fähig. Jederzeit können sie Picassos »Badenden« in der Staatsgalerie eine Gummi-Ente verpassen. Oder einen Rollmops.

Vor lauter Hintern, Gurken und Möpsen hätte ich fast das Wesentliche aus den Augen verloren. Vom Eugensplatz bis zur Immenhofer Straße im Süden zieht sich zwei Kilometer lang die Alexanderstraße durch die Stadt. Eine Stunde habe ich für die Strecke zu Fuß gebraucht. Die Bomber der Alliierten haben die Straße weitgehend verschont, es stehen noch viele Gebäude aus der Gründerzeit. Spätklassizismus, Barock, Jugendstil, deutsche Renaissance. Auffallend viele Architekten und Rechtsanwälte arbeiten in der Gegend, auch Heilpraktiker und Galeristen, unter ihnen (im Haus 53) Rainer Wehr, der alte, aufrechte Kämpfer für die gute Kunst.

Der attraktive Teil der Alexanderstraße mit fast sechzig Häusern unter Denkmalschutz beginnt nach dem Abstieg vom Eugensplatz, wenn man die Hohenheimer Straße überquert hat. Doch der weite Weg ist steinig und trokken: Nirgendwo auf der kompletten Route sehe ich eine Kneipe.

Zum Schluss zurück in den Startbereich meiner Tour. In der Alexanderstraße 36, nicht weit vom Eugensplatz, steht eines der ältesten Autohäuser Deutschlands, heute Albrecht und Deffner. In diesem Gebäude, im vierten Stock zur Blumenstraße 34 hin, hat von 1899 bis 1903 die Sozialistin und Frauenrechtlerin Clara Zetkin gewohnt.

In Luise Dornemann Clara-Zetkin-Biografie, die ich in der Landesbibliothek gefunden habe, heißt es: »Bald fühlte sie sich in Stuttgart zu Hause. Sie bewohnte eine kleine Wohnung im vierten Stock eines Mietshauses im Innern der Stadt, die ihr der Bruder einzurichten geholfen hatte. Von ihren Fenstern sah sie über die Häuser bis zu den bewaldeten Hügelketten, die die schöne Hauptstadt Württembergs umgeben. Sie lebte bescheiden, aber zum ersten Mal seit ihrer Heirat (mit dem Maler Zundel) ohne die drückende Sorge, ob sie am kommenden Tag ein Stück Brot im Haus und ein Dach über dem Kopf haben werde. Ihre alte Fröhlichkeit kam wieder zum Durchbruch. Sie gewann schnell Freunde.«

Und dann gibt es die Geschichte, eines Tages habe der russische Revolutionär Lenin Clara Zetkin in der Blumenstraße besucht und sei nur durch einen Sprung vom Balkon aus dem ersten Stock seinen Häschern entkommen. Diese Anekdote findet sich auf der Webseite von Albrecht und Deffner. Wenn sie nicht wahr ist, bin ich als ihr Verbreiter der Mops. Aber gut ist die Geschichte allemal für eine Straße, die man nach Alexander II., dem Kaiser von Russland (und Bruder der Königin Olga von Württemberg), benannt hat. Die Russen waren schon immer unsere Freunde.

Das Becken

Am Feuerbacher Bahnhof ist die Uhr stehen geblieben, als ich an diesem frühen Nachmittag im Januar zur Bahnhofswirtschaft gehe. Die Uhr zeigt Viertel vor Neun und erinnert mich daran, wie mich vor Weihnachten beim Abendmahl in einer Altstadtkneipe rücklings ein Mann ansprach. Entschuldigung, wenn ich Sie beim Essen störe, sagte er, welchen Tag haben wir heute? Dienstag, sagte ich. Und wie spät ist es? Halb neun. Der Mann überlegte kurz und fragte: morgens oder abends?

Die Bahnhofsgaststätte von Feuerbach heißt Wirtshaus Station F. Wer das Lokal betritt, wähnt sich in einem braun getönten Wirtshauslicht, das man aus Filmen kennt. Deutsche Filme, die in einer Zeit spielen, als es noch Bahnhofsgaststätten, Eck- und Kellerkneipen gab. In der Station F gibt es Nudelsuppe mit Siedfleisch und Kartoffelsuppe mit Wurst für jeweils zweiachtzig und Schmalzbrot mit Zwiebeln für zwezehn. Ein halber Liter Bier kostet zweineunzig.

Drei elektronische Spielautomaten und ein stattlicher Flachbildschirm mit dem Bezahlsender Sky im Repertoire vernetzen die Station F mit der Gegenwart. Die anderen Utensilien im Raum tragen die Patina der deutschen Gemütlichkeit. An der Wand hängt ein Pferdegeschirr. Unter den vielen gerahmten Bildern im Lokal, allesamt prächtige Schinken, suche ich nach James Dean, Marilyn Monroe und Elvis Presley. Diese Leute vermute ich immer in solchen Kneipen. Wenn ich sie finde, treten sie aus ihrem Rahmen heraus, wie wir es von Woody Allens Kino kennen. Sie blinzeln mir zu, der Kneipenventilator weht Marilyns Rock hoch, und James Dean fragt: Welcher Tag ist heute? Spielt keine Rolle, Jimmy, sage ich, ihr seid nicht zum Sterben geboren, und die Bahnhofsuhr von Feuerbach ist ohnehin hinüber.

Im Lokal meiner Wahl sind Jimmy Dean, Marilyn Monroe und Elvis Presley nicht da. Es ist Montag, der 6. Januar, das Fest der Heiligen Drei Könige, und es gibt keinen verdammten Dreikönigstag, an dem mir nicht einfällt, dass zwei Tage später der King Geburtstag hat. 2015 den achtzigsten.

Einer meiner Kollegen, der etwas von Musik versteht, hat mal die Gesangstechnik des King mit der Kunst von Maria Callas verglichen. In diesem Fall sollten wir wissen, was zwei Oktaven bedeuten, bevor sich ein Sänger mit ihnen anlegt. Unsereins, der wenig vom Singen versteht, hat Elvis Presley in erster Linie als sexuellen Schrittmacher wahrgenommen. Er führte uns so umwerfend seinen gut bekleideten Unterleibsbereich vor, bis ihn alle Welt »Elvis the Pelvis« nannte. Zwar hat er gesagt, er finde diesen Spitznamen für einen erwachsenen Menschen absolut albern, aber machen konnte er dagegen nichts. So blieb er zeit seines Lebens und über den Tod hinaus Elvis the Pelvis. Elvis das Becken.

Elvis konnte beim Singen unnachahmlich die Beine vom Knie an abwärts spreizen und weiter oben mit dem Becken kreisen, obwohl das Becken für das Gros der Menschen ein eher schwer bewegliches Teil ist. Es gibt sogar Berufsfußballer, die an Hüftversteifung leiden, etwa beim VfB.

Bekanntlich gehören zum sogenannten knöchernen Becken zwei Hüftbeine, und glaubt man dem Lexikon, bildet das knöcherne Becken im erweiterten Bauchraum zusammen mit dem Kreuzbein den Beckenring. Der Beckenring wiederum ist verantwortlich für das Stehvermögen und den aufrechten Gang des Menschen, weshalb wir vermuten müssen, dass viele Menschen ganz und gar ohne Beckenring aufgewachsen sind. Oder ihn beim Tanz auf zu vielen Hochzeiten verschlissen haben.

Seine sagenhafte Becken-Akrobatik wäre Elvis beinahe zum Verhängnis geworden. Nicht weil er beim Rock'n' Roll-Tanzen seinen Beckenring angebrochen hätte. Vielmehr hielten fromme Menschen seine gottgegebene Mobilität in der Ober- und Unterbauchzone für obszön, für eine öffentliche Gefahr. Seine Art, Rock'n'Roll mit Freude am eigenen Körper zu singen, habe er vom Teufel gelernt, sagten sie. Elvis führe mit seinem Becken die Kinder ins Verderben. Das Fernsehen zeigte ihn deshalb eine Weile nur von der Hüfte an aufwärts.

Die Christenmenschen konnten damals nicht ahnen, welche ungeheure mediale Bedeutung das Becken an sich am Dreikönigstag 2014 in einer amerikanischen Kolonie jenseits des großen Teiches erlangen sollte. Die Reporter überschlugen sich geradezu solidarisch, als sie erfuhren, dass eine weithin bekannte Frau ihr Becken ausgerechnet bei einer Seniorengymnastik namens Skilanglauf gebrochen hatte. Ein Fehltritt, der beim Volk prompt zu sehr unterschiedlichen Bewertungen auch ihrer geistigen Beweglichkeit führte (und damals konnte noch keiner ahnen, dass dieselbe Dame schon ein Jahr später mit renoviertem Becken bei den Bayreuther Wagner-Festspielen von einem kollabierten Stuhl fallen sollte). Es handelte sich bei dem Unfallopfer um die Kanzlerin des Landes, dem Elvis einst seinen schrecklichsten Song gewidmet hatte: »Muss i denn, muss i denn zum Städtele hinaus ...«

Als ich die Station F verlasse, zeigt die Feuerbacher Bahnhofsuhr immer noch Viertel vor Neun. Ich gehe spazieren, in guten Stiefeln leicht federnd im Hüftbereich. Am Straßenrand blühen, ungewöhnlich für diesen frühen Januartag, Gänseblümchen. Ich reiße ein paar Blumen ab und werfe sie in die Luft. Für dich, King, sage ich und steige in die Straßenbahn. Die Linie 6 bringt mich zurück ins Talbecken.

Versöhnungskirche

Der Erwin-Schoettle-Platz in Heslach ist einer der wenigen Orte der Stadt, der den Namen »Platz« verdient. Die Menschen mögen ihn. Selbst an diesem kalten Tag im Februar, an dem ich eine Heslacher Ecke an der Eierstraße ansteuere, spielen einige Männer Boccia auf dem sich einladend öffnenden Pausenraum, beim Alten Feuerwehrhaus und der Matthäuskirche.

Der Namensgeber Erwin Schoettle (1899 bis 1976) war ein konservativer, schwäbischer SPD-Politiker und während der Nazi-Diktatur im Londoner Exil im sozialistischen Widerstand aktiv. Nach dem Krieg wurde er Bundestagsabgeordneter und bekleidete bis 1972 wichtige Ämter. Von diesen Dingen sollte unsereins wissen: Schoettle war 1946 als Mitherausgeber der *Stuttgarter Nachrichten* aus dem Exil zurückgekehrt; er verantwortete auch die *Sozialistischen Monatshefte*. Das waren Zeiten.

Es ist die Historie, die mich nach Heslach führt. Mein Ziel ist die Sakristei, eine bald hundert Jahre alte Eckkneipe gegenüber der Evangelischen Matthäuskirche. Die Piratenflagge des FC St. Pauli mit der Aufschrift »Gegen Rechts« weht über dem Eingang, daneben die VfB-Fahne, eine Vitrine an der Fassade kündigt an, welche Spiele im Lokal übertragen werden.

Die Sakristei ist Stuttgarts traditionsreichste Fußballkneipe. Ein Wirtshaus für alle, wo die Halbe Bier zweineunzig und das Schnitzel mit Pommes einen Zehner kostet. Spieler- und Trainerfotos, Wimpel, Pokale an den Wänden. Der Fußball in dieser liebenswerten Bude lebt nicht nur von Souvenirs und Reliquien. Die Sakristei besuchen Stars auch mal leibhaftig.

Der langjährige frühere Wirt Heinrich Jung ist da, als ich komme. Vor acht Jahren hat er das Lokal seiner Stieftochter Alexandra »Alex« Milchraum übergeben. Weiß der Henker, in diesem Laden mit seinen sechs, sieben Dutzend Plätzen passt alles: Alex ist die Cousine des Fußballprofis Patrick Milchraum; er spielte einst für die Kickers, für 1860 München und bei Dinamo Tiflis, bevor er 2013 zurück zu den Blauen kam.

Die Sakristei ist so etwas wie die Stuttgarter Versöhnungskirche der Fußballrivalen. Das ist gut für eine Stadt, die bis heute kein professionelles Fanprojekt bezahlt. In der Kneipe sitzen VfB- und Kickers-Fans friedlich beieinander. Eine Treppe führt hinunter zum »St.-Pauli-Keller«, wo die Aufrechten am Bildschirm meistens miterleben, wie ihre Reeperbahn-Helden um den Klassenerhalt kämpfen.

Alle möglichen Spiele werden übertragen, ohne Zoff sogar welche der Bayern. In Heslachs sozialer Sammelstation ist die Liebe zum Spiel wichtiger als die Treue zum Verein. Irgendwie war im Lauf der Jahrzehnte schon jeder Mal zu Gast, vom »Hitler-Tagebücher«-Fälscher Konrad Kujau bis zum amtierenden Kickers-Trainer Horst Steffen. An der Eierstraße hat sich eine Eckkneipenkultur erhalten, wie man sie nicht mehr oft findet. Wenn im Sommer der Garten geöffnet ist, steigt an diesem Ort fast täglich ein Straßenfestival.

Neulich erhielt ich Post von Sakristei-Gast Ute Moeller. Vor zwanzig Jahren ist sie aus dem deutschen Osten in Stuttgarts Süden gekommen. Sie arbeitet als Versicherungsangestellte, in der Freizeit unterstützt sie »aus lokalpatriotischen Gründen« sowohl den VfB als auch die Kickers. Inhalt ihrer Post: Am Stammtisch kam kürzlich das Gespräch auf einen großen Sohn Heslachs, den Kickers-Spieler Eugen Kipp. Am 5. April 1908 stürmte er in Basel beim ersten offiziellen Länderspiel der deutschen Nationalmannschaft gegen die Schweiz, ein Jahr später erzielte er mit dem 1:0 gegen die Eidgenossen das historische Tor zum ersten Sieg des deutschen Teams. Bis 1913 schoss er in 18 Länderspielen zehn Treffer, in zwei Partien war er Kapitän, 1912 gehörte er zur Olympia-Elf bei den Sommerspielen in Stockholm.

Eugen Kipp, 1895 geboren, stand zunächst für die Sportfreunde Stuttgart (bis 1905 FC Karlsvorstadt) auf dem Platz, von 1912 bis 1914 trug er das Trikot der Kickers. Mit ihnen reiste er 1914, damals eine Sensation, für drei Gastspiele zum FC Barcelona (eins gewannen die Blauen 2:1). Dann musste er in den Ersten Weltkrieg, wurde an der Front im belgischen Ypern schwer verwundet, die Ärzte amputierten sein rechtes Bein. Davon hat er sich nie mehr erholt. 1931 starb er mit 46 Jahren.

Auch sein Sohn, ebenfalls auf den Namen Eugen getauft, wurde ein exzellenter Fußballer. Nach seinem Studium und vier Jahren beim FC Bern spielte Eugen »Bubi« Kipp von 1936 bis 1947 für die Kickers, zog dreimal mit ihnen in die Endrunde um die deutsche Meisterschaft ein, gehörte zum Team um Kickers-Legenden wie Albert Sing und Edmund Conen.

All diese Geschichten erzählt man sich in der Sakristei, und viel darüber weiß der Heslacher Hobby-Heimatforscher Rolf Wilhelm. Seit fast vierzig Jahren geht er im Süden als Polizist auf Streife. Als der Stammtisch neulich wieder das Thema Kipp behandelte, tauchte die Frage auf: Warum gibt es nirgendwo einen Hinweis auf Heslachs berühmten Sohn Eugen Kipp senior? Warum kein ihm gewidmetes Plätzchen, keine Staffel, kein Gedenkschild? »Das sind wir Heslacher ihm eigentlich schuldig«, sagt der Polizist Wilhelm. Es war Zufall, dass ich die Sakristei im Februar 2015 besuchte. Am 26. Februar wurde Eugen Kipps 130. Geburtstag gefeiert.

Am Holzsteg

Es hat stark geregnet in der Nacht, der Neckar hat sich bräunlich verfärbt, er schäumt erregt, als ich am Morgen vor der alten Holzbrücke auf den Mann warte, der sie zu großen Teilen gebaut hat. Wer über den Steg neben der Cannstatter Schleuse geht, kann das Klacken der Absätze hören. Und wenn ein Fahrrad über die Dielen rollt, bringt es das Holz zum Klingen, der Sound erinnert an den Rhythmus der Eisenbahn. Die Brücke am Fluss hat ein Leben, sie macht Musik.

Der Zimmermann Helmut Welz feiert in diesen Tagen des Sommers 2014 seinen 76. Geburtstag. Wie unsereins ist er am Morgen zwanzig Minuten früher als vereinbart zur Brücke gekommen. Der Steg selbst ist schon eine Verabredung wert. Herr Welz besucht den Ort regelmäßig. Die Holzbrücke ist mein Herzblut, sagt er. Als wir das Bauwerk besichtigen, fährt er mit der Spitze seines Regenschirms in die Ritze einer Bodendiele am Fuß des Geländers. Schauen Sie her, sagt er, das Holz vermodert langsam, aber sicher. Die Brücke würde vielleicht noch zwölf, höchstens fünfzehn Jahre halten, dann müsste man sie generalsanieren.

Dazu wird es nicht mehr kommen. Der Holzsteg in der Nähe der Wilhelma, mit dem östlichen Ende unterhalb des sogenannten Stadtstrands für das Partyvolk, wird in absehbarer Zeit abgerissen. Er muss der zerstörerischen Großoffensive für Stuttgart 21 weichen, wie auch der benachbarte Elefantensteg über die Neckartalstraße, die Betonbrücke für Fußgänger, die bereits zerlegt wird. Der Handwerker und Geschäftsmann Helmut Welz, geboren und aufgewachsen als Sohn eines Zimmermanns in Vaihingen/Enz, wohnt und arbeitet seit vielen Jahren in

Cannstatt. Im Osten der Stadt leitete er lange seine Holzbau GmbH, beschäftigte in guten Zeiten fünfzig Leute.

Am Morgen hat er das Auto stehen lassen, er ist mit dem Fahrrad gekommen. Sein Gesicht erzählt, dass er viel gearbeitet hat, bei Wind und Wetter. Und er hat gelebt, ist wach geblieben, mit sich im Reinen. Ein schwäbischer Handwerker. Stolz auf die alten Werte. Einer für alle, sagt er. Seinen Nachkommen rät er: Sag immer die Wahrheit, aber sag sie nicht immer.

1977, zur Bundesgartenschau, hat er mit seinen Männern den Steg über den Neckar gebaut, mit mehr als zweihundert Kubikmetern Fichtenholz aus dem Schwarzwald, damals war es die weitestgespannte Holzbrücke der Welt. 140 Meter lang. Der größte Auftrag meines Lebens, sagt er. Ein halbes Jahr lang hat er mit seinen Leuten an der Konstruktion gearbeitet, Tag und Nacht. Oft hat er im Daunensack neben der Brücke geschlafen. Es hat ihn an die Zeit seines Vaters erinnert, an die zwanziger Jahre, als die Handwerker herumzogen und im Freien schliefen, auf der Suche nach Arbeit.

Im April 1977 wird der Holzsteg über den Neckar eingeweiht, und zuvor hat es dieses Unglück gegeben: Als die Hälfte der Holz- und Stahlkonstruktion montiert ist, hängt sie an einem Gittermastkran über der Mittelmole des Neckars. Irgendwas läuft schief, das Bauwerk beginnt in der Luft zu wandern, ein Arm des Krans bricht ab, die halbe Brücke stürzt in die Tiefe. Sie ist nicht völlig zerstört. Was folgt, ist ein langer Prozess mit der Versicherung um den Schaden. Welz macht 215 000 Mark Verlust, ein Vermögen. In erster Instanz bekommt er Recht, in der zweiten nicht. Für eine dritte Verhandlung, sagt er, hätte er mehr als vierzigtausend Mark Anwaltskosten vorschießen müssen. Er gibt auf, verkauft sein Vierfamilienhaus in Vaihingen/Enz und rettet so seine Firma.

Die Holzbrücke wurde mit Hilfe eines zweiten Unternehmens rechtzeitig fertiggestellt, eine Attraktion der Bundesgartenschau. Jeden Tag gingen mehrere Tausend Menschen über den Steg. Einige Zeit hatte man sich bei der Stadt darüber gestritten, ob man ein Dach bauen sollte. Es wurde gebaut, und bis heute ist es ein gutes Gefühl, durch diesen offenen, dunkel getönten Stahl- und Holzkasten übers Wasser zu gehen. Blick auf die Schleuse und auf die Anlegestelle für die Ausflugsschiffe des Neckar-Käpt'n. Leicht zu erreichen, nach der Treppe von der U-Bahn-Haltestelle Mercedesstraße hinunter ans Ufer, dann noch ein paar Schritte. Der Weg über den Fluss zur Wilhelma, zum Rosensteinpark, zum Naturkundemuseum. Bald ist diese Verbindung gekappt.

Helmut Welz hat eine große Familie, ist Urgroßvater. Er liebt Blumen und Pflanzen, die Natur. Und er hat die Welt bereist, alle Kontinente gesehen. Zwar war er nie nach altem Zimmermann-Brauch auf der Walz, weil er früh die Meisterprüfung ablegte. Das große Wandern aber hat die Familie im Blut. Helmuts Zwillingsbruder Heinz kam als Zimmermann bis nach Australien, dort lebt er heute. Der andere Bruder, Kurt, ging nach Argentinien und gründete eine Wurstfabrik. Auch Helmut war mal drauf und dran, den Kontinent zu wechseln. Ein halbes Jahr lang hat er Holzhäuser in Kanada gebaut, kehrte aber in die Heimat zurück.

Anfangs war er für Stuttgart 21, heute ist er dagegen. Nicht wegen der Brücke. Die Kosten: Man habe die Leute zu oft angelogen. Den K-21-Plan für den Kopfbahnhof hält er für vernünftiger.

Noch eine Weile wird er seine Cannstatter Firma als Ein-Mann-Betrieb weiterführen, dann geht sie in Liquidation und er in den Ruhestand. Was immer das heißt. Es geht ihm gut. Herr Welz hat etwas zu erzählen, zwischendurch zieht er an seinem Zigarillo. Ich denke, wir müssen noch mal zusammen zum Holzsteg, bevor er fällt. Herr Welz sagt: Der Abriss gehört zum Lauf der Zeit. Er nimmt es mit einer Mischung aus Wehmut, Humor und Handwerkerstolz, wenn ihm Freunde sagen: Helmut, dein Brückle kommt weg.

Ja, das Brückle. Es war das große Ding im Leben des Herrn W.

Unter Messern

Zwischen Marktplatz und Schillerplatz hörst du die Glocken vom Rathausturm und von der Stiftskirche schlagen. Sind die Marktleute da, genießt du die Glocken als Begleitmusik des städtischen Trubels. Ist der Marktplatz verlassen, wirst du den Lärm verfluchen.

Rund um die kleine Kirchstraße hat sich im Lauf der Jahre ein teures Laden-Quartier entwickelt, mit Koffern von Louis Vuitton, Füllern von Montblanc, mit Schmuck der Manufaktur Wellendorff. Das noble Modehaus Eckerle zieht bald in der Nachbarschaft ein, die bisherige Adresse Königstraße entspricht nicht mehr der Preisklasse.

Ich bin auf einem kleinen Rundgang. Mein Begleiter Steffen Welz (51) kann sich an die Zeit erinnern, als es in der Ecke noch Wäsche beim Oberwegner und Seifen beim Haag zu kaufen gab.

Es ist kein Zufall, eher die Unausweichlichkeit einer kleinen Stadt, die uns wieder mal zusammengeführt hat. Als ich Steffen vor fünfundzwanzig Jahren kennengelernt habe, war er Musiker, Gitarrist. Er spielte in experimentellen Rockbands, eine nannte sich »Derscout«, eine andere hörte auf den schlichten Namen »Der Papst heißt Dieter«. Er ist in der Kirchstraße aufgewachsen, im Haus Nummer zehn. Seine Eltern wohnen heute noch hier. Dieses schmale Gebäude zwischen dem Kaffeegeschäft Hochland und dem Schuhhaus Wurster beherbergt eines der letzten originellen Wahrzeichen des Stuttgarter Einzelhandels: den Messer-Müller.

Der Gitarrenspieler Steffen Welz führt mit seiner Schwester Daniela Schäfer in der fünften Generation das Familienunternehmen Müller, gegründet 1837. Ich bin weder Koch noch Varieté-Artist, nicht mal ein Straßenbandit, habe also keine besonders intime Beziehung zum Messer. Beim ersten Blick in den Laden war ein Messer für mich noch ein Gebrauchsgegenstand oder eine Waffe. In Wahrheit reihen sich in den Vitrinen und Regalen Schmuckstücke aneinander, die Leidenschaften wecken wie andere Instrumente aus der Werkstatt der Handwerkskunst, beispielsweise Gitarren. Womöglich geht es auch um Männerfantasien, ich werde meinen Psychologen fragen.

Im Schaufenster des Ladens mit dem alten Firmennamen »Gebr. Müller« über der Tür liegen Messer für zwölf und vierzig Euro, für vierhundert und für tausendvierhundert. Sie kommen aus der Schweiz, aus Japan, aus Frankreich, haben Knäufe aus Kunststoff, Birkenholz, Aluminium. Es gibt emotional eher unterbelichtete Klingen zum Karottenschneiden, erregende Erinnerungen wie Karl Mays Bowie-Messer und überhaupt: unschätzbare Kostbarkeiten für Sammler. Für unsereins, den unblutigen Laien im Edelstahlgewerbe, hätte es wenig Sinn zu philosophieren, warum ein Kochmesser aus Japan vielleicht einer Klinge aus Solingen vorzuziehen ist, warum ein edles französisches Laguiole-Teil mehr Charme hat als mein Hosentaschen-Talismann aus der Schweiz. Ich kann auch nicht so tun, als hätte ich eine Menge darüber gelernt im Schnellkurs beim Messer-Müller. So heißt das Geschäft offiziell.

Die Historie eines so traditionsreichen Hauses lässt sich nicht in ein paar Zeilen erzählen.1856 wurde der Müller zur Königlichen Hofmesserschmiede ernannt. Gefühlsmäßig ist er das bis heute: Einmal in der Woche kommt der Messerschmied und holt die Sachen der Kundenkönige zum Schleifen ab. Neben Messern gibt es auch Geschirr für die Küche, Utensilien für die Rasur, fürs Schneidern.

Die Kirchstraße, dieser kleine Erlebnispfad, wo man an

guten Tagen den Duft von Obst und Gemüse und jederzeit die Ausdünstung des Geldes riechen kann, hat etwas Symbolisches. Es ist Stuttgart. Nichts Halbes, nichts Ganzes. Steffen sagt: Eigentlich gebe es keine richtige Mitte in der Stadt, deshalb sei er froh über die Marktatmosphäre vor der Haustür. Seine Schwester Daniela sagt: Der Marktplatz sei oft ein trauriger Ort, die Zeit reif für Belebung. Traditionsreiche Einzelhandelsgeschäfte mussten aufgeben. Als zuletzt das Schreibwarengeschäft Haufler schloss, war das ein Stich ins Stuttgarter Herz. Und als das Café Scholz am Marktplatz dichtgemacht hatte, war der Marktplatz noch weniger ein Menschenplatz.

Geschäfte wie Messer-Müller sind nicht nur Handelsstationen. Es sind Treffpunkte, Austauschbörsen, Orte der Begegnung und der Lebensfreude. Wer sich im Laden ein Messer kauft, bringt mehr als ein paar Zentimeter Stahl nach Hause. Jedes gute Stück erzählt eine Geschichte. Im Laden sprechen Verkäufer und Kunde miteinander, und wenn sie sich verstehen, geht die Unterhaltung übers Geschäft hinaus. Der Dialog, das Vertrauen unterscheiden das Fachgeschäft vom Event-Getue der Shopping-Zentren, wo sogenannte Manager die Käufer mit Stöckelschuh-Rennen ködern wollen. Es erübrigt sich, der abgehalfterten »Stiletto Run«-Nummer eine Beleidigung von der Schärfe eines Solinger Stiletts entgegenzusetzen. Die Haxen sollen sie sich dennoch brechen.

Wenn man aus dem Laden Messer-Müller auf die Straße tritt, steht man vor der Stiftskirche. Mit etwas Glück oder Pech dröhnen die Glocken, und wer leicht benommen den Kopf nach rechts dreht, kann das Schiller-Denkmal sehen. Blickt man nach links zum Rathaus, fällt einem eine Zeile aus Schillers »Glocke« ein: »Wo rohe Kräfte sinnlos walten, da kann sich kein Gebild gestalten.«

Blickbeziehungen

Die vergangenen Tage, die dann doch nicht meine letzten waren, habe ich mich kaum bewegt. Mit der Linie 7 zu den Stuttgarter Kickers und zurück ins Jammertal, reicher um die Erkenntnis, dass Fußball das Leben nicht zwingend bereichert.

Dem Flaneur fiel das Herumgehen schwer. Im Computer herumgefuhrwerkt, auf der Suche nach Ereignissen, die dem Leben in der sommerträgen Stadt etwas Leben geben. Ich wurde fündig. Der in Stuttgart geborene und aufgewachsene Filmproduzent Peter Rommel, ein unverbesserlicher VfB-Fan im Berliner Exil, bringt »Feuchtgebiete« in die Kinos. Damit sind wir beim Thema.

Die Grünen im Rathaus haben einen Plan ausgeheckt, wonach die Geschichte des Neckars neu geschrieben werden muss. Ihr wegweisender Antrag an die Stadtverwaltung zeugt schon im ersten Satz von hartnäckigen Recherchen im Stuttgarter Niemandsland zwischen Stadt und Fluss: »Das Mineralbad Leuze liegt am Neckar.« Noch schärfer wäre in meinen Augen diese Art Beleuchtung: »Der Neckar liegt am Mineralbad Leuze.« Dank dieser Zuordnung, wie wir Fußballer sagen, müssten sogar Grüne den Neckar mit ihrem Navi finden. Ihre logistische Analyse bringt das Kernproblem der Stuttgarter Desorientierung auf den Punkt: »Das Mineralbad Leuze liegt am Neckar. Leider ist dies als Besucher des Leuzes nur schwer festzustellen.«

Das liegt nicht nur an den verspiegelten Sonnenbrillen. Fatal ist, dass bei den radikalen Korrekturen des Flussverlaufs in der Vergangenheit die Ingenieure nie auf die Idee kamen, den Neckar direkt ins Leuze umzuleiten. Bis heute planschen dort die Leute ahnungslos im gefährdeten Mineralwasser, obwohl frisches Flusswasser an ihnen vorbeizieht. Die Grünen erklären das Dilemma: »Insbesondere im Freibereich trennt eine hohe Mauer das Leuze vom Neckar, und dieser Bereich hat die Anmutung, als ob hinter dieser Mauer eher ein Anlieferungsbereich als der Fluss ist.«

Meine Vermutung über die Anmutung: Die Leuze-Bauer haben die hohe Mauer errichtet, damit die Stadträtinnen und Stadträte beim Baden im Leuze nicht einen fundamentalistischen Schritt zu weit gehen. Und deshalb in einem Fluss ersaufen, von dem sie nie gehört haben. Der »Anlieferungsbereich« hinter der Mauer ist seit jeher Realität: Neben abgefahrenen Autoreifen und toten Fischen schwemmt der Neckar auch politische Leichen an, vorzugsweise solche, die ihn ein Leben lang ignoriert haben. Diese Herrschaften liegen anschließend in den Rentnerstühlen des Leuze-Bads und schnarchen genauso weiter, wie sie es im Rathaus gelernt haben.

Die Grünen denken weiter: »Das Thema, wie man die Stadt und damit auch ihre Einrichtungen wieder an den Fluss bringt, ist ein Thema, welches die Bürgerinnen und Bürger stark beschäftigt.« Genau. Schon rein thematisch ist das Thema ein Thema. Die Grünen sagen, warum: »Eine Öffnung des Freibereichs des Leuzes hin zum Neckar wäre eine Steigerung der Attraktivität. Eine Freitreppe und ein Sitzbereich zum Wasser hin mit einem Blick auf den Neckar wäre eine Attraktion für das Bad.«

Sag ich doch: Eine Attraktion für das Bad wäre eine Steigerung der Attraktivität, vor allem zum Wasser hin mit einem Blick auf den Neckar. Den Neckar hätte man damit zwar noch nicht an die Stadt und nicht ins Bad gebracht, aber die Grünen sind bekanntlich die Partei der Kompromisse: »Wir sind uns bewusst, dass ein Bad im Neckar nicht oder noch nicht geht, aber die sichtbare Öffnung hin zum Wasser wäre auch schon ein Erfolg und würde das Bad am Neckar auch an den Neckar bringen.«

Keine Frage: Die unsichtbare Öffnung im hinteren An-lieferungsbereich der Grünen hin zum Wasser könnte manche Dinge so flott in Fluss bringen wie das Bad am Neckar an den Neckar. Die Grünen haben die Verwaltung bereits aufgefordert zu prüfen, »wie eine Öffnung des Mauerabschnitts im Freibadbereich des Leuzes gemacht werden kann, so dass eine attraktive Sitzmöglichkeit in Form einer Treppe zum Neckar oder einer Plattform ge-macht werden kann und insbesondere die Blickbeziehun-gen aus dem Bad in Richtung Neckar deutlich verbessert werden können.«

Was kann da gemacht werden? Womöglich könnten die Blickbeziehungen aus dem Bad in Richtung Neckar durch eine Öffnung des Mauerabschnitts den Neckar böse machen. So wie ich ihn kenne, lässt er sich nicht von den gaffenden Urhebern halbdackelhafter Bürokratenfloskeln anmachen. Es wäre für die Grünen deshalb unklug, beim nächsten Leuze-Bad ihre Blickbeziehung zum Fluss mit einer attraktiven Sitzmöglichkeit in Form einer Treppe auszuleben. Spannern in Feuchtgebieten reicht gemeinhin die weithin bekannte Bock-Leiter.

In Sachen Bismarck

Im Eiscafé Fragola am Bismarckplatz geht es am Sonntagmorgen zu wie in einer alten Wärmestube. Internationales Stimmengewirr, die Gäste scheinen sich alle zu kennen. Wen wundert's. Die Familie des italienischen Lokalchefs Angelo Carbone führt den Laden im Westen seit 20 Jahren, das Café gibt es schon wesentlich länger.

Das Fragola ist die Informationsbörse des Quartiers, ein ähnlicher Treffpunkt wie um die Ecke die Wäscherei Familie Stiefelmeyer mit der historischen Schaufenster-Dekoration. Ich treffe den Werbeprofi Rainer Benz. Im Kiez zu Hause, engagiert er sich im Forum Lebendiger Westen, einer Initiative von Bürgern und Stadtplanern.

Am Bismarckplatz, an der Autorennbahn Schwabstraße, hat man das Bismarckhaus hochgezogen, ein Symbol der fortschreitenden Gentrifizierung in der Stadt. Das Gebäude bietet Eigentumswohnungen für Reiche. Im Erdgeschoss, neben dem Fragola, ist ein Café geplant, Wiener Art. Mit Wohnraumbeschaffung, sagt Rainer Benz, haben solche Immobilien nichts zu tun. Nicht weit, an der Ecke Bismarckstraße/Seyfferstraße, haben Investoren aus einem Häuserblock viele alte Mieter verdrängt. Es entstehen luxuriöse Apartments für Kurzvermietungen. Das Motto »Stadtverschönerung« bedeutet fast immer Mieterhöhung, oft den Verlust der Wohnung.

Die Birmarckstraße ist städtisches Sanierungsgebiet, der gleichnamige, einst malerisch schöne Bismarckplatz ein typisch stuttgarterisches Gebilde: geteilt, verhunzt durch eine Verkehrsader. Auf der einen Seite die Anfang des 20. Jahrhunderts erbaute Elisabethenkirche, Zentrum einer der größten katholischen Gemeinden des Landes, davor Gelände für den Wochenmarkt. Dienstags, donnerstags und samstags bieten von morgens um sieben bis zur Mittagszeit regionale und internationale Lebensmittelhändler ihre Waren an. Am unteren Ende auf dieser Seite war bis zum vergangenen Jahr die Metzgerei Häderle. Die Wirte des Lokals Lumen an der Ecke Schwab-/ Ludwigstraße, früher die Eckkneipe Willis Ofengabel, heute vorzugsweise Stammhaus für Mütter mit Gesprächsbedarf, eröffnen in den Häderle-Räumen eine weitere Bar. Man sagt, für den Väter-Dialog.

Auf der anderen Seite der Schwabstraße setzt sich der tranchierte Bismarckplatz fort. Sitzbänke auf einem Grünstreifen, daneben das Toilettenhaus. Am oberen Ende das kleine Kulturzentrum Westquartier (»Freiraum am Bismarckplatz«) mit einer Bühne für gewitzte Veranstaltungen (beispielsweise über erotische Kunst) und Gästeräumen zum Mieten für Künstler.

Auf dieser Seite des Platzes, Haus Nummer 3, hat der studierte Posaunist und spätere Sozialpädagoge Helmut Schneider als Kind seine Ferien bei den Großeltern verbracht, einer aus der Schweiz stammenden Familie namens Brutsch. Der Stuttgarter Jazz-Musiker, in den siebziger Jahren Mitglied der legendären, Deutsch singenden Polit-Rockband Hotzenplotz, erzählt mir seine Geschichte. In einer der schlimmen Bombennächte am Kriegsende hat der Sohn Robert Brutsch, damals Wehrmachtsfunker auf Heimaturlaub, mitbekommen, wie englische Funker im Nachbarhaus die britische Luftwaffe mit Informationen versorgten. Deshalb, glaubten die Großeltern, habe man den Bismarckplatz bei den Luftangriffen im Westen weitgehend verschont. Robert Brutsch kam bei einem deutschen Todeskommando um; die Nazis hatten herausgefunden, dass er desertieren wollte.

Seit 1884 tragen Platz und Straße Bismarcks Namen. Überhaupt gibt es viel Bismarck-Verehrung in Stuttgart: den Bismarckturm (am Killesberg), die Bismarckschule (in Feuerbach). Weniger bekannt ist die Geschichte des

Bismarck-Attentäters Ferdinand Cohen-Blind, geboren 1844 in Mannheim. Sein Stiefvater war der Demokrat Karl Blind, nach der gescheiterten 48er-Revolution musste er mit seiner Familie ins Exil nach Paris und London flüchten. 1862 kommt Ferdinand Cohen-Blind nach Deutschland, ist erst Gasthörer an der Tübinger Universität, dann Student der Landwirtschaftlichen Akademie Hohenheim. Nach dem Studium fasst er den Plan, den preußischen Ministerpräsidenten Otto von Bismarck zu töten, er will den sich anbahnenden Krieg zwischen Preußen und Österreich verhindern. Am 7. Mai 1866 gibt er in Berlin, Unter den Linden, fünf Schüsse auf Bismarck ab. Drei Kugeln streifen den fettleibigen Politiker, zwei prallten an seinen Rippen ab. Zufällig vorbeimarschierende Garde-Soldaten verhaften den Attentäter. Im Polizeipräsidium schneidet sich Ferdinand Cohen-Blind, 22 Jahre jung, die Halsschlagader durch und stirbt. Bismarck erholt sich rasch.

Der in Stuttgart heute hoch verehrte Bismarck war einst in Württemberg alles andere als beliebt. König Karl, seit 1864 auf dem Thron, hasste ihn. Der Preuße hatte Karls Ehefrau Olga mit Anspielung auf die schwulen Neigungen des Königs als »einzigen Mann am württembergischen Hof« verspottet. Cohen-Blind, ohne Zeremonie auf dem Berliner Nikolai-Friedhof verscharrt, galt vielen Stuttgartern als Held. Das Parteiblatt der württembergischen Demokraten schrieb: »Es wird sich niemand getrauen, den jungen Mann für einen schlechten Deutschen zu erklären, der sein Leben daran gegeben hat, um das Vaterland von einem solchen Unhold zu befreien.«

Am 1. April 2015 wird Bismarcks 200. Geburtstag gefeiert. Mal schauen, ob sich irgendwer in Stuttgart an den Studenten aus Hohenheim erinnert. Unterdessen werden Rainer Benz und seine Mitstreiter weiter darüber nachdenken, »wie man den Bismarckplatz zu einem wirklichen Platz machen kann«.

Brüderles Bar

Es erscheint mir bis heute wichtiger, in einer guten Bar akzeptiert zu werden, als ein BWL-Studium abzuschließen. In Städten wie Stuttgart haben die Behörden Häuser mit dem Wort Bar im Namen lange nicht standesgemäß der Königsklasse öffentlicher Schankräume zugeordnet. In provinzieller Einfalt hielt man sie für Rotlichtklitschen.

Eine Zeitungskolumne ist wie eine kleine Gedanken-Bar. Zu eng für die historische Frage, warum sich das Wort Cocktail von des Gockels Schwanz herleiten lässt.

Bevor ich nach langer Zeit wieder in die Bar ging, legte ich Songs von Nancy Sinatra & Lee Hazlewood auf. Herr Hazlewood hat sich einst den heiligen Abschiedsgruß aller großen Bargänger als Grabinschrift gewünscht: »Hier ruht ein durstiger Mann.«

Ich setzte einen Stetson auf und zog frisch gewichste Stiefel mit handgeschnitzten Ornamenten und akkuraten Absätzen an. In solchen Momenten geht mir Gay Taleses wunderbare Geschichte »Frank Sinatra ist erkältet« durch den Kopf; der amerikanische Meisterreporter erzählt davon, wie sich Sinatra den Drehbuchautor Harlan Ellison wegen eines schweren Bar-Vergehens vorknöpft: Ellison trägt Wanderstiefel. Der Streit unter Männern spitzt sich lebensgefährlich zu, als Sinatra den Autor fragt: »Erwartest du nen Schneesturm?«

In meiner Bar hat sich nichts verändert. Edelstahl. Die Steintheke. Weiches Leder. Dunkles Holz. An der Decke Spiegel. Eine klassische amerikanische Bar, auch wenn die kleine Discokugel über der Mini-Tanzfläche etwas über Stilbrüche, Kompromisse und das nächtliche Heranwanzen von Männern an Frauen verrät.

Das Licht ist gut gedimmt. Auf den Tischen der Sitznischen flackern Windlichter, die erotischen Wegweiser der Einsamen. Punkt neun setzt sich die Pianistin an den weißen Bösendorfer. Mit ihrer schönen schwarzen Stimme singt sie Stevie Wonders »You Are The Sunshine Of My Life«. Sie hat Soul, ich würde ihr gern etwas Champagner bringen, doch dann trifft mich im Unterleib Sinatras Faust. Die Rhythmusmaschine des Synthesizers setzt ein, die Stampf-Automatik der Alleinunterhalter. In der Not greife ich nach meinem Jack Daniel's, einem Whisky, den seit Sinatras Tod keiner mehr in einer guten Bar getrunken hat, zumal auch meine vollgestellt ist mit Flaschen schottischen Malt Whiskys, gleich neben der Champagner-Schüssel von Laurent-Perrier.

Diese Bar ist nach wie vor eine Bar, mit einer Barkeeperin und einem Barkeeper. Der Barkeeper trägt dunkle Krawatte, weißes Hemd, schwarze Weste, Ärmelhalter. Er erzählt einem ortsunkundigen Gast, die Grünen seien immer noch dabei, »Stuttgart 21 aufzuhalten«. In der Bar halten sich am frühen Abend ein Dutzend Menschen auf, in einer Sitznische ein aktives Liebespaar. Ein Mann liest Zeitung, ein anderer hantiert mit seinem Tablet, und ich wünsche mir, eine Bar und nicht der Computer wäre ein Umschlagplatz für die Nachrichten der Stadt. Es erinnert mich daran, wie der Schriftsteller John Steinbeck und der Fotograf Robert Capa im New Yorker Betford Hotel mit Willy, dem Barkeeper, die Weltlage diskutieren, bevor sie für die *New York Herald Tribune* zu ihrer großen Buchreportage »Russische Reise« in die Sowjetunion aufbrechen.

Vor mir stehen kleine Flaschen mit Cocktail-Zutaten, darunter Angostura, eine Würze, die man früher in deutschen Ausgaben amerikanischer Krimis mit »Bitterbier« übersetzte. Menschen im Hotel trinken am frühen Abend Bier und Wein. Das Cocktail-Besteck bleibt unbenutzt. Keiner kommt auf die Idee, einen »Manhattan« mit zwei

Spritzern Angostura zu bestellen. Die Bar, die ich meine, schmückt das Hotel Maritim an der Seidenstraße neben der Liederhalle. In dieser Bar hat 2012 die junge *Stern*-Reporterin Laura Himmelreich den gealterten FDP-Politiker Rainer Brüderle gefragt, wie er es finde, im Alter zum Hoffnungsträger aufzusteigen. Und Herr Brüderle hat Frau Himmelreich gesagt, sie sei in der Lage, ein Dirndl auszufüllen. Die Frage war so dämlich wie die Antwort. »Barkeeper, bringen Sie mir einen Manhattan«, hätte Brüderle sagen müssen, »zwei Spritzer Angostura.« Er hat es nicht gesagt und deshalb in einer guten Bar so wenig verloren wie eine Reporterin, die nicht weiß, warum Stuttgart ein gefährliches Pflaster ist für *Stern*-Enthüllungen. In der Bar des Maritim verkehrte einst ein gewisser Konrad Kujau.

In dieser Bar wurde nie ein bedeutender Cocktail erfunden. Sie trägt keinen Beinamen wie Ernest Hemingways Stamm-Bar El Floridita in Havanna, die sich »Die Wiege des Daiquiri« nennt. Die Pianobar im Stuttgarter Maritim hat dafür alle Chancen, in die Weltgeschichte einzugehen. Als die Wiege einer depperten deutschen Sexismus-Debatte.

Als mir das klar war, ließ ich meinen Jack Daniel's stehen, zog meinen Stetson in die Stirn und ging hinaus in die Januarböen des Stuttgarter Winters. Es galt, die Sache mit des Gockels Schwanz zu klären.

Wenn Kallental kommt

Der dümmste Kurzkrimi aller Zeiten

Marcel wäre viel erspart geblieben, hätte Kallental nicht eines Tages beschlossen, wenigstens ein einziges Mal in seinem Leben weniger fies und dämlich zu handeln als sonst. Es hätte nicht mal Sinn gehabt, Kallental den Arsch nach vorne zu biegen. Er wusste selbst, dass es für ihn zu Ende ging. Sonst hätten sie ihn nicht frühzeitig aus dem Knast entlassen. Kallental hatte die meiste Zeit seines Lebens im Knast verbracht. Er hatte Opferstöcke aufgebrochen, gestohlene Hunde verkauft und alten Damen mitten auf der Straße den Ring von den gebrochenen Fingern gezerrt. Er hatte in den vergangenen Jahren nichts mehr dagegen gehabt, in den Knast zu gehen. Er hatte nichts Besseres zu tun. Draußen wäre er noch früher drauf-gegangen. Kallental war 57, litt an Lungenkrebs und hatte nur ein Auge, seit man ihm sein rechtes bei einer Wirtshausschlägerei herausgerissen hatte.

Als mein Freund Marcel – seine Mutter hatte ihn nach seinem über Nacht verschwundenen Vater so getauft – mit seiner Frau Franziska und seinem Pajero in das Outlet-Kaff aufbrach, hatte er heimlich Zigaretten eingesteckt. Vor zwei Jahren hatten die Ärzte nach seinen Klagen über schreckliches Sodbrennen eine winzige Auffälligkeit in der Speiseröhre entdeckt. Von einem Karzinom war die Rede, von der Möglichkeit, es könne sich etwas Bösartiges entwickeln, falls Marcel nicht schleunigst mit dem Rauchen aufhöre. Marcel war damals 51 und rauchte drei Schachteln Marlboro am Tag. Manchmal auch mehr, wenn ihn sein Schauspielerjob am Stadttheater besonders nervte. Er spielte selten in der ersten Reihe, hatte aber dank regelmäßiger Rollen in Spielfilm- und Kabarett-produktionen der regionalen Fernsehanstalt ein stattliches Auskommen.

Mit dem Ausflug in das Outlet-Kaff an einem ruhigen Dienstagvormittag wollte er Franziska mit Gucci-Jacken verwöhnen. Es ging diesmal nur um zwei, drei Jacken. Franziska hatte einen Gucci-Jacken-Tick. Marcel wollte sich bei dieser Gelegenheit einen günstigen vanillefarbe-nen Boss-Anzug zulegen. Vanillefarbene Boss-Anzüge waren bei seinen Privatauftritten als Party-Unterhalter gern gesehen. Als Marcel und Franziska nach zweistün-diger Fahrt im Outlet-Kaff ankamen, war nicht viel los. Es war Mai und heiß. Marcel fand schnell einen Park-platz. Sie hatten oft hier eingekauft, die Gucci-Halle war leicht zu finden. Nach zehn Minuten zu Fuß erreichten sie den Betonklotz, Franziska blieb stehen und griff sich in die Gegend zwischen Herz und Hals, als hätte sie neu-erdings ein Sodbrennen-Problem. Scheiße, sagte sie, und Marcel schaute sie verwirrt an. Sie hatte in den Jahren zuvor nie Scheiße gesagt. Schon wegen der Zwillinge, die auf die Welt gekommen waren, als Franziska 30 und Marcel 42 war. Sie sagte nicht einmal Scheiße, wenn allein ihr Hund, der Pitbull Robby, zuhören konnte. Ich habe mein Portemonnaie vergessen, sagte sie. Marcel wunderte sich, weil sie ihre Gucci-Tasche umhängen hatte. In der Tasche ist das Portemonnaie nicht, sagte Franziska. Ich habe es herausgenommen, weil ich telefo-nieren musste.

Franziskas Mobiltelefon war sehr klein, es befand sich im Portemonnaie. Es ging gar nicht um das Portemon-naie, fürs Zahlen war Marcel zuständig. Es ging um das kleine Telefon. Franziska arbeitete in einer Event-Agentur, sie organisierte Firmen-Events und Privatpartys, bei denen auch ihr Mann auftrat. In ihrem Telefon, hatte sie einmal gesagt, habe sie sogar die Mobiltelefon-Num-mern von Franz Beckenbauer und Herbert Grönemeyer gespeichert. Ohne diese Nummern war sie verloren. Marcel versuchte sich zu beherrschen. O, sagte er, kein Problem, schöne Frau, ich werde das Portemonnaie holen. Bevor sie antworten konnte, zog er seinen Schlüsselbund aus der Hosentasche und drehte um in Richtung Pajero. Sie solle warten, sagte er, er werde sich beeilen. Kaum war er um die Ecke gebogen, holte er tief Luft und zog eine Zigarette aus der Marlboro-Box. Er zündete sich mit seinem silbernen Dupont eine an. Das Dupont war mit einem M graviert, er trage es als Talisman bei sich, pflegte er zu sagen. Als er den Rauch in seine Lunge sog und auf die Spitzen seiner weißen Rindslederstiefel von Tony Mora schaute, fühlte er, dass der Tod noch auf sich warten ließ. Man würde von ihm, Marcel, vielleicht noch reden, wenn Gucci schon bankrott war. Wenn auch erst dann.

Den Rauchgeruch – Franziska hätte Kippenmief gesagt – würde er nachher wie gewohnt mit etwas Mundspray und einem Spritzer Gaultier aus einem Probefläschchen in seiner Hosentasche überdecken. Er rauchte die Zigarette hastig, die zwei Minuten, die er sich, bewegungslos inhalierend, gönnte, würde er auf dem Rückweg wieder wettmachen. Er fuhr bei Promi-Radrennen manchmal hundertzwanzig Kilometer am Tag. Ohne seine heimlichen Zigaretten, davon war er überzeugt, wäre das nicht zu schaffen.

Als Marcel den Pajero erreichte, bemerkte er die Schweinerei erst, als er die Fahrertür geöffnet hatte. Die Scheibe neben dem Beifahrersitz war eingeschlagen. Der Kerl musste brutal zugeschlagen haben.

Marcel stieg aus und riss die Tür auf der anderen Seite des Wagens auf. Es schien nichts zu fehlen. Seine weiße Lederjacke, ein Souvenir aus Los Angeles, war noch da. Er erinnerte sich, dass er wegen Franziskas Portemonnaie gekommen war und suchte die Polster ab, den Wagenboden, er griff mit den Fingern in die Ritzen. Die Mühe hätte er sich sparen können, das wusste er. Der Kerl hatte das Portemonnaie auf dem Sitz liegen sehen und sofort zugeschlagen. Manche Typen auf dem Dorf, dachte er, tragen immer einen Hammer bei sich, eine Pumpgun oder Sprengstoff.

Marcel ging zu Franziska zurück, er ließ sich Zeit. Er hatte einen Überfall zu melden. Franziska, sagte er mit seiner gut trainierten Stimme, jemand hat den Pajero überfallen. Mein Gott, ist mein Portemonnaie mit dem kleinen Telefon weg?, sagte Franziska. Ich habe nichts gefunden, sagte Marcel. Sie stand vor ihm, ihr Gesicht zuckte, ihre Augen schienen ihm ungewöhnlich groß, und sie fing an zu schreien: Du gottverdammtes Arschloch, du hast geraucht. Ich kann es riechen. Du hast deine verfickten Kippen geraucht, während mein kleines Telefon gestohlen wurde. Marcel fuhr zusammen. Gottverdammtes Arschloch hatte sie nicht einmal vor fünfzehn Jahren gesagt, lange bevor Robby, der Pitbull, zur Familie stieß. Und verfickte Kippen hatte sie nicht einmal gesagt, als sie selbst noch geraucht hatte, oft genug Gras. Als sie noch keine Kundenkarte für die Naturgut-Kette und keine Gucci-Jacken besessen hatte. Die Kundenkarte für Naturgut war jetzt auch weg.

Marcel rief die Polizei an. Am besten, sagte der Beamte, er käme sofort auf die Wache. Marcel schlug Franziska vor, allein zur Polizei zu gehen, damit sie das Auto bewachen könne und nicht auch noch seine weiße Lederjacke gestohlen würde. Einen Dreck wirst du tun, sagte Franziska, du gehst nirgendwo allein hin. Du willst nur rauchen. Du denkst nicht an mich, du denkst nicht an die Kinder, du bist ein Schwein. Ohne meine Gagen, dachte Marcel, müssten die Kinder auf eine staatliche Schule gehen. Vielleicht wäre es besser gewesen, er hätte vorhin, als er den Überfall entdeckte, die weiße Lederjacke angezogen und wäre weggefahren. Nach Amerika. Für immer.

Sie gingen zusammen zu den Bullen. Es war nur ein Beamter auf dem Revier. Er sagte, man werde sich das Auto ansehen, sobald seine Kollegen zurückkämen. In der Zwischenzeit könne man sich um die Formalitäten kümmern. Marcel nahm die folgende Stunde im Polizeirevier nicht wahr, er war auch nicht richtig da, als sie mit einem Polizisten und einer Polizistin zum Pajero gingen. Ihm war es sogar wurscht, ob die weiße Lederjacke noch da war. Ob er Drogen nehme, fragte ihn die Polizistin. Ja, giftete seine Frau, dieser Idiot raucht heimlich.

Auf dem Weg nach Hause fuhr Franziska den Pajero. Diese Machokarre frisst zu viel Sprit, sagte sie. Am nächsten Tag, als Marcel wieder klar denken konnte, fragte er Franziska, ob auch eine Kreditkarte in ihrem Portemonnaie gewesen sei. Ja, sagte sie, na und? Es geht um mein Telefon. Marcel rief bei seinem Banker in der Filiale der Volksbank auf dem Dorf an, wo sie ihr gemeinsames Konto hatten, seit er dort eine Fotografenlehre gemacht hatte. Ja, sagte der Banker, mit der Mastercard habe gestern jemand zweitausend Euro abgehoben, und zwar an einem Bankautomaten im Outlet-Kaff. Marcel bat ihn, das Konto zu sperren, legte auf und rief die Polizei der an. Über den aufgebrochenen Wagen hätten sie noch nichts Neues in Erfahrung gebracht, aber die Sache mit der Kreditkarte werde untersucht. Ja, dachte Marcel, in Outlet-Käffern gibt es nicht nur Gucci-Filialen. Da gibt es auch Videokameras. Er steckte sich die Stöpsel seines Smartphones in die Ohren, um den Text für seinen nächsten Dreh zu lernen, und hoffte, seine Frau würde heute möglichst lange auf einer Party die Event-Zicke geben.

Es war sieben Uhr abends, Marcel hatte, ohne zu rauchen, den Text für den »Tatort« gebüffelt, in dem er den Mörder spielte. Das Telefon klingelte. Der Bulle aus dem Outlet-Kaff. Sie werden es nicht glauben, sagte der Mann in breitem Dialekt, wir haben den Mann, die Kollegen haben ihn heute Nachmittag in der Stadt festgenommen.

Er wollte gerade einen Eisverkäufer im Schlosspark aus-
rauben. – Stellen Sie sich vor, Kallental. Schon wieder
Kallental. Das glaub' ich nicht.

Marcel war sich nicht ganz klar, ob er mit einem lebenden Bullen telefonierte oder noch den Text seiner be-
scheuerten »Tatort«-Dialoge im Ohr hatte. Wer ist Kallental?, fragte Marcel. Der Typ, der mit Ihrer Kreditkarte
Geld abgehoben hat, sagte der Bulle. Mit der Kreditkarte
meiner gottverdammten Frau, sagte Marcel. Warum sagen Sie das, sagte der Bulle, für Ihre Familienverhältnisse
sind wir nicht zuständig. Schon gut, sagte Marcel, und
ließ sich die Geschichte erzählen. Als Kallental zweitausend Euro abgehoben hatte, wurde er von der Video-
kamera gefilmt. Vermutlich waren ihm im Knast die modernen Errungenschaften des Überwachungsstaats ent-
gangen.

Marcel schlief in dieser Nacht tief und traumlos, er
wachte nicht auf, als seine Frau nach Hause kam. Am
nächsten Morgen, als Franziska noch schlief, rauchte er
im Garten hinterm Haus, für die Nachbarn unsichtbar
hinter der gekrümmten Handfläche, und dachte nach. Der
Bulle rief wieder an. Wie ist Kallental an die Geheim-
nummer gekommen, wollte Marcel wissen. Wir haben
Kallental verhört, sagte der Bulle, er hat uns alles über
Sie erzählt. Er weiß alles über Sie. Wo Sie wohnen, wo
Ihre Zwillinge zur Schule gehen, wie Ihr Hund heißt.
Kallental hat Sie im Gefängnis mehrfach im »Tatort« gesehen. Als er entlassen wurde, hat er Sie und Ihre Familie
beobachtet. Er war neugierig, hat er gesagt, er hat das
Viertel gekannt, in dem Sie wohnen.

Marcel wunderte sich. Kallental war wohl ein besonders verbissener Schnüffler, seit er nur noch ein Auge
hatte. Hatte Kallental das Geld noch bei sich, als sie ihn
erwischt haben?, fragte Marcel. Nein, sagte der Polizist,
er hat es in einem Dorfpuff nahe des Outlet-Kaffs ausge-
geben. Okay, sagte Marcel. Dann wurde ihm schwindlig.

Mein Gott, sagte er, hatte Kallental noch das Mobiltelefon meiner Frau bei sich? Nein, sagte der Polizist, Kallental habe Stein und Bein geschworen, er habe lediglich mit der Kreditkarte zweitausend Euro abgehoben und später das Portemonnaie nach seiner Fahrt in die Stadt zurückgegeben.

Er habe es mit allem, was darin war, auch mit der Kreditkarte, in Marcels Briefkasten gesteckt. Kallental hat gesagt, Sie hätten ihm als Ganove im »Tatort« gefallen. Er habe deshalb alles zurückgegeben. Außerdem habe er auch nichts gegen Ihre Frau.

Kallental hat keinen Schimmer, dachte Marcel. Er legte auf und ging zum Briefkasten. Im Briefkasten lag ein Flugblatt von Naturgut. Es gab jetzt Ketchup mit Chili auf Bio-Basis. Ansonsten war der Kasten leer.

Das Viertel, in dem Marcel wohnte, war das feinste Viertel der Stadt. Er wohnte versteckt am Hang hinter einer Hecke, das Haus war nicht groß, aber der Garten. Er konnte hier spazieren gehen und bei jedem Wetter eine Ecke finden, in der er heimlich rauchen konnte.

Marcel setzte sich an den Küchentisch. Kallental ist ein mieser kleiner Gauner, dachte er, er lügt, wenn er das Maul aufmacht. Marcel ging in sein Arbeitszimmer und steckte sich die Stöpsel des Smartphones in die Ohren, als das Telefon wieder klingelte. Wer sind bloß diese verfluchten Festnetztelefonierer, dachte er, und nahm den Hörer ab. Hier spricht Philipp Flainer, sagte die Stimme am Telefon, hallo Marcel. Mann, Philipp, sagte Marcel, wie läuft es mit der neuen Bude? Steht sie noch, alles klar? Geht die Heizung? Hält der Wintergarten dicht? Ja, Alter, sagte Philipp. Julia und ich sind glücklich in der neuen Wohnung. Julia ist schwanger. Wir danken Gott, dass wir die Wohnung bekommen haben. Kein Problem, sagte Marcel, einen seriöseren Käufer als dich hätte ich nicht finden können. Etwas Merkwürdiges ist passiert, sagte Philipp. Jemand hat in unseren Briefkasten ein

Portemonnaie geworfen, und darin haben wir Visitenkarten von Franziska gefunden. Marcel schluckte und griff nach der Marlboro-Box in seinem Jackett. Das war zu viel. Ich komme zu dir, Philipp, sagte er, ich schätze, ich muss dir einiges erzählen.

Kallental, dieser einäugige Idiot, hatte sie ausspioniert, bevor sie vor zwei Wochen umgezogen waren. Marcel hatte die Eigentumswohnung im Osten der Stadt an Philipp verkauft und sich eine Immobilie, ein Schnäppchen, in der Höhenlage gegriffen. Mit den »Tatort«-Gagen war das drin. Womöglich, dachte Marcel, konnte er Franziska sogar das Telefon bringen.

Wenn Kallental nichts gesucht hatte außer Kohle, dann hatte ihn das blöde Mobiltelefon mit den Nummern von Franz Beckenbauer und Herbert Grönemeyer nicht interessiert. Philipp hat mir das Leben gerettet, dachte Marcel, und er weiß es nicht einmal. Er musste ihm ein Geschenk machen, etwas Besonderes, etwas Schönes, keinen Outlet-Kram.

Philipps Frau hatte sich in das Ballett des Stadttheaters verliebt, die Vorstellungen der Kompanie waren fast immer ausverkauft. Manche Leute standen schon vor Sonnenaufgang an der Kasse für eine Karte an. Marcel hatte Beziehungen. Ich bin nicht umsonst Schauspieler geworden, sagte er. Gott sei Dank hatte er seinen schlecht bezahlten Job im Ensemble noch nicht aufgegeben. Er kannte jeden im Theater. Frau Prinz, die Dramaturgin, würde das regeln. Frau Prinz regelte alles für ihn. Er brauchte zwei Karten für den »Nussknacker«. Philipp und seine Frau würden ihn dafür auf Händen tragen. Ein Anruf bei Frau Prinz genügte. Auf dem Weg zu Philipp würde er die Tickets abholen.

Marcel ließ den Pajero stehen, er wusste, dass Pajero im Spanischen Wichser bedeutet, und ihm war nach Demut. Er stieg in seinen Smart und fuhr los. Es war ein gutes Treffen mit Philipp. Marcel ließ danach den Smart stehen und bestellte sich ein illegales Raucher-Taxi. Zwei Wochen später hatte sich die Lage beruhigt. Kallental war wieder im Knast, Franziska auf Augenhöhe mit Franz Beckenbauer und Herbert Grönemeyer und Marcel gut im Geschäft. Seine Frau hatte nur noch zwei, drei Bemerkungen über das Rauchen gemacht. Sie sagte, Nikotin sei noch schlimmer als Fleisch und die Sache mit dem verschwundenen Portemonnaie ihm hoffentlich für immer eine Lehre. Wäre er eben früher am Auto gewesen.

Marcel wusste, dass er eine Scheidung selbst mit den »Tatort«-Gagen nicht bezahlen könnte. Und kein Richter würde als Scheidungsgrund anerkennen, dass sie sich von der Vegetarierin zur Veganerin wandelte. Marcel würde weiter heimlich rauchen müssen.

Samstagnacht um eins klingelte das Telefon. Wieder ein Scheißfestnetztelefonierer, dachte Marcel und schaltete den DVD-Player aus. Der jüngste »Tatort« war das Letzte. Philipp Flainer hier, sagte die Stimme am Telefon, es ist etwas Schreckliches passiert. Marcel, ich traue mich kaum, es dir zu sagen. Ich bin am Arsch. Vielleicht kann ich die Raten für die Wohnung nicht mehr bezahlen. Ich bin nicht versichert. Was ist passiert, sagte Marcel, haben sie dich gefeuert? Philipp war Ingenieur, er hatte einen guten Job bei Mercedes. Nein, sagte Philipp, es ist unfassbar. Wir haben uns gerade den »Nussknacker« angeschaut. Wir waren nur vier Stunden weg. Jetzt sind wir zu Hause, und ich kann es nicht fassen. Julia sitzt auf der Treppe und heult. Unsere Wohnung ist leer. Sogar der Kühlschrank ist weg. Die Schweine haben unsere Wohnung ausgeräumt. Welche Schweine, sagte Marcel. Ich weiß es nicht, Verbrecher, Gangster, Mörder. Marcel wurde schwindlig. Erst Kallental, dann der »Nussknakker«. Er hielt den Hörer in der linken Hand und griff mit der rechten in sein Jackett. Das silberne Dupont lag schwer in seiner Hand. Den Schlag von Franziskas flacher Hand spürte er erst, als die Glut der Marlboro in sein rechtes Auge eindrang. Blut lief aus seiner Nase und dem Mundwinkel, in dem eben noch die Zigarette gesteckt hatte. Marcel versuchte die Augen zu öffnen. Ihm dämmerte, wie sich Kallental die ganze Zeit fühlen musste.

Ein Lied für Stuttgart

Am Morgen stehe ich vor dem Haus mit der Nummer zehn. Angeblich hat in diesem Haus der Mann gewohnt, den ich suche. Besser gesagt: Ich suche des Mannes Geist. Sein Geist spukt noch auf der ganzen Welt. Wo aber könnte er überlebt haben in diesem Stuttgarter Elend zwischen Fastfood-Buden, Spielcasinos, Nagelstudios? Jedenfalls wird er heute nicht im italienischen Imbiss-laden Pasta Baby hausen, sofern der Geist noch ein Be-dürfnis hat: »Wir haben keine Gästetoilette«, steht an der Tür.

Marienstraße 10. Bis heute hält sich das Gerücht, an diesem Ort habe der weltberühmte Dichter Arthur Rimbaud gewohnt, im Februar und März 1875. Das ist schon ein paar Tage her, und die wenigen Spuren, die uns der Franzose hinterlassen hat, tragen nicht gerade zur Wahrheitsfindung bei. Die Suche nach der wahren Ge-schichte allerdings erschiene einem lächerlich angesichts der kultischen Größe des bis heute verehrten Dichters Arthur Rimbaud. Das Institut Français hat ihm zu Ehren 1985 in der Marienstraße eine kleine Gedenktafel anbrin-gen lassen. Ich fand sie nicht, und ich hätte die Ge-schichte womöglich für immer vergessen, wäre nicht die amerikanische Poetin, Rocksängerin und Rimbaud-Verehrerin Patti Smith in die Stadt gekommen.

5. August 2014. Unten im Schlossgarten haben sie am Morgen ein Scheinloch zum Bau des Tiefbahnhofs ausgehoben. Oben auf der Freilichtbühne des Killesbergs widmet uns am Abend Patti Smith die schönste musikali-sche Stuttgart-Hommage, seit sich Leonard Cohen am 1. Oktober 2010 in der Schleyerhalle mit den Demon-stranten vom Schwarzen Donnerstag solidarisierte.

Die Open-Air-Show läuft schon eine Weile, als Patti Smith, diese sanfte, wilde Ikone der Rock'n'-Roll-Geschichte, mit ihrer unverändert kräftigen Stimme eine Ballade zur Gitarre anstimmt, deren Botschaft unsereins nur mühsam entschlüsselt. Anfangs ist von »the garden of the female horse« die Rede: von einem wundersamen Garten des weiblichen Pferdes, bis mir ein Licht aufgeht: Die Sängerin meint den verdammten Stutengarten. Und in dieser Kulisse taucht im Jahr 1875 Rimbaud auf, zwanzig Jahre jung, im Rucksack seinen Gedichte-Zyklus »Illuminations«.

Wir ahnen bereits etwas von einer Stuttgarter Schlägerei mit Rimbauds Lebensgefährten und Kollegen Paul Verlaine, dem großen Dichter, der auf der Suche nach dem Freund ebenfalls nach Stuttgart reist. Bei den Motiven für die Keilerei zwischen den beiden geht es um Jesus Christus, den der zehn Jahre ältere, vom Katholizismus infizierte Verlaine dem atheistischen Freund nahe bringen will. Diese ganze Geschichte, erzählt uns die Sängerin aus New York, spielt »in Stuttgart ... in Stuttgart ... in Stuttgart«. Diese Botschaft ist keine Dichtung, so wahr mir Gott helfe (nur die Jahreszahl 1874 in Patti Smiths Song ist knapp daneben).

Arthur Rimbaud, der frühreife Verse-Virtuose und unstete Abenteurer, ist nach Stuttgart gekommen, um Deutsch zu lernen. Wo genau er wohnt, darüber gibt es einige Mutmaßungen und Legenden. In einer Zeitungsanzeige gibt Rimbaud die Hasenbergstraße 7 als seine Adresse an.

Der Schriftsteller Paul Zech berichtet 1909 im »Versuch einer Recherche«, der französische Dichter habe seine Stuttgarter Zeit unerkannt als Hauslehrer von drei Söhnen eines Mannes namens Albrecht Wagner in der »Neckarallee« verbracht. Rimbaud wiederum hinterlässt in einem Brief an einen Schulfreund (Ernest Delehaye) die Adresse Marienstraße 2 und schreibt in fehlerhaftem

Deutsch: »Vor kurzem kam Verlaine hier an, einen Rosenkranz in den Klauen … Hier ist alles ziemlich schäbig – mit einer Ausnahm: Riessling, von dem ich ein Glaas im Angsicht der Hähnge, die ihn gebore werde sahn, auf deine schtrodzende Gesundheit leerren werd. Die Sonne scheint und es friert, es ist unerträglich.« Auf einer beigefügten Zeichnung notiert er mit großen Buchstaben: »Wagner verdammt in Ewigkeit!«

Tatsächlich wohnt 1874/1875 ein Karl F. Wagner in der Marienstraße 10. Unumstritten auch, dass Verlaine nach Stuttgart reist, als er nach 18 Monaten aus einem belgischen Knast (Mons) entlassen wird. Rimbauds Förderer saß hinter Gittern, weil er in Brüssel mit der Pistole auf den Freund geschossen und ihn verletzt hatte, als der sich von ihm trennen wollte. Über die Stuttgarter Schlägerei zwischen den Liebenden kursieren mehrere Versionen. Beweise, ob sie stattgefunden hat, gib es nicht. Laut Zech wurde der Kampf in Degerloch ausgetragen; Verlaine sei als »ein geschundener blutüberkrusteter Haufen Fleisch« zu Boden gegangen. Die Rimbaud-Biografin Enid Starkie schrieb 1947, das Duell habe unter starkem Alkoholeinfluss, vermutlich Riesling, bei Mondschein am Ufer des Neckars stattgefunden. Jedenfalls war es eine Affäre frei nach Patti Smiths berühmtem Song: »Because The Night Belongs To Lovers«.

Wichtig für die Literaturgeschichte ist, dass Rimbaud nach seiner Stuttgarter Zeit nichts mehr geschrieben hat. Wir lernen daraus: Endstation Kessel. Und womöglich oder wahrscheinlich hat der Dichter die »Illuminations« aus seinem Rucksack dem Freund Verlaine übergeben.

Rimbaud zog bald darauf weiter nach Afrika. Am 10. November 1891 starb er mit 37 Jahren in Marseille an Wundbrand. Nach einer Beinamputation wegen eines Krebsgeschwürs hatte er zu früh seine Prothese benutzt.

Patti Smith sagte ihrem Publikum im Höhenpark, bei ihrem nächsten Konzert, in München, werde sie ihren

Rimbaud-Song nicht singen. In München sei der Dichter nämlich nie gewesen. Es war ein Song für Stuttgart. Was für ein Sommerabend. Herzlichen Dank, Patti Smith.

»Arthur Rimbaud & Paul Verlaine« von Patti Smith. (Dankenswerterweise aufgezeichnet von Sibylle Wais).

Maybe it was 1874 when Arthur Rimbaud arrived on foot
in Stuttgart
it was the garden of the female horse
and Arthur of course saw horses everywhere
he looked for work, learned perfect German
carried the »Illuminations« in his back pocket in Stuttgart

Paul Verlaine the beautiful melancholic
flawed weak, compassionate poet
arrived with christ in his back pocket in Stuttgart

Arthur Rimbaud and Paul Verlaine
and the poets danced like two wild horses
one white foal, one black mare
head to head in Stuttgart

Arthur Rimbaud opening the 98 wounds of Jesus Christ
through the heart of Verlaine
and so much came
Paul Verlaine left Stuttgart with »Illuminations« in his
back pocket

Arthur Rimbaud had the blood of christ
dripping from his back pocket
he walked over to the public fountain
the one from the 18th century
with a golden horse
and he drank the water in Stuttgart

Immer der Gleiche

Oft habe ich nach dem Schlusspfiff auf dem Kickersplatz den Stehbereich des B-Blocks verlassen wie einer, dem sie gerade das Pferd unterm Hintern weggeschossen haben. Ich weiß allerdings nicht, was passierte, als sich neulich gewisse Damen und Herren von ihren Plätzen in der schrecklichen Gewissheit erhoben, zum letzten Mal mit ihrem Allerwertesten den angestammten Schalensitz gedrückt zu haben.

Die Haupttribüne der Stuttgarter Kickers wurde in der Saison 14/15 abgerissen. Die neue im Februar 2015 eröffnet. Bis dahin hingen viele Sympathisanten in der Luft, und nur ein Ahnungsloser käme auf die Idee, man könne in solchen Tagen auch eine blaue Seele einfach baumeln lassen.

Der Werbetexter Uwe Pfeifer, ein auf der Degerlocher Waldau integrierter Franke, sitzt seit einem gefühlten Menschenleben auf der Haupttribüne. Er kennt die Figur des »Bruddel-Rentners«. Dieser Typus, sagt Pfeifer, hat seinen Platz »durchaus im militärischen Sinn eingenommen«. Er hält die Belagerung bedingungslos aufrecht, egal, bei welchem Wetter, egal, in welcher Liga. Und er brüllt beim ersten Pfiff des Schiedsrichters nach dem ersten Foul eines gegnerischen Spielers: »Immer der Gleiche!«

Der Bruddel-Rentner ist nicht immer Rentner von Beruf, aber immer Bruddler aus Berufung.

Die Kickers-Tribüne hat eine Geschichte, die Bücher füllen würde. Ein gewichtiges Kapitel nähme der Metzger Rudi Klink ein. Er leitete einst die Imbissstände auf dem Kickersplatz und erfand die »Stadionwurst«: Das Adjektiv »rot« war allein dem VfB zugeordnet und deshalb unverdaulich. Als der Kardiologe dem Metzger riet, wegen akuter Lebensgefahr während der Spiele Waldspaziergänge zu machen, stellte sich heraus, dass die Tribünen-Abstinenz Rudis Herz mehr zusetzte als die Partie selbst.

1899 wurde der Klub der Blauen gegründet. Erst spielte er am Stöckach, mit einem »Thorwächter«, zwei Verteidigern, einer Drei-Mann-Deckung und fünf Stürmern. Seit 1905 sind die Kickers auf der Waldau. Die erste Holztribüne weihte 1913 der Kronprinz von Württemberg ein: einen Nachbau der Tribüne des Kickers-Vorbilds Arsenal London im Maßstab 1:3. Nicht zufällig schrieb sich Stuttgarts erster Fußballverein zunächst Cickers mit C.

Bis heute spricht man vom »Blauen Adel«. Es gab zwar immer wieder Zeiten, in denen die Mannschaft den Anhängern genügend einheizte. Legendär der Hundert-Tore-Sturm von 1947/48 mit den Spielern Edmund Conen, Helmut Jahn, Albert Sing, Reinhard Schaletzki.

Als »eher gebräuchliche Sitzheizung«, notierte mal mein Kollege Bruno Bienzle, dienten den Haupttribünen-Herrschaften Kaschmirdecken und Perserbrücken. Als das alte Holzmöbel 1975 abgerissen wurde, rückten die Stammgäste an, um ihre seit Generationen vererbten Plätze mit aufgemalter Nummer auszusägen und in die Hausbar zu hängen. Einen der auffallendsten Sitze besaß der Kaufmann Peter Maier, bekannt als »Käs-Maier«: Er thronte auf einem mit blauem Stoff bezogenen Polster; seine Initialen PM hatte er in Schmuckschrift anfertigen lassen.

Unsereins, seit den späten Siebzigern Waldau-Steher, kennt die Innereien der Sitztribüne nur aus Gründen der besseren Sicht bei Spezialeinsätzen. Unvergesslich die Saison 1986/87, als wir ins Berliner Pokalfinale gegen den HSV einzogen. Berauschend das Pokalspiel am 12. Oktober 1999, als wir den Erstliga-Tabellenführer Borussia Dortmund mit 3:1 vom Platz fegten. Da tat sich selbst nachts über den Waldau-Wipfeln der Himmel auf. Dem Gewohnheitssteher ist das Sitzen nur in extremen Ausnahmefällen erlaubt, wobei der Blick auf das Gegenüber namens B-Block immer soziale Schuldgefühle auslöst. Das ging mir sogar so, als mir Anfang des neuen Jahrtausends der 2009 verstorbene Kickers-Ehrenratsvorsitzende Fritz Seeger handschriftlich den Stellungsbefehl zukommen ließ, mich umgehend zu einem Spiel auf der Tribüne einzufinden. Nie wieder habe ich einen Mann im blauen Blazer so furios über sein Ein und Alles schimpfen hören. Da wurde mir klar, welcher Geist in diesem Mikrokosmos umgeht. »Wer schimpft, lebt und liebt«, sagt der Tribünen-Philosoph Pfeifer.

Die neue Tribüne war bald kein Thema mehr. Solange wir aufrecht stehen können, geht uns im B-Block jeder Sitz am Arsch vorbei.

Freiheit

Der Herr Ministerpräsident, 67 Jahre alt, hat vor, die Altersgrenze für Bürgermeister (65) abzuschaffen. Er habe mal, erzählte der Herr Ministerpräsident, in Kanada eine hochbetagte Oberbürgermeisterin erlebt, wie sie erst einen »knackigen Vortrag« gehalten und dann mit ihrem Sportwagen einen »Kavalierstart« hingelegt habe.

Ungeachtet der physikalischen Tatsache, dass jede Karre gut losgeht, wenn man Brems- und Gaspedal verwechselt, hat der Landesgroßvater Kretschmann recht. Auch fortgeschrittenes Alter schützt Parteikarrieristen nicht vor der Tollheit, ihre Machtgier den Wählern als demokratische Politik zu verkaufen. Da kommt es, in meinem Alter kann ich das beurteilen, auf einen Greisrat im Parlament mehr oder weniger nicht an.

Die ehrwürdige Oberbürgermeisterin aus Kanada mit ihrem Rennauto taugt überhaupt nicht als Vorbild für die Pflegefälle der Grünen. Erstens hat von denen noch nie einer einen »knackigen Vortrag« gehalten. Zweitens reiten sie verschärft die Nummer, sich beim Wahlvolk als neue FDP mit Fahrrad einzuschleimen. Das ist eine kalkulierte Drahteselei im Kampf um die Marktlücke, die uns die Lobbyisten-Partei der Neoliberalen hinterlassen hat. Anders gesagt: Es geht um Leichenfledderei.

Der neue, medienwirksame Freiheitskurs der Grünen soll ablenken von ihrer Verbotsliste, die uns im Alter vor schädlichen Dingen schützt: vor Glühbirnen und Pony-Karussells, vor Fleisch im Schweinebraten und vor Weichmachern in Kunststoffpenissen (wobei die Wirkung von Weichmachern im Dildo durchaus diskutabel ist).

Wie groß die Sehnsucht nach marktkonform deregulierter Persönlichkeitsentfaltung ist, demonstrierte im Sommer 2014 der Grünen-Chef Özdemir. In einem Akt heroischer Selbstverwirklichung stülpte er sich vor dem Hintergrund einer Cannabispflanze auf seinem Kreuzberger Balkon einen Kübel Eis über den Schädel, um wie zigtausend andere PR-süchtige B-Promis der Welt zu beweisen: Auch *mein* Hirn ist im Eimer.

Özdemir, das muss man zu seiner Entlastung sagen, hat es nie leicht gehabt. In seinem Berliner Exil leidet er bis heute unter seiner ethnischen Herkunft. Sein Migrationshintergrund ist Bad Urach, eine schwäbische Albgemeinde mit extrem hohem Kalkaufkommen.

Kretschmanns Vorliebe für den Kavalierstart zur Rettung des womöglich früh vergreisten Oberbürgermeisters Kuhn fiel mir auf bei der Beschäftigung mit den Möglichkeiten zeitgemäßer Fortbewegung. Immer wieder suche ich unsere schöne Bahnhofsruine auf, will ich auf Ausflügen nach Vaihingen am Nesenbach oder Endersbach im Remstal Abstand zum Kessel gewinnen. Wenn ich zwischen unseren denkmalgeschützten Bahnhofstrümmern mit integriertem Ramsch-Basar mein Gleis suche, kommt es regelmäßig vor, dass mich Fremde nach dem Weg zum Stuttgarter Hauptbahnhof fragen. Diese Leute irren meist vollkommen hilflos unter einer mit Isolierstreifen zugeklebten Uhr herum und können beim besten Willen nicht ahnen, dass sie bereits mitten im Stuttgarter Bahnhof sind – und nicht etwa zwischen den Karussellbremsertrupps zum Abbau der Geisterbahn auf dem Cannstatter Wasen.

Wer noch nicht an Gedächtnisschwund leidet, erinnert sich, wie uns die Politiker Oettinger und Schuster erklärten, die Bauarbeiten für Stuttgart 21 würden die Bürger überhaupt nicht stören. Die komplette Verschandlung der Stadt spiele sich unsichtbar und unhörbar im Untergrund ab. Und der damalige Bahn-Chef und spätere Bruchpilot Mehdorn sagte wörtlich: »Man muss schon seinen Kopf unter einen Gullydeckel stecken, um von den Bauarbeiten überhaupt was mitzubekommen.« Seitdem weiß ich, wo hierzulande grün-rote Politik gemacht wird – und wie sie riecht.

Leider aber sind es heute nicht die Maulwürfe wie auf den Propagandaplakaten an den Bauzäunen der Bahn, sondern Menschen, die leiden, wenn am Nordbahnhof Tag und Nacht die Baulastwagen rollen. Schuster, Mehdorn und Oettinger, die schwarzen Propheten des Unterirdischen, sind längst aus ihren Führungsämtern ausgeschieden, und beileibe nicht nur altersbedingt. Der eine hat unter dem Tarnnamen »Entwicklung« eine Firma für nachhaltige Stadtzerstörung gegründet und sich mit Telekom verbandelt. Der Zweite hat zuletzt den Berliner Flughafen tiefer gelegt. Und der Dritte ist der Allerschlaueste: Oettinger arbeitet heute in Mutti Gottes Namen als Kommissar Ahnungslos bei der Brüsseler Digitalpolizei – laut Berliner *taz* als »Bildschirmschoner«.

Angesichts des politisch gesteuerten Riesenrads zur Beförderung der Großlügner blieb mir nur noch die Flucht aufs Wasser. Für fünfundzwanzig Euro heuerte ich als Passagier auf dem Neckarschiff Wilhelma an, fuhr drei Stunden nach Marbach und drei weitere Stunden zurück. Mit einem Kahn vom Neckar-Käpt'n gelingt dir selbst in Kretschmanns Alter kein kanadischer Kavalierstart. Nichts dient so sehr der Entschleunigung wie eine Fluss-Tour auf dem Neckar. Man blickt auf das Lichtspiel der Wellen, schaut den Nil-Enten – »Ägypter« genannt – beim Schwimmen am Ufer und den Kormoranen auf den Schleusen-Lampen vor Poppenweiler beim Kacken zu.

Und das, das ist Freiheit.

Frisches Brot

Es gibt genügend Gründe, Zufluchtsorte zu suchen, sich dem Mief der Stadt zu entziehen. Es langweilt, immer wieder von den Lügen der Politiker zu hören, Lügen, die es nicht einmal wert sind, ihnen mit Sarkasmus zu begegnen. Der Herr Mappus, ehemaliger Ministerpräsident von Merkels Gnaden, kann sich zurzeit nicht erinnern, dubiose Millionenverträge auf Kosten der Steuerzahler mit der Deutschen Bahn unterschrieben zu haben. Die Papiere tragen zwar seine Unterschrift. Wer aber kann schon wissen, wie oft er lügt in einem Geschäft, wo Lügen beim Reden so üblich ist wie Luftholen beim Schnarchen.

Fort vom Sumpf der Stadt. Auf dem Schillerplatz findet eine weitere sogenannte *Demo für alle* statt. Ein Aktionsbündnis verbreitet den Aufruf: »Ehe und Familie vor! Stoppt Gender-Ideologie und Sexualisierung unserer Kinder!« Beim vorherigen Aufmarsch dieser Leute auf dem Marktplatz war ich dabei, sah Schwulenhasser und Sektierer, Rassisten und Rechtsextreme (zu erkennen an ihrer Fahne). Einige Leute demonstrierten als »besorgte Eltern«, hatten Kinder an der Hand. Ich hörte mir an, was sich die Kinder anhören mussten. Es war absurd bis über die Grenze des unfreiwillig Komischen hinaus. Es war widerlich.

Gestern war ein schöner Morgen, als ich hinausging in die warme Sonne. Es war der Morgen nach dem 1:0 der Deutschen gegen die Amerikaner. In der Zeitung stand, die Deutschen hätten das Spiel »kontrolliert«. Kontrolleure haben auf dem Fußballplatz nichts zu suchen, sagte ich mir, und stieg in die Straßenbahn der Linie 15.

Diesmal wusste ich ausnahmsweise, wo ich hinwollte.

Neulich war ich beim Joggen vom Bad Berg aus an den Wilhelma-Gehegen und am Löwentormuseum vorbei auf den Spuren des Zufalls zum Wartberg gelaufen. Der Berg ist in Wahrheit eine Talmulde. Man erreicht ihn von der U-Bahn-Haltestelle Löwentor über die Hängebrücken Bombay-Steg und Brünner Steg, benannt nach Stuttgarter Partnerstädten. Die Stege führen auch in den Leibfriedschen Garten. Es ist der Nordosten der Stadt. Der grüne Dschungel. Wir sind im Niemandsland der Natur, fern des Autolärms und doch in der Nähe der Heilbronner Straße, der Prag, des Killesbergs.

Bevor ich beim Joggen über die Brücken trabte, hatte ich den Wartberg nicht gekannt. Woher auch. Würde ich alle Orte der Stadt kennen, müsste ich nicht dauernd herumgehen und wäre arbeitslos. Es ist falscher Ehrgeiz, die Stadt im Hirn abzuspeichern, als wäre man ein Lexikon. Die Stadt muss eine Wundertüte bleiben, und oft genug ist das Wunder ein blaues.

Gleich als ich zum ersten Mal das Wasser in der Mulde umkurvte, wurde mir klar, dass ich zurückkehren müsste. Auch im Jogger-Tran bekommst du mit, wo du bist, sofern du Schilder lesen kannst. Ich war am Egelsee am Wartberg, an einem abgelegenen Ort der Stille mit Skulpturen, Wildwuchs, Vogelgezwitscher. Ich war im Revier der Reiher. Zu verdanken der Internationalen Gartenbauausstellung von 1993.

Mir scheint, der Wartberg ist eine etwas vergessene Gegend, nur eingefleischten Naturmenschen und passionierten Spaziergängern bekannt. Die Volkshochschule hat hier eine Öko-Station. Man lehrt den Menschen die Kunst, mit der Sense zu mähen, lädt sie zum Sommerabend in den Sinnesgarten und öffnet ihnen die Hausapotheke Natur.

Am Morgen umrunde ich den See, gehe bergauf Richtung Höhenpark Killesberg und erreiche das Backhaus. Ich komme zur rechten Zeit. Ein Dutzend Männer und

Frauen sind schon an der Arbeit, schnippeln Obst, kneten Teig. Bei ihrem nächsten Fest im Freien werden sie den Leuten frisches Brot aus dem Holzbackofen verkaufen. Landbrot und Vollkornbrot ohne Konservierungsstoffe. Es gibt auch Hefezopf und Obstkuchen. Frau Paula Fauth, die Brotmacherin, erklärt mir das Nötigste, freut sich, dass der Back-Brauch mehr als zwanzig Jahre überlebt hat, obwohl sie oft Angst haben musste, der Holzofen könnte für immer erkalten.

Ich gehe weiter bergauf, vorbei am Naturfreundehaus Steinbergle, einer rustikalen Freiluftanlage, wo oft auch Dozenten und Studenten der benachbarten Kunstakademie auf dem Weißenhof tagen. Bald darauf bin ich zurück im Alltag, im Reich der Glas- und Betonbauten. Vor mir die Luxuskästen des neuen Quartiers Killesberghöhe. Nicht weit davon das vornehme Altersheim Augustinum. Davor zwei alte Wahlplakate der AfD, der Partei, die mit ihren Vasallen die »Demo für alle« unterstützt.

Rebellen

Der Asphalt und einige Häuser in der kleinen Leonhardstraße in der Stuttgarter Altstadt sehen so mitgenommen aus wie die Frauen an der Ecke. Die Gegend zählt zum historischen Kern der Stadt, wahrgenommen wird sie heute fast nur noch als Ort der Elendsprostitution. Die Geschichte des Leonhardsviertels, Teil der früheren Leonhardvorstadt, hat man im Rathaus vergessen und verdrängt wie viele Kapitel der Stadtgeschichte. Seit 2013 organisiere ich mit Freunden Suppenküchen und Straßenfeste (»Schmuddel-Bankett«) unter dem Motto: »Unsere Altstadt darf nicht vor die Hunde gehen!«

Im Haus Nummer 8 der Leonhardstraße ist der Animierschuppen Bierorgel. Es gibt Überlebende, die dabei waren, als sich im Erdgeschoss und Keller dieses Gebäudes linke Rebellen trafen. Einer von ihnen ist der Kabarettist, Autor und Aktivist Peter Grohmann. Vor einigen Jahren hat er »Die Anstifter« ins Leben gerufen, eine Initiative, die mit den Stolpersteinen des Berliner Künstlers Gunter Demnig an die Opfer der Nazis erinnert und viele anderen politische Aktionen unterstützt. Grohmann, 1937 in Breslau geboren, war Mitbegründer des politisch-literarischen Clubs Voltaire in Stuttgart.

1965 eröffnen die Mitglieder im Haus eines liberalen Bäckers namens Fröschle am Straßenstrich den Club Voltaire. Zu den maßgeblichen Köpfen dieses Ladens gehören neben dem gelernten Schriftsetzer Grohmann der Arbeiter Willi Hoss, Schweißer bei Daimler, und Fritz Lamm, Angestellter und Betriebsrat der *Stuttgarter Zeitung*. Lamm, 1911 in Stettin geboren, ist der charismatische Mentor im Club Voltaire. Während der Nazi-Diktatur mehrfach verhaftet, floh er über Frankreich und Casablanca nach Havanna. Erst 1948 kann er zurück nach Deutschland und geht nach Stuttgart. Der Journalist, jüdischer Sozialist mit weltmännischem Lebensstil, wird 1963 aus der SPD ausgeschlossen.

Immer wieder verleumden ihn die Sozis wegen seiner Homosexualität. Lamms Freunde im Club Voltaire schätzen ihn als Ehrenmann und großen Rhetoriker. Der Treff hat seine Wurzeln in der Arbeiterbewegung, die Gründerväter kommen wie der spätere Grünen-Politiker Willi Hoss aus der KPD und deren Umfeld. Eine wichtige Rolle spielt der Jazz-Pianist Wolfgang Dauner: Als gelernter Mechaniker und studierter Musiker verkörpert er die kulturellen Pole des Clubs. In diese Atmosphäre platzt Joseph Fischer. Der 1948 geborene Sohn eines in Fellbach-Oeffingen beheimateten Metzgers aus Ungarn hat 1965 vorzeitig das Cannstatter Daimler-Gymnasium verlassen und eine Fotografenlehre begonnen. »Joschka« Fischer, ein Schnösel vor dem Herrn, absolviert in Stuttgart seine politische Grundausbildung, 1968 zieht er nach Frankfurt weiter.

Als der Voltaire-Veteran Grohmann fast ein halbes Jahrhundert später wieder mitten in der Stadt an die Front des Protests muss, weil neoliberale Politiker und die Deutsche Bahn AG das Immobilienprojekt Stuttgart 21 vorantreiben, begreift er die Reaktionen nicht. Täglich verbreiten Medien das Vorurteil, »ausgerechnet die biederen Schwaben« gingen auf die Straße. Die Reporter kennen weder Gegenwart noch Geschichte dieses widerborstigen Volks. Der Filz aus 58 Jahren CDU-Regierung im Land hat die Auseinandersetzung mit der Geschichte stets verhindert und die Wahrheit oft genug verleugnet.

Geht man von der Leonhardstraße 8 ein paar Schritte weiter in die Jakobstraße 6, steht man vor der kleinen Milieu-Kneipe Jakob-Stube. Den Hinweis auf einen großen Sohn der Stadt an diesem Gebäude suchte man bis

Ende 2013 vergebens. In dem Barockhaus wird am 2. Januar 1807 Wilhelm Zimmermann geboren. Er macht nicht nur als renitenter Student und protestantischer Theologe, als fleißiger Dichter und radikaldemokratischer Abgeordneter auf sich aufmerksam. Vor allem als Historiker ist er geschätzt, sein Buch »Der große deutsche Bauernkrieg« wird ein Standardwerk. Während der Revolution 1848/49 ist Zimmermann Mitglied der Nationalversammlung in der Frankfurter Paulskirche.

Der schwäbische Charakterkopf und Familienvater schreibt Tausende von Buchseiten und bewahrt sich zeit seines Lebens seinen rebellischen Geist. Heute ist Zimmermann in seiner Geburtsstadt fast so vergessen wie die revolutionären Aufstände im Land, auch wenn Baden-Württembergs Großkopfete 1998 zum 48er-Jubiläum eine peinliche Nostalgie-Show inszenierten: Sie ließen sich, gelernte Politkasper, mit Heckerhüten im Stil der Revolutionäre fotografieren.

In Zimmermanns Schriften wird deutlich, wie die Politik den Widerstandsgeist im eigenen Land verdrängt. Es dauert sehr lange, bis man beispielsweise den Maler und Altarkünstler Jerg Ratgeb, in den Siebzigerjahren des 15. Jahrhunderts in Schwäbisch Gmünd/Ostalbkreis geboren, als Kanzler der aufständischen Bauern im 16. Jahrhundert würdigt. In Pforzheim wurde er wegen Hochverrats zum Tode verurteilt und von vier Pferden auseinandergerissen.

Der schwäbische Widerstand zieht sich kontinuierlich durch die Geschichte des Landes, die Rebellen konnten allerdings nicht verhindern, dass man »die Schwaben« bis heute für biedere, spießige Duckmäuser hält: maulfaul und »verdruckt«, geizig und vom Putzwahn besessen. Im Zweifelsfall hilft der Hinweis auf den schwäbischen Diminutiv, das »Ländle« als Eiland provinzieller Tüftler und Schaffer zu verdummen. Viele wissen es nicht: In Stuttgart leben mehr Menschen aus aller Welt als in den meisten deutschen Großstädten. Gegen die Klischees von der Behäbigkeit der Schwaben, die beim Orgasmus »Sodele« stöhnen, helfen am wenigsten Hinweise auf Denker wie Hegel und Schiller. Es sind vor allem die Vergessenen und Verdrängten, die zeigen, wie viel Widerspruchsgeist – aber auch Stumpfsinn – im Land beheimatet ist.

Als eines der wichtigsten Wahrzeichen des Widerstands und seiner Unterdrückung steht die Festung Hohenasperg bei Ludwigsburg, einst der »Demokratenbuckel«, heute ein Vollzugskrankenhaus. Schon 1525 hat man dort den aus der Gegend von Heilbronn stammenden Bauernführer Jakob »Jäcklein« Rohrbach eingekerkert. Der bekannteste Gefangene des neben Stuttgart-Stammheim berüchtigsten schwäbischen Knasts aber ist der 1739 in Obersontheim bei Schwäbisch Hall als Pfarrersohn geborene, in Aalen aufgewachsene Dichter, Journalist und Musiker Christian Friedrich Daniel Schubart. Zwei Jahre nachdem er Herzog Carl Eugens Mätresse Franziska von Hohenheim als glimmende, stinkende Lichtputze verhöhnt und den heimischen Menschenhandel mit Englands Militär angeprangert hat, sperrt man ihn 1777 in der Burgfestung Asperg ein. Ohne Prozess wird Schubart mehr als zehn Jahre in einem Turmverlies festgehalten, darf lange weder lesen noch schreiben. Im Mai 1787 setzt ihn Carl Eugen nach der Intervention der Preußen und vieler Intellektueller auf freien Fuß und ernennt ihn zum Musik- und Theaterchef am Stuttgarter Herzogshof. Begraben ist Schubart, ein schwäbischer Freiheitsheld, wie viele andere große Denker auf dem Stuttgarter Hoppenlaufriedhof, heute eine Ruhe- und Gedenkstätte, die lange vernachlässigt wurde. Seit 2014 wird restauriert.

Mehr als siebzig Jahre nach Schubart inhaftiert die Obrigkeit einen heute so gut wie unbekannten Mann auf dem Hohenasperg, der eine wichtige Rolle in der 48-er-Revolution spielte. Es ist der 1816 in Dürrwangen bei

Balingen geborene Glasfabrikant und republikanische Agitator Gottlieb Rau. Vor einer großen Volksversammlung in Heilbronn hält er im Frühsommer 1848 eine aufputschende Rede: »Es ist der Weg der Wahrheit, der Weg der Entschiedenheit, den wir einschlagen müssen, denn nur die Wahrheit kann uns frei machen. Wir müssen wegwerfen jene Halbheit der Gesinnung, jenes unentschiedene Schwanken, das uns von jeher Knechtschaft und Unterdrückung gebracht hat, und müssen offen bekennen die Farbe, der wir folgen. Wir müssen laut bekennen, dass das gedankenlose Geschrei für die konstitutionelle Monarchie mit breitester Grundlage der Untergang ist für die deutsche Einheit, der Tod für uns und unsere Kinder.«

Rau wird verhaftet und auf den Hohenasperg gebracht. 1851 wird er in einem spektakulären politischen Prozess zu dreizehn Jahren Haft verurteilt. Als er 1853 begnadigt wird, geht er nach Amerika und eröffnet in New York ein Hotel, bald wird die Herberge eine Anlaufstelle für deutsche Einwanderer. In den USA nennt man deutsche Revolutionsflüchtlinge wie Rau »Fourty Eighters«; viele von ihnen kämpfen später im amerikanischen Bürgerkrieg mit Abraham Lincoln gegen die Sklaverei.

Als einer der schillerndsten schwäbischen 48-er-Revolutionäre gilt Albert Dulk. 1819 in Königsberg geboren, landet der Schriftsteller und Revolutionär nach vielen Reisen, unter anderem nach Italien und Ägypten, 1858 in Stuttgart. Mit seiner Ehefrau Johanna und zwei weiteren Frauen lebt er wie ein früher Hippie in einer WG. In der Hochzeitsnacht, so heißt es, hat er seiner Frau den Beischlaf verweigert, weil er nicht etwas machen wollte, »das alle so machen«. Dulk ist Freidenker, schließt sich der Arbeiterbewegung an und durchschwimmt demonstrativ den Bodensee. Weil er in Heilbronn wegen Volksverhetzung mehr als ein Jahr Haft absitzen muss, feiern ihn die Sozialdemokraten als Märtyrer. Am 29. Oktober

1884 stirbt Dulk an Herzversagen auf dem Stuttgarter Bahnhof. Als man seinen Leichnam nach Gotha über-führt, weil Feuerbestattungen in Württemberg noch ver-boten sind, gehen trotz des enormen Polizeiaufgebots Tausende von Arbeitern auf die Straße. Der Trauerzug zum Güterbahnhof gilt heute als die größte Demonstra-tion der württembergischen Sozialdemokraten in der Zeit von Bismarcks berüchtigten Sozialistengesetzen. Ähnlich viele Widerständler am Bahnhof werden erst 130 Jahre später wieder beim Protest gegen Stuttgart 21 gezählt, wenn auch mit geringer SPD-Beteiligung.

Die rote Linie der schwäbischen Rebellen zieht sich im 19. Jahrhundert so konsequent durch die Geschichte, dass man sich als Schwabe wundert, warum »die Schwaben« als der Arbeit und dem Konsum verfallene Jasager mit starkem Hang zur »Gemütlichkeit« gelten. In Wahrheit entsprechen diese aufmüpfigen Geister in keiner Weise diesen Klischees. Der Dichter Georg Herwegh, 1817 in Stuttgart als Sohn eines Gastwirts geboren, pflegt Kon-takte mit Michail Bakunin und Karl Marx, mit George Sand und Heinrich Heine. Im Frühjahr 1848 steht er an der Spitze der deutsch-demokratischen Legion, einer Freiwilligentruppe von Arbeitern, die den badischen Auf-stand bewaffnet unterstützt. Auf seinen Wunsch wird Herwegh, ein entschiedener Gegner der Bismarck'schen Macht- und Kriegstreiberpolitik, in der Schweiz beerdigt.

Bis heute behaupten selbsternannte Volkskundler, schwäbische Frauen gingen lieber in der Schweiz einkau-fen, um ihre von den Pietisten geschmähte Freude am Luxus zu verbergen. Den Hang zum schwäbischen Un-derstatement beschrieb der 1813 in Reutlingen geborene Theologe und Schriftsteller Hermann Kurz als Zweifel an der eigenen Größe: »Die Schwaben müssen ihre einhei-mischen Produkte erst vom Ausland plombiert zurücker-halten, ehe sie daran glauben.« Kurz kämpfte entschieden für die Freiheit der Presse, weit couragierter als viele

Journalisten von heute. 1845 veröffentlichte er die demokratische Streitschrift »Das freye Wort«; er stritt so unverdrossen für das Recht auf Meinung, dass er für eine Weile in den Knast musste, auf den Hohenasperg, wohin sonst.

Noch immer ist die öffentliche Aufarbeitung der schwäbischen Rebellen-Geschichte mühsam, das gilt auch für das 20. Jahrhundert. In den zwanziger Jahren war das Leben in der schwäbischen Hauptstadt womöglich städtischer und cooler als heute. Bauhaus-Architekten wie Peter Behrens, Mies van der Rohe und Richard Döcker wirkten in der Stadt, abstrakte Maler wie Adolf Hölzel, Oskar Schlemmer und Willi Baumeister standen für einen kulturellen Aufbruch. In diesem Klima der Moderne wächst die 1910 in Stuttgart geborene Jüdin Gerta Pohorylle heran. Als aufgeweckte junge Frau besucht sie Kunstausstellungen, Varieté-Shows und Sportereignisse. Als Neunzehnjährige zieht sie mit ihrer Familie nach Leipzig; nachdem sie Flugblätter gegen die Nazis verteilt hat und erwischt wird, flieht sie nach Paris. Im Exil begegnet sie einem ungarischen Fotografen namens André Friedmann. Beide werde schon bald unter den Namen Robert Capa und Gerda (jetzt mit »d«) Taro als engagierte Kriegsfotografen im Kampf gegen die Faschisten im Spanischen Bürgerkrieg berühmt. 1937 kommt Gerda Taro bei einem Luftangriff von Hitlers Legion El Condor in der Nähe von Madrid ums Leben. Den Trauerzug zu ihrer Beerdigung auf dem Pariser Friedhof Père Lachaise begleiten zigtausend Antifaschisten, die Dichter Louis Aragon und Pablo Neruda halten die Grabreden. In Stuttgart dauert es bis 2008, ehe man Gerda Taro auf Drängen engagierter Bürger einen Platz widmet.

Gerda Taros Geschichte passte so wenig ins CDUgeführte Baden-Württemberg wie die vielen, nicht mit Soldatenorden der Wehrmacht geschmückten Widerstandskämpfer der Nazi-Diktatur, darunter die Stuttgarter

Gruppe Schlotterbeck. Legendär die Geschichte vom Stuttgarter »Kabelattentat«. Vier junge Kommunisten beenden am 15. Februar 1933 die Rundfunkübertragung von Hitlers Rede mit dem Hackebeil. Kurz zuvor, am 30. Januar 1933, traten in der Nähe von Reutlingen die Textilarbeiter in den legendären Mössinger Generalstreik. Bis heute gilt diese von der KPD organisierte Widerstandsaktion in der nur 4200 Seelen zählenden Gemeinde am Fuß der Schwäbischen Alb als in Deutschland einzigartiger Versuch, Hitler zu verhindern. Die Nazis vertuschten den mutigen Aufstand.

Wie beim Mössinger Generalstreik brauchte es bei anderen Heldentaten Jahrzehnte, bis man im Schwäbischen an Menschen erinnerte, die im Kampf gegen den Faschismus ihr Leben ließen, etwa der in Königsbronn auf der Ostalb aufgewachsene Schreiner Georg Elser.

Am 8. November 1939 ging bei einer Nazi-Feier im Münchner Bürgerbräukeller eine Bombe hoch, die Elser in nächtelanger Arbeit in eine Säule eingebaut hatte. Hitler überlebte, weil er aufgrund des sich anbahnenden schlechten Wetters früher als geplant den Saal verlassen hatte, um in sein Flugzeug zu steigen.

Das Verschweigen der Vergangenheit, die Mär, der einfache Mann habe gegen die Nazis nichts tun können, dürfte ein Grund gewesen sein, dass die RAF maßgebliche Mitglieder und Unterstützer im Schwäbischen rekrutierte: die Pfarrerstochter Gudrun Ensslin, den Gastwirtssohn Willy-Peter Stoll, den Künstlersohn Christof Wackernagel. Einer der besten Kenner der Szene war der lange in Stuttgart lebende Schriftsteller und Rechtsanwalt Peter O. Chotjewitz; er vertrat Baader in den Siebzigern im Stammheimer Prozess. Als er im Dezember 2010 starb, wurde er auf seinen Wunsch auf dem Stuttgarter Dornhaldenfriedhof beerdigt. Dort ist auch das Grab von Ensslin, Baader und Jan-Carl Raspe. Chotjewitz erzählte gern, das schwäbische, vor allem das Stuttgarter Bürgertum habe aus seiner liberalen, rebellischen Tradition heraus eine Zeitlang RAF-Ideen unterstützt, und damit meinte er nicht nur Anwälte wie den 2002 verstorbenen Klaus Croissant und den, nach achtjähriger Abwesenheit in Beirut, seit 1986 wieder ehrbar praktizierenden Jörg »Jogi« Lang. In seinen Erinnerungen hat der vielgereiste Schriftsteller Chotjewitz dem rebellischen Stuttgart ein Denkmal gesetzt: »In Stuttgart hat im August 1907 unter Beteiligung von Lenin und anderen ein Sozialistenkongress stattgefunden, der erste sozialistische Weltfrauenkongress hat vor dem Ersten Weltkrieg in Stuttgart stattgefunden, in Stuttgart konnte Clara Zetkin Hauslehrerin bei dem Kapitalisten Robert Bosch sein … und nach dem Krieg hatten wir einen Kommunisten namens Eugen Eberle, der bundesweit bekannt war, vierzig Jahre lang im Gemeinderat.«

Zu den bekanntesten schwäbischen Querköpfen zählt auch der Obstbaukundler, Baumschneider und Bürgerrechtler Helmut Palmer. 1930 als unehelicher Sohn einer christlichen Bauerntochter und eines jüdischen verheirateten Metzgers in Stuttgart geboren, kämpft er in kernigem Schwäbisch gegen Altnazis, staatliche Willkür und wird als »Remstal-Rebell« gefürchtet und verehrt. Der Gärtner mit seiner virtuosen Baumschnitt-Begabung kandidiert regelmäßig als Einzelkämpfer bei Wahlen und muss wegen seiner Streitbarkeit auch in den Knast.

1974 holt er zum Schrecken der konventionellen Parteien bei den Oberbürgermeisterwahlen in Schwäbisch Hall mehr als vierzig Prozent der Stimmen. 2004 stirbt er in Tübingen an Krebs.

Kaum mehr als drei Jahre später wird sein Sohn Boris als konservativer Grüner Oberbürgermeister von Tübingen und signalisiert damit eine politische Entwicklung in Baden-Württemberg. 2011 kommen im Land die Grünen an die Macht, und der neue Ministerpräsident Kretschmann ist sehr darum bemüht, seine Vergangenheit in der

KPD/ML als mentalen Unfall in seiner Biografie darzustellen.

Wenn viele Bürger heute immer noch gegen Stuttgart 21 auf die Straße gehen, wenn sich verdiente Menschen wie der Kulturarbeiter Peter Grohmann gegen die Politik des Größenwahns auflehnen, erinnert das die Medien aber nicht etwa an gescheite, radikaldemokratische Köpfe vom Schlage Friedrich Schillers und Ludwig Uhlands. Ahnungslose Reporter labern lieber über die Kehrwoche, frühzeitig hochgeklappte Gehsteige und saturierte »Wutbürger« in der Halbhöhenlage.

Die Floskel vom schwäbischen Spießer macht deshalb weiterhin so hartnäckig die Runde wie bei selbstironischen Landsleuten ein alter Witz über ihre angebliche Lustfeindlichkeit: »Warum haben die schwäbischen Pietisten Sex im Stehen verboten? Er könnte in Tanz ausarten.«

Helden

Rechtzeitig zum ersten Schneefall in diesem Jahr rollt wieder der Fußball. Es wird gemütlich. Die Fans der Stuttgarter Kickers fahren am Samstagmorgen um fünf mit dem Zug nach Hamburg, um mit der nächsten Eisenbahn die Partie bei Holstein Kiel anzusteuern. Nach dem Abpfiff reisen sie sofort zurück nach Stuttgart, ohne für diese Heldentat auf dem Feld der Völkerverständigung mit dem Bundesverdienstkreuz rechnen zu können.

Von einem gewissen Alter an ist es erlaubt zurückzuschauen, was man geleistet hat im Leben. Unsereins zum Beispiel hat es nie bis Kiel geschafft. Wenn ich ehrlich bin, war ich auch noch nie in Kemnat.

Früher habe ich oft von den Eltern gehört, sie würden alles tun, damit wir es einmal besser hätten als sie. Kaum aber konnte ich es mir leisten, die Spiele der Kickers zu besuchen, musste ich mir sagen lassen: »So gut wie du möchte ich es auch mal haben.«

Hinter dieser Art Neid steckt blanke Ahnungslosigkeit. Leute, die regelmäßig zu den Spielen desselben Clubs gehen, haben kein schönes Leben. Nicht einmal die Adabeis der Bayern. Was gibt es für einen Menschen Deprimierenderes, als pausenlos zu gewinnen.

Als Kickers-Mann bin ich gut bedient. Unser Sportplatz, die Waldau, ist die große Bühne ewiger Hoffnung. So viel Luft nach oben wie wir hat kein anderer Club. Und seit der Fernsehturm geschlossen ist, schaut auch keiner mehr auf uns herab. Ich muss diese Dinge mal loswerden, damit die Wallfahrt der Aufrechten ans Ende der Welt nicht untergeht in den politischen Wirren, nur hundert Jahre nach Beginn des Ersten Weltkriegs. Selbstverständlich könnte ich statt der Kickers-Tortur ein anderes großes Kapitel der Heimatgeschichte behandeln. Beispielsweise die Schandtat des württembergischen Herzogs Ulrich: Vor 500 Jahren ließ er auf dem heutigen Wilhelmsplatz dem Legelin-Jörg aus Stuttgart und dessen Freunden den Kopf abhacken. Die Männer hatten geplant, den Aufständischen vom Armen Konrad die Stadttore zu öffnen. Den Kampf der schwäbischen Rebellen gegen die bis heute andauernde Ausbeutung des Volkes und die Willkür der Macht werde ich allerdings erst ausgiebig rühmen, wenn unsere Helden aus Holstein zurückgekehrt sind.

An dieser Stelle wird sich jetzt wieder der eine oder andere fragen: Was haben die tapferen Kickers-Fans um Himmels willen mit dem gefallen Köpfen des Armen Konrad zu tun? Auf den ersten Blick nichts, rein gar nichts. Auf den zweiten sehr wohl. Die Fahne der Remstal-Revolutionäre war blau. Blau wie die Fahne der Kickers-Fans. Und nicht etwa grün, wie es uns heute die Geschichtsfälscher in Stuttgart und im Remstal weismachen wollen. Auf der blauen Fahne waren auch keine gekreuzten Schwerter zu sehen wie auf der für Marketing-Zwecke gestalteten grünen Fahne. Auf der blauen Fahne waren ein Kruzifix und ein kniender Bauer abgebildet. Und weithin leuchtete der Schriftzug des Armen Konrad. Mit K wie Kickers. So sieht's aus.

Ich selbst war vor 500 Jahren nicht dabei. Der Heimatforscher Günter Randecker aus Dettingen an der Erms hat mir das alles im Wirtshaus berichtet, ganz in der Nähe der Gedenktafel, die man neulich zu Ehren des Historikers Wilhelm Zimmermann an seinem Geburtshaus in der Jakobstraße 6 im Leonhardsviertel angebracht hat. Wenn man dem Randecker aus dem Ermstal zuhört, gibt es keine Zweifel: Er hat das Heldenunglück erlebt. Gut, dass er seinen Kopf behalten hat. Und so verabschiede ich mich heute im Namen aller Armen, Geknechteten und Aufständischen mit dem K-Gruß: Kämpfen und siegen!

Aus der Bahn geworfen

Gestern Morgen habe ich zu Hause die Doppel-LP *Electric Ladyland* von Jimi Hendrix gesucht und gleich gefunden. Die Plattenhülle zeigt neunzehn nackte Frauen. Ein Foto, von dem sich Hendrix distanzierte; man hatte es ohne sein Wissen gemacht. Das Album erschien am 16. Oktober 1968. Drei Monate später gastierte Jimi Hendrix in der Stuttgarter Liederhalle. Am Sonntag, dem 19. Januar 2014, jährte sich der Auftritt zum 45. Mal, und dieses Datum musste ich feiern, weil ich am 50. Jahrestag meinen Kolumnendienst bereits quittiert haben werde.

Leider war ich 1969 nicht dabei, weil erst fünfzehn, nicht flüssig und als Provinzler nicht mobil. Mir fällt zu *Electric Ladyland* ein Satz ein, den ich in Franz Doblers Memoiren-Buch *The Boy Named Sue* gelesen habe. In einem Text über seine Anfänge als Musikkritiker einer Dorfzeitung heißt es, er könne nur lachen, »wenn jemand behauptet, eine Platte, ein Bild, ein Film könne kein Leben aus der Bahn werfen«.

Nun weiß ich nicht mehr genau, wie weit ich mit fünfzehn schon von der richtigen Spur abgekommen war. Egal. *Electric Ladyland* war der Hammer. Vor allem »1983 (A Merman I Should Turn To Be)«, ein 13:37 Minuten langer Song voller experimenteller Ausschweifungen, öffnete mir den Blick in ein neues Universum.

Leute, die wenig von solchen Dingen erfahren haben, dafür viel von »Zukunft« und »Fortschritt« verstehen, verhöhnen Zeitgenossen, die sich auch mit den Platten der Vergangenheit beschäftigen, gern als »Ewiggestrige«. Ähnlich klug wäre die Behauptung, kein fortschrittlicher Mensch höre heute noch Bach, Mozart oder Beethoven. Anlässlich des Films *Inside Llewyn Davis* der Brüder

Coen ist 2013 das Buch *Der König von Greenwich Village* erschienen. Die Autobiografie des kommerziell erfolglosen, aber stilbildenden Folkmusikers Dave Van Ronk im New York der Fünfziger und Sechziger diente den Regisseuren als Motiv für ihren Spielfilm über den musizierenden Verlierer Llewyn Davis. Aus dem Buch lernt man, wie einfältig es ist, die Vergangenheit zu ignorieren. Van Ronk erzählt von Jazzmusikern, die Mitte des 20. Jahrhunderts beim Versuch, die Spielweise der zehner und zwanziger Jahre neu zu beleben, eine völlig neue Musik schufen – »ohne es zu ahnen«. Als Folkmusiker habe er ganz ähnliche Erfahrungen gemacht.

Als The Jimi Hendrix Experience – mit dem Gitarristen und Sänger Jimi Hendrix, dem Schlagzeuger Mitch Mitchell und dem Bassisten Noel Redding – am 19. Januar 1969 nach Stuttgart kam, gab es Probleme vor der Show. Der Kaufmann Hans Schweizer, heute Chef des Musikhauses Sound of Music an der Ecke Wilhelmstraße/Olgastraße, erinnert sich, wie vor seinem Laden in der Silberburgstraße eine Stretch-Limousine mit Zürcher Kennzeichen vorfuhr. Die Leute im Auto brauchten Hilfe. In der Nacht zuvor hatten Unbekannte den Tournee-Bus aufgebrochen. Hans Schweizer war schon damals mit US-Instrumenten ausgerüstet, auch mit Gitarren vom Typ Fender Stratocaster. Sein Kunde aus der Limousine hieß Jimi Hendrix.

Unbekannt dagegen ist die Geschichte, wie es drei Grünschnäbeln, noch keine sechzehn Jahre alt, ohne Eintrittskarten gelang, über ein Lichtauge oder ähnliches auf dem Dach der Liederhalle in den Beethovensaal einzusteigen. Einer von ihnen war der heutige Stuttgarter Autor und Performance-Künstler Harry Walter. »Irgendwie waren wir drin«, erzählt er. »Wie wir da hoch- und runtergekommen sind, habe ich vergessen, nicht aber das Konzert selbst. Als Jimi mit der Zunge die Saiten traktierte und den Hals seiner weißen E-Gitarre zwischen den

Oberschenkeln durchführte, wurde mir klar, dass es mit unserer Schülerband The Tombstones niemals was werden würde. Noch heute habe ich den Eindruck, durch dieses Konzert genetisch komplett umprogrammiert worden zu sein.«

Vier Jahre zuvor hatte Harry Walter an der Heilbronner Straße der englischen Königin Elizabeth und ihrem Begleiter, dem CDU-Ministerpräsidenten Kiesinger, zugewinkt. Jetzt, angesichts der Erscheinung Jimi Hendrix, spürte er einen »uneinholbaren Fortschritt« in seiner Entwicklung vom »fähnchenschwingenden Staatskarossen-Jubelperser« zum »bekennenden Electric-Ladyland-Fan«. Wenig später besuchte er als Schüler die legendären Stuttgarter Uni-Vorlesungen des Philosophen, Querdenkers und Publikumsmagiers Max Bense in der Keplerstraße.

Zwei Tage nach dem Hendrix-Konzert veröffentlichten die *Stuttgarter Nachrichten* eine 52 Zeilen lange Kritik. Die Überschrift lautete, in Anspielung auf einen Ballett-Star: »Dschungel-Nureyew«. Mehr kann ich aus dem Artikel von Hans Fröhlich nicht zitieren, ohne mich Rassismus-Vorwürfen auszusetzen. Am 18. September 1970 starb Jimi Hendrix. Wenn ich an seinem Todestag mit der Bahn an der Liederhalle vorbeifahre, packe ich meine Luftgitarre aus. Eine weiße Fender Stratocaster.

Nachtrag: Im Internet kursiert bis heute die Abbildung eines Konzertplakats mit falschem Stuttgart-Datum. Es handelt sich um das berühmte »Wire Hair«-Motiv des hessischen Grafikers Günther Kieser, der das Poster im Auftrag der Konzertagentur Lippmann & Rau für die Jimi-Hendrix-Tour gestaltete. Später wurde es irreführend als Remake verkauft, auf das Stuttgart-Poster hatte man einen Streifen mit dem Datum »Mittwoch, 15. Januar 1969« geklebt. An diesem Tag spielte Jimi Hendrix im Deutschen Museum München.

Die Hustenburg

Es geht südwärts am Morgen, bevor der erste Herbst-
sturm die Reste des Altweibersommers aus dem Kessel
fegen wird. Nach Heslach, in Stuttgarts vielleicht bunte-
sten Stadtteil. Ziel ist der Südheimer Platz, das Ende von
Heslach. Der Architekt Karl Hengerer und der sozial engagierte Bankier und Genossenschaftler Eduard Pfeiffer
haben die Siedlung Südheim mit ihrem reizvollen Stilmix
Anfang des 20. Jahrhunderts gebaut – wie Ostheim,
Westheim und ähnliche Kolonien »zum Wohle der
arbeitenden Klasse«.

Beim Ausstieg aus der Linie 14 in Richtung Vaihingen
linker Hand die Seilbahn zum Waldfriedhof, daneben das
Alte Schützenhaus, 1907 Schauplatz des Internationalen
Sozialistenkongresses. Rosa Luxemburg, Berlin, und
Clara Zetkin, Stuttgart, waren da. Auch Lenin. Der russische Revolutionär kannte damals den Stuttgarter Süden
schon recht gut. Sechs Jahre zuvor hatte er eine Weile bei
seinem deutschen Verleger Johann Heinrich Wilhelm
Dietz in Heslach verbracht. Heute beherbergt das Schützenhaus die Buddha Lounge, einen Event-Laden.

Ich biege rechts ab, Richtung Halbhöhe, Heslacher
Wand. An diesem Tag gehe ich nicht allein. Max und
Roland, zwei erfahrene Stuttgarter Südländer, übernehmen die Navigation. Heslach liegt im Trend, sagt Roland,
früher im Werbegeschäft tätig. Max war beim Fernsehen
und weiß, der Kollege hat recht. Max' Sohn lebt im
Quartier.

Heslach gilt als cool und hip, und da gibt es diese
Sogwirkung. Die Verlockung beginnt in der Stadtmitte,
wo man am Wilhelmsplatz nach Süden in das angesagte,
mit einigen originellen Läden und Kneipen bestückte, an-

sonsten ziemlich ruhige Wohnquartier Heusteigviertel abbiegt. Nach der Heusteig-Tour landet man irgendwann am Marienplatz, einem Ort, den junge Menschen zum »urbanen« Herzstück der Stadt erklärt haben. »Urban« ist zurzeit sehr wichtig.

Der Marienplatz hat eine nicht unumstrittene Weite, er öffnet den Blick. Auf manche wirkt er leer. Ist aber gut belebt. Mir gefällt er. Ein paar Lokale rundum, darunter Musiker-Bühnen wie im Galao und im Arigato reichen für den Traum kleiner Vorstadt-Hipster vom großstädtischen Kiez. Vielleicht wird eines Tages etwas draus, falls die Strippenzieher im Rathaus begreifen, dass man Urbanität nicht mit Shopping Malls und Plattenbauten herstellt. Weil es in einer wirklichen Großstadt um das bunte Nebeneinander von Alt und Neu, um Großzügigkeit und Gelassenheit, um die Vielfalt des Lebens geht. Wo wir an diesem Morgen landen, ging es früher ums Überleben. Mit Max und Roland treppauf zur denkmalgeschützten Siedlung Ziegelklinge. 1929 wurde sie an der Sperlingstraße und am Sandweg nach dem Entwurf des Architekten Albert Schieber gebaut. Eine Heimstätte für Tuberkulosekranke; die Patienten konnten hier gemeinsam mit ihren Familien wohnen. Die Heslacher nannten die fünf dreigeschossigen Gebäude »Hustenburg«. Einige auch »Hustenberg«. Beim Blick auf die Häuser am Hang kommt einem der Gedanke an eine Art Heslacher Zauberberg, das Davoser Luxus-Sanatorium aus Thomas Manns Roman.

Die Ziegelklinge wurde nicht für die Reichen gemacht. Bis heute sprechen die Heslacher von der A-Bevölkerung: Ausländer, Arme, Arbeitslose. Und man kennt die B-Seite: die Bonzen-Buckel. Die Luft von Heslach (richtige Aussprache »Häslach«) galt in den zwanziger Jahren als besonders gut. Noch heute strömt sie frisch gekühlt vom höher gelegenen Kaltental herab. Unter den Flachdächern der Ziegelklinge können wir die Balkone sehen, früher die Erholungsplätze der Kranken. 425 Menschen starben 1920 in Stuttgart an Lungentuberkulose – »das waren 11,6 Prozent aller Gestorbenen«, heißt es in Unterlagen der Stadt.

Heute sind in den ehemaligen Krankenheimen Wohnungen untergebracht; mehrheitlich Menschen mit Migrationshintergrund. Die Siedlung ist im Besitz der stadteigenen Immobilienfirma SWSG; das Unternehmen will die Wohnungen seit Jahren sanieren. Der Verfall ist sichtbar. So viel ist sicher: Nach dem Umbau werden die Mieten steigen.

Zurück vom Hustenberg gehen wir ein ordentliches Stück zu Fuß stadteinwärts, kommen vorbei am Bihlplatz, wo gerade die Gaststätte Ochsen renoviert wird. Wir werfen einen Blick in das wunderbare alte Café Schurr an der Böblinger Straße, schauen in etliche leere Schaufenster, wo mal Läden waren. Ein Stück hinter dem Marienplatz, in der Römerstraße, machen wir Rast in der italischen Kneipe Loretta; südlicher Treffpunkt, Tratschsalon, Wohnzimmer. Marktgeile Kapitalismus-Ideologen treffen bei Loretta linke Systemkritiker, man trinkt, quasselt und gestikuliert mit schwäbisch-internationaler Gelassenheit. Allen schmeckt es. Ich glaube, das ist die Heslacher Luft.

Der Musiker

Es war ein schöner, milder Oktobertag, einer, an dem man den Herbst in der Stadt riechen und spüren konnte. Der Plattenladen Ratzer Records am Leonhardsplatz feierte sein dreißigjähriges Überleben. Vor drei Jahren war er von der Paulinenstraße in die Altstadt umgezogen.

Bei einem Jubiläum knallen nicht nur Korken. Es öffnen sich Bilder im Kopf aus einer anderen Zeit. Und ausgerechnet an diesem Tag die Nachricht: Jack Bruce ist tot. Gestorben am 25. Oktober 2014 mit 71 Jahren nach einer langwierigen Leberkrankheit auf seinem Anwesen in Suffolk, England.

Anfang der Achtziger lebte der britische Sänger, Bassist und Komponist zurückgezogen in Nellingen auf den Fildern. Es kommt schon mal vor, dass ein Musiker auf Tour irgendwo hängen bleibt, der Liebe wegen. Nach einem Konzert in der Stuttgarter Liederhalle mit dem Gitarrenstar John McLaughlin hatte Jack Bruce in der Disco AT am Hirschbuckel seine spätere Ehefrau kennengelernt, Margit Seyffer aus Nellingen.

Er gehörte zu der Kategorie Rockstar. Von 1966 an hatte er mit dem Gitarristen Eric Clapton und dem Schlagzeuger Ginger Baker die Band Cream zu Welterfolgen geführt. Die erste sogenannte Supergroup der Rockgeschichte verkaufte 35 Millionen Platten, hatte Hits wie *I Feel Free, White Room, Sunshine Of Your Love,* allesamt geschrieben und gesungen von Jack Bruce. Das bahnbrechende Trio existierte bis 1968, es verhalf vor allem bei ausschweifenden Live-Auftritten Bass, Schlagzeug und Gitarre zu einer neuen Gleichberechtigung.

Wer Jack Bruce auf diese Ära reduziert, wird seinem Schaffen nicht gerecht. Zeit seines Lebens war der

Schotte ein experimentierfreudiger Grenzgänger zwischen den Stilen, arbeitete an vielen ungewöhnlichen Projekten, ist immer gut für überraschende Wendungen.

Als ich ihn einmal in den Achtzigern besuchen durfte, staunte ich nicht schlecht. Er saß am Klavier und sang ein Lied von Franz Liszt: eine Hommage an seine klassische Ausbildung. Er spielte Cello, Klavier, brillierte mit dem E-Bass, mit der Mundharmonika. Mit seiner Improvisationskunst fand er im Jazz so viel Anerkennung wie im Rock, und als Sänger war und blieb er eine Ausnahmeerscheinung.

Als ich an diesem Samstag im Oktober von seinem Tod erfuhr, ging ich zum Regal und legte sein Album *Silver Rails* auf. Erst im Frühjahr 2014 erschienen, spiegelt die Platte das künstlerische Leben des ewig neugierigen Pioniers Jack Bruce mit bewegender Poesie. Die Songs leben von einer so vertrauten wie überraschenden Sicht auf die Dinge, die sich verändern. Ein Spätwerk mit raffiniertem Stilmix. Schon beim ersten Hören dieses Albums war zu ahnen, es könnte das Vermächtnis sein; vorsichtshalber besorgte ich mir Vinyl und CD/DVD gleichzeitig.

An diesem Abend, als der Plattenladen seinen Dreißigsten feierte, kamen die Erinnerungen. 1981 hatte ich Jack Bruce zufällig im Publikum des heute längst vergessenen Ludwigsburger Live-Clubs Metropol gesehen. Einige Zeit später kam mir, von gutem Bier beflügelt, die unseriöse Idee, ihn um einen Gefallen zu bitten. Ich war ein großer Fan und nie zuvor einem Rockstar in einer heimischen Kneipe begegnet. Im Januar 1982 willigte Jack Bruce ein, er war ein freundlicher Mann, und nach kurzen, kollegialen Proben mit Stuttgarter Musikern gab er ein Konzert in Ludwigsburg. Es spielten der Saxofonist Bernd Konrad, der Pianist Georg Dietl, der Gitarrist Hubert Stytz und der Schlagzeuger Jörg Schäfer, damals Musikstudent. Es wurde ein Fest der Freude.

Zwei Monate später gastierte der frühere, schwer gezeichnete Cream-Drummer Ginger Baker mit einem Trio im selben Club (der Besitzer des Ladens war Jogi Bühler; von 1989 an leitete er das Alten Schützenhaus in Heslach und ich organisierte einige Jahre das Programm). Nach langem Betteln kam auch Jack Bruce zu Ginger Bakers Auftritt. Diskret saß er weit hinten, ehe er mir nach einigen Songs befahl, seinen Bass aus dem Auto zu holen. Der Rest war ein tobender Saal. Das Publikum, darunter viele Amerikaner, GIs, erlebte zwei Drittel Cream, bevor sich dreiundzwanzig Jahre später die Band ein letztes Mal für vier Shows in der Londoner Royal Albert Hall wiedervereinigte.

1983 veröffentliche Jack Bruce bei der Stuttgarter Firma Intercord seine Synthesizer-LP *Automatic*. Bald danach zog er mit seiner Frau nach England. Margit Seyffer ist auf seinem letzten, in den berühmten Londoner Abbey Road Studios aufgenommenen Album *Silver Rails* als Produzentin und Songtext-Autorin (»Candlelight«) verzeichnet.

John Symon Asher »Jack« Bruce hinterlässt neben seiner Frau drei Kinder. Er war ein Künstler, der seine Haltung trotz vieler Verlockungen nicht den Moden und dem Geld opferte. *Silver Rails* ist ein Nachlass, wie er schöner und berührender nicht sein könnte. Das Album baut uns eine Brücke, sie reicht weiter zurück als bis in die Achtziger, sie führt uns mitten hinein in die Gegenwart, und sie hat kein Ende.

Der Waldelefant

Ich komme viel herum in meiner Kleinstadt mit Kehrwoche. Als ich zuletzt unterwegs war, hatte keine Sau gekehrt. Auf den Straßen und Gehwegen, sogar in den schwäbischen Vorgärten unserer Migranten lagen abgebrannte Knallfrösche. Zum Jahresende hatten die Leute ein Feuerwerk zu Ehren von Herrn Thierse gezündet: 2013 feierte er seinen 70. Geburtstag. Dann war er endlich so alt, wie er seit Jahrzehnten aussieht.

Ich ging zum Travertinpark in Bad Cannstatt, einer wilden Steinbruchgegend, die den Hallschlag und Münster streift. Ein Abenteuerland für Kleinstädter wie mich und andere Tagediebe mit angemieteten Kehrwöchnern aus der Dienstleistungsbranche. Mit der Bahnlinie 14 angereist, stieg ich am Kraftwerk Münster aus. Dort ragen die berühmten vierzehn Säulen aus Travertinstein gen Himmel. Die Stadt Berlin hatte sie 1936 im Cannstatter Steinbruch für ein geplantes Denkmal zu Ehren des Faschisten Mussolini bestellt. Auserwählt war der Adolf-Hitler-Platz im Bezirk Charlottenburg-Wilmersdorf. Dann kamen ein paar Dinge dazwischen.

Nach dem Zweiten Weltkrieg standen die Travertinsäulen noch immer in Stuttgart, der Berliner Hitlerplatz hieß wieder wie früher Reichskanzlerplatz, und nach dem Tod des ersten Bundespräsidenten der neuen Republik/West weihten die Berliner ihren Theodor-Heuss-Platz ein. So heißt er bis heute, was etwas peinlich ist, weil Herr Heuss – geboren in Brackenheim bei Heilbronn, gestorben in Stuttgart bei Cannstatt – eine Art Schwabe war. Auch er hat Kehrwoche gemacht, den Altnazis trotz seiner eigenen zweifelhaften Vergangenheit regelmäßig eine gewischt – und dem deutschen Beamten einen guten Spruch gewidmet: »Die Pflicht zum Widerspruch ist im Gehalt inbegriffen.« Daran haben sich vor allem unsere Schwestern und Brüder im deutschen Osten gehalten, ehe sie wie Herr Thierse der revolutionären SPD beitraten.

Als Herr Thierse neulich aufdeckte, schwäbische Kolonialisten im biologisch geprägten Kampfmütterbezirk Prenzlauer Berg mampften regelmäßig Wecken statt Schrippen, gelang ihm ein wichtiger Beitrag zur Verteidigung der Frontstadt. Dass die Leute in Berlin schon lange vor Prenzlberg und Theodor-Heuss-Platz einen Stuttgarter Platz ertragen müssen, ist hart genug. Der Stuttgarter Platz wurde als Rotlichtviertel berüchtigt, und weil in dieser Schmuddelecke einst auch das nackte APO-Fleisch der Kommune 1 Schlagzeilen machte, war der »Stutti« bald populärer als die namensgebende Kleinstadt im Süden. Stuttgart kennt bekanntlich keine Hurenhäuser und Kommunarden. Unsere Wecken-Nasen befriedigen sich seit jeher am Anblick frisch geleckter Treppen. Diesen Ruf verdanken wir einem ehemaligen Oberbürgermeister namens Schuster und seinem Versuch, mit seinen Let's-putz-Orgien von den schmutzigen Geschäften im Rathaus abzulenken.

Als ich in jungen Jahren Berlin heimsuchte, bestellte ich bei den Damen vom *Stutti* statt Wecken ein Sändwitsch, und die Freude war doppelt groß. Auch wer heute nach Berlin reist, muss sich nicht als Schwabe zu erkennen geben. Mit zwei, drei Wörtern Englisch kommt man gut durch, seit türkische, persische und Böblinger Kellner erst gar nicht mehr versuchen, schwäbische von anderen internationalen Touristen zu selektieren. Die Parole »We don't speak German« ist in Berliner Heiß-Wasser-Bars so gängig wie bei uns der »Kaffee Togo« (Lautsprache) als Ersatz für schwarzen Bohnenkaffee.

Da wir jetzt bei der internationalen Gastro-Kultur angekommen sind, will ich nicht vergessen, dass im Travertinpark zu Cannstatt große Knochenbruchstücke, Gebiss- und Zahnreste gefunden wurden. Überraschenderweise werden sie nicht Herrn Thierse zugeordnet, sondern einem anderen, mir nicht näher bekannten Waldelefanten, der einst in schwäbischen Gefilden herumtrampelte.

Ein Elefantentritt muss den Sozen Schmiedel gestreift haben, bevor er im Medienwald herumschrie, Thierse sei »durchgeknallt«. In Sachen Durchgeknalltheit kennt sich im schwäbischen SPD-Steinbruch keiner besser aus als Schmiedel. Der S-21-Radikale hat panische Angst, sogar der Berliner Flughafen könnte eher fertig sein als sein Unterweltbahnhof.

Dennoch bitte ich darum, nach jahrhundertelangem Kampf um die deutsche Nation nicht neuerlich den Bürgerkrieg auszurufen. Die schwäbischen Truppen fänden beim Marsch auf Preußen sowieso keine Unterstützung. Die Badener haben mit uns noch einige Rechnungen offen, die Bayern und Hessen würden die vegetarisch ausgezehrten Parteisoldaten und Vasallen des grünen Kretschmann-Regiments mit Hohn und Spott überschütten, und den Österreichern können wir nicht schon wieder einen Anschluss unterjubeln.

Deshalb ist es besser, Herrn Thierse gelingt im Kampf um die Rechte der Schrippen der Endsieg. Damit hätte er alle Errungenschaften der deutschen Sozialdemokratie auf den Punkt gebracht.

Wie in Rom

Es sind viele Menschen in der Stadt, in dieser ersten Juni-Woche des Jahres 2015. Stuttgarter Kirchentag. An vielen Plätzen hat man Wasser- und Spülbecken aufgebaut, damit die Leute ihre Flaschen füllen, ihre kokelnden Rucksäcke löschen und ihre Äpfel waschen können. Viele halten auch ihre Birne unter den Wasserhahn, weil sie so rot ist wie der Uniform-Schal um ihren Hals.

Auch unseren Schiller auf dem gleichnamigen Platz haben die Frommen in eine rote Fahne gehüllt, als spielte er beim VfB, und neben dem Denkmal werden Devotionalien verscherbelt: »Luthersocke«, »Trendbrause«, »Regenbogenfisch-Kette«. Schiller denkt sich wohl mal wieder: »Große Seelen dulden still.«

Ich finde es nicht schlimm oder gar aufregend, wenn viele Leute in der Stadt herumstolpern und merkwürdige Sachen anstellen. Auch dieser Kelch wird an uns vorübergehen. Manchmal ist das Boot eben voll, und die Menschen in Stuttgart haben das Glück, auf dem Weg in die Fremde nicht zu ertrinken wie viele ihrer von Gott vergessenen Brüder und Schwestern.

Es gibt einfache Regeln fern der Heimat. »Wenn du nach Rom kommst«, hat Ambrosius gesagt, »mach es wie die Römer.« Signor Ambrosius von Mailand (339 bis 397) war Politiker, Bischof und einer der wichtigsten Kirchenlehrer; neunhundert Jahre nach seinem Tod wurde er mit dem Ehrentitel »Kirchenvater« ausgezeichnet.

Schwer zu sagen, wie man seinen Rat heute in der allgemeinen Stuttgarter Internationalisierung umsetzen könnte. »Kommst du nach Heslach, Bruder«, müsste es heißen, »mach es bloß nicht wie die Stammheimer und die Waiblinger.«

Aus Furcht vor der hemmungslosen Zuneigung der Jünger Gottes und der Kontakthof-Erotik in den Straßenbahnen verschanzen sich viele Einheimische in ihren Wohnungen. Die Klugen unter ihnen aber erinnern sich an ihre Lieblingsplätze in der Einsamkeit auf den Hügeln fern des aufgeheizten, mit reichlich Glas und Beton versauten Feinstaub-Kessels. Am Bad Berg starte ich zum Joggen durch den Rosensteinpark. Vorbei am Museum, bald darauf den Trampelpfad die Wilhelma-Gehege entlang.

Unterwegs wie Rocky Balboa in Pumphose und Kapuzenjacke, kann ich leider keine Notizen und Fotos machen, ich weiß aber, dass ich auf dieser Tour an Eseln, an Kamelen und einem Vogel Strauß vorbeikomme. Da ich die Strecke schon oft gelaufen bin, habe ich eine gewisse Beziehung zu den Tieren aufgebaut und mir Namen für sie überlegt, falls ich eines Tages mit ihnen sprechen muss.

Es wäre nicht besonders originell, eine Eselin nach einer Bürgermeisterin zu taufen oder ein Kamel wegen des K&K-Stabreims Kretschmann zu nennen. Dem Vogel Strauß dagegen, diesem Typen mit seinem langen Hals und seinen stolzen Federn am Hintern, habe ich einen Namen gegeben. Meistens steht er, um Bewunderung bemüht, wie ein Säulenheiliger herum, nicht wissend, dass nicht nur die Mexikaner gute Cowboystiefel aus ihm machen. Weil ich kein Zoologe bin, kann ich auch nicht sagen, ob es sich bei meinem Strauß um einen Kerl, um eine Sträußin oder eine Transe handelt. Im Gender-Zeitalter, die Kirchenväter werden mir recht geben, ist das wurscht.

Meinen Strauß umgibt die Aura eines dörflichen Popstar-Veteranen, sein Posing ist voll fett, und so habe ich ihn mit Blick auf das Gehabe eines früheren DDR-Pfarrers auf den Namen Gauck getauft. Vor Publikum tut der Vogel stets so, als sei er der Wilhelma-Chef persönlich.

Ich laufe weiter zum Löwentor und über die Stege –
nach den Partnerstädten Lodz, Brünn und Bombay benannt – zum Wartberg, dieser in Wirklichkeit wunder-
schönen Talmulde mit dem Egelsee in der Mitte. In dieser Naturschutzlandschaft, wegen ihrer Skulpturen auch
als »Kunststation« ausgeschildert, herrscht eine einzigar-
tige Stille. Immer wenn ich den Teich umrunde, fühle ich
mich flink und schwerelos wie das sagenhafte Renn-Tier
Strauß, das vor meiner Zeit wohl fliegen konnte.

Flugs fliege ich zurück, noch kurz hinunter zum Neckar
und dann zur Selbstreinigung ins Mineralbad Berg. Die
Hamburger *Spiegel online*-Redaktion hat das Berg den
Kirchentagsgästen als Ausgeh-Tipp empfohlen: »Hier
müssen Sie hin.« Auch hoch im Norden sollte man
wissen, dass das Berg ein heiliger Stuttgart-Ort ist, ohne
Zutritt für Uniformierte mit Sturmgepäck. Weshalb ich
Rache geschworen habe: Beim nächsten Hamburger Ha-
fenfest werde ich im Netz die Nachricht verbreiten, bei
Spiegel online gebe es Freibier mit Fisch: »Da müssen
Sie hin!«

Im Berg findet der Gast nicht nur das beste Wasser der
Welt, eine paradiesische Parklandschaft und unzählige
Vögel, noch schräger als mein Gauck. Wir begegnen
auch den beiden Damen und dem Knaben aus der Skulp-
turen-Werkstatt des heimischen Bildhauers Johann Hein-
rich Dannecker. Als Johann Wolfgang von Goethe 1797
Dannecker in Stuttgart traf, hat er sich trotz einer einige
Jahre früher erlittenen Wanzen-Attacke in der Stuttgarter
Herberge Römischer Kaiser von dem Bildhauer mit den
Worten verabschiedet: »Nun habe ich Tage hier verlebt,
wie ich sie in Rom lebte.«

Sag' ich doch: Kommst du nach Stuttgart, mach es wie
die Römer. Oder worauf du sonst noch scharf bist, coole
Luthersocke.

Achter Dezember

Es hatte wohl heftig geschneit in Stuttgart, als David Chapman in New York City John Lennon erschoss. So genau kann ich mich nicht erinnern. Wer kann sich schon an 1980 erinnern. Es war damals nichts los in der Stadt. Man hatte gerade die B-Promi-Disco Perkin's Park eröffnet.

Am Morgen des 9. Dezember klingelte mein orangefarbenes Telefon. Das Telefon hatte eine lange Schnur, damit es auch die beiden anderen Typen in ihren Zimmern meiner WG benutzen konnten. An diesem Morgen stand das Telefon neben meiner Matratze. Ein Bettgestell hatte ich nicht. Man konnte nie wissen, ob es nicht besser wäre, die Matratze zu schnappen und die Wohnung zu wechseln.

Am Telefon war ein Bekannter, den ich nicht leiden konnte. Einer dieser Schöngeister, die all die Jahre immer die Beatles gehört hatten, nie die Rolling Stones, nie King Crimson, die Ramones. Er war einer, der Jimmy mit zwei m und y schrieb. Der Typ am Telefon sagte, man habe John Lennon erschossen und er eine Menge dazu zu sagen.

Es wäre gelogen, würde ich behaupten, ich sei schlagartig hellwach geworden. 1980 war ich morgens selten wach und schlagartig nur, wenn der Gerichtsvollzieher vor der Tür stand, weil die Herren Mitbewohner ihre Rechnungen nicht bezahlt hatten. Oder wenn die Polizei kam und sagte, der Vermieter habe einen Terroristen gesehen. Der Vermieter war etwas nachtragend, er vermisste Adolf Hitler.

Manchmal schaute ich morgens nervös vor der Haustür nach, ob mein alter orangefarbener BMW 2002 auf dem

Parkplatz stand. Manchmal klaute mir einer der Herren Mitbewohner nachts den Schlüssel aus der Hosentasche und fuhr mit meinem orangefarbenen BMW Damen spazieren.

Die Sache mit John Lennon war ein Schock. Eine Niederlage. Es waren schon viele Rockstars zu früh gestorben. In der Regel aber bei einem Motorrad- oder Autounfall, bei einem Flugzeug- oder Drogenabsturz. Man hatte hin und wieder auch gehört, ein Rockstar habe jemanden umgebracht, so wie Sid Vicious seine Freundin Nancy. Dass ein Durchgeknallter einen Rockstar vor seiner Haustür erschoss, war neu und deprimierend. Gerade erst waren die siebziger Jahre mit ihren Kriegs- und Terrorismus-Toten zu Ende gegangen.

Mein erster Gedanke nach John Lennons Tod war, moralisch gesehen, eine Katastrophe. Warum, dachte ich, hat es ausgerechnet ihn erwischt? Und nicht einen der anderen? Lennon war der Gute, nicht irgendein »Ex-Beatle«, wie ihn die Deppen nannten. Er war der Beatles-Extra-Mann, die Super-Solo-Sonderausgabe der sechziger und siebziger Jahre. Lennon kämpfte sogar für die Frauen. Der Pop-Schriftsteller Nick Cohn nannte ihn den »instinktiven Poeten des Proletariats«, und 1980 gab es genügend Provinzler wie mich, die Gänsehaut bekamen, wenn in der Kneipe *Power To The People* lief.

1980 hatten wir in Stuttgart zu wenig Kneipen, wo wir uns über Lennons Zeile »Alle Macht dem Volk« hätten unterhalten können. Deshalb ist nichts daraus geworden. Es existierten damals kaum Live-Clubs. Zwar hatten Jimi Hendrix, die Rolling Stones und die anderen in der Stadt gespielt. Aber die Biotope fehlten, die Nasszellen der Rock'n'Roller.

1980 war weit weg von den Aufbruchszeiten, von den Pop-Experimenten, die ich nicht mitbekommen hatte, weil ich zu jung gewesen war. Auch der Punk schien 1980 längst ausverkauft. Die flirrige, von Größenwahn geprägte Börsen- und Kunstmarkt-Epoche brach an, und am 8. Dezember 1980 fiel der Erzengel John Lennon. Als wäre seine Zeit vorbei gewesen. Biologisch, intellektuell.

Merkwürdig. Ich dachte, John Lennon sei unsterblich. Einer, der den Helden der arbeitenden Klasse besang, konnte man nicht einfach auf der Straße erschießen. Ich hielt ihn ja für ein Rock'n'Roll-Genie. Und er hatte alles getan, um sich bei seinem globalen Paarlauf mit Yoko Ono über ein Menschenleben hinaus als Lebenskonzeptkünstler selbst vorzuführen.

Womöglich aber war dieses politisierte Pop-Art-Unternehmen John Lennon nicht so läppisch, wie mancher heute denkt. Immerhin hatte der kriminelle US-Präsident Nixon John Lennon offiziell zum Staatsfeind ernannt, weil der Rockstar mit großem Engagement und viel Risiko die amerikanische Bürgerrechtsbewegung unterstützte.

Wenn ich ehrlich bin (ehrlich ist ein verlogenes Wort), hatte ich 1980 noch so gut wie nichts begriffen von den Dingen, die Bob Dylan, Jimi Hendrix, John Lennon und all die andern längst erledigt hatten. Und ich war sehr aufgeregt, als mir einmal in den Achtzigern in der Mausefalle, einem kleinen Club auf Zeit in der Tübinger Straße, John Lennons Freund, der legendäre Bassist und Grafiker Klaus Voormann aus Hamburg, begegnete. Der wusste verdammt viel.

Immer noch bin ich dabei, mir ein Bild zu machen von allem, was ich früher falsch eingeschätzt oder nicht erkannt habe. Anders wäre es nicht möglich, die Dinge zu begreifen, die heute laufen. Wenn man John Lennons Beatles-Song *Strawberry Fields* hörte, war etwas Geheimnisvolles zu spüren. Nicht umsonst trug auch eine LSD-Version diesen Namen. Entsprechend seltsam war es für mich später in den Achtzigern, vor der kleinen Gedenkstätte namens Strawberry Fields in Manhattan zu stehen, drum herum das für mich viel zu große New York.

Erst viele Jahre später habe ich wieder angefangen, Platten zu kaufen, erst CDs und dann Vinyl. Irgendwann waren zwei Scheiben von John Lennon/Yoko Ono darunter, die Songs hatte ich zuvor nur teilweise oder überhaupt nicht gekannt. Es sind gute Songs. Und im Zeitungsarchiv fand ich im Dezember 2010 den Artikel, den ich dreißig Jahre zuvor getippt hatte, nach dem Katergespräch an meinem orangefarbenen Telefon. Der Schlusssatz lautete: »Der Rock'n'Roll hat einen guten Mann verloren.«

Am Ufer

Mir kommt es ja selbst etwas merkwürdig vor, wenn einer tagaus tagein in einem engen Tal herumgeht und Notizen macht, als sei dieser Kessel der Nabel der Welt. Ja, manchmal ist es schön. Wenn wie jetzt der Sommer im Schlaf gestorben ist und uns warmen Regen und metallic schimmerndes Herbstlicht hinterlassen hat. Was aber sieht man schon beim Herumgehen. Kriegsforscher berichten von 45 Kriegen, die zurzeit auf der Erde ausgetragen werden. Nur über wenige erfahren wir etwas, nur ein paar nehmen wir wahr, weil man uns aus Quotengründen weiszumachen versucht, alle anderen Toten seien nicht der Rede wert.

Beim Blick auf die Lage frage ich mich, ob es nicht absurd ist, mich pausenlos mit Dingen zu beschäftigen, die sich in der halbwegs friedlichen Abgeschiedenheit einer kleinen, an jeder Ecke von Baumaschinen besetzten Stadt voller Autostaus abspielen.

Dann komme ich an der Russischen Kirche zwischen West und Nord vorbei, an der Synagoge im Hospitalviertel in der Innenstadt, an der Moschee in Feuerbach. Überall gehen Menschen ein und aus, Menschen, die den Krieg in ihrer Heimat anders erleben als unsereins vor dem Flachbildschirm. Menschen, über die wir mehr vermuten, als wir wissen. Oft ist es gut zu wissen, was für Leute sich in einer russisch-orthodoxen Kirche zusammentun, bevor wir ihnen auf einer Kundgebung gegen Schwule und Lesben begegnen.

Die große Welt wird jeden Tag kleiner, nicht nur am Computer. Du begegnest ihr überall in einer kleinen Stadt, die ein Bundesland regiert, wo man massenhaft Waffen für die Kriegstreiber und Kriegsprofiteure auf der ganzen Welt produziert. Die Feuerbacher Moschee steht im türkischen Quartier an der Mauserstraße, benannt nach den Gründern der Waffenfabrik in Oberndorf am Neckar. Auf den Namen Mauser getauft wurde die Straße 1937 von den Nazis. Bald darauf arbeiteten 300 Zwangsarbeiter bei Mauser. Der Name der Straße ist geblieben, wie vieles geblieben ist, als angeblich alles vorbei war. Und heute wundern wir uns über Rassismus und Fremdenhass, über die vielen Nazis im Land.

Ich erzähle diese Dinge nicht, weil ich im Kessel auf den Spuren des Kriegs unterwegs war. Mir fällt nur auf, wie weit die Gedanken an manchen Tagen in die Welt hinauswandern beim Herumgehen in der eigenen Stadt.

Als ich genug hatte von der Augustschwüle im stickigen Kessel, fuhr ich mit der Straßenbahnlinie 4 von der Russischen Kirche zum Bahnhof Untertürkheim. Davor, als Anhängsel eines Straßenwirrwarrs, ist der Karl-Benz-Platz, eine für seinen Namensgeber so unwürdige Anlage wie ein Schlagloch namens Daimlerplatz in Cannstatt. Mit Plätzen im städtebaulichen Sinn haben solche Unorte nichts zu tun, und wenn heute einer vom Daimlerplatz spricht, dann nur wegen der frei schwirrenden Papageien, die sich an diesem Ort gute Nacht sagen wie sonst Fuchs und Hase auf dem Killesberg. Zum Glück lenken sowohl vom Daimlerplatz als auch vom Benzplatz schöne Bäder ab, im ersten Fall das Cannstatter Mineralbad am Kurpark, im zweiten das Untertürkheimer Inselbad zwischen dem Neckar und seinem Nebenarm, dem Daimler-Kanal.

Meine Neugier an diesem Tag galt der Nachbarschaft des Inselbads, dem fabrikähnlichen Gebäude mit dem Hallenbad und dem Domizil der Stuttgarter Rudergesellschaft. Im vergangenen Jahr ist in dieses Haus das Cassiopeia eingezogen, ein Bio-Restaurant, das zuvor auf der Waldebene Ost beheimatet war. Eine der Terrassen mit ihren Holz- und Korbmöbeln erinnert an einen Trödel-laden. Gleich in der Nähe die Anlegestelle für die

Rudersportler. Von der großen Terrasse aus kann man zwischen den Büschen einen Streifen Neckarwasser sehen, von der kleinen an der Rückseite des Gebäudes den Nebenarm. Als ich am Vormittag zu Fuß anlege, ist Hölderlins »bläulich glänzende Silberwelle« bräunlich verfärbt vom Regen der Vortage. Aber er glitzert, der Neckar.

Das Restaurant Cassiopeia wurde nach einer Schildkröte, der Wächterin der Zeit aus Michael Endes »Momo«, benannt. Auf der Karte stehen Rostbraten und Tafelspitz für Blutrünstige, Linseneintopf mit Räucher-Tofu für Vegetarier, Nussbraten mit Gemüse für Veganer. Bei Gelegenheit muss ich die Wirte fragen, wie es um die Koexistenz der kulinarischen Glaubensrichtungen am Ufer bestellt ist. Auf dem Terrain der Ernährungsbräuche gibt es bekanntlich extrem hart geführte Kriege zwischen Tier- und Pflanzenkäuern, auch wenn die Mehrheit der Kombattanten nicht Produkte à la Mauser, sondern die fürchterlichen Waffen der Rechtschreibung und Grammatik in asozialen Netzwerken wie Facebook auffährt.

Mir gefällt das Wirtshaus an der Inselstraße schon deshalb, weil ich froh bin um jeden belebten Ort am Neckar. Im Reiseteil der *FAZ* habe ich einen Artikel gelesen, eine kluge Auseinandersetzung der Autorin Andrea Diener mit »Städten, die ihre Flüsse lieben, und solchen, die sie am liebsten einbetonieren würden«.

Die Lebenserfahrung zeige, heißt es in diesem Text, »dass in Städten, die sich ihren Flüssen zuwenden, die Bewohner neugierig sind und immer ein bisschen Fernweh haben«. Diese Zeilen unterschreibe ich, vor allem seit mich mein Fernweh dazu getrieben hat, todesmutig in einem Kajak von Cannstatt nach Hofen zu paddeln. In dem Zeitungstext heißt es weiter, das Flussufer sei einer der wenigen Orte, »von denen aus eine Stadt sich selbst betrachten kann«.

Diese Beobachtung erklärt uns die Stuttgarter Ignoranz

des Neckars. Genügend Rathausleute haben gute Gründe, sich nicht selbst zu betrachten, schon gar nicht im Wasserspiegel. Den Fluss würden sie nur wahrnehmen, könnten sie in seinem Bett ein Immobilienprojekt mit Luxus- und Einkaufskram hochziehen. Dafür würden sie jederzeit ein Kriegsschiff mit Neckarwasserwerfern vom Stapel lassen.

Ich hoffe, es gibt noch ein paar Neugierige am Ufer unseres Flusses.

Ermordet, totgeschwiegen

Am 9. April 1945, vor siebzig Jahren, haben die Nazis im KZ Dachau den schwäbischen Widerstandskämpfer Georg Elser ermordet. Mir ist nicht bekannt, dass die Landesregierung an diesem Tag ihre Wahlwerbungspolitik für eine Ehrung des Hitler-Attentäters unterbrochen hätte. Geschichtsbewusstsein, die Auseinandersetzung mit dem Rechtsextremismus, steht nicht auf der Agenda ihrer Einflüsterer.

Das Herumgehen ist eine spannende Sache, auf Schritt und Tritt begegnet man Stadtgeschichte. Einen Teil der folgenden Geschichte verdanke ich wieder mal Kommissar Zufall. Diesmal allerdings in Gestalt eines echten Bullen.

Der ehemalige Vize-Polizeipräsident Michael Kühner, 67, ist im Westen der Stadt aufgewachsen, in der Lerchenstraße 52. Sein Vater, in der Gegend von Heilbronn geboren, war früher als Schiffsmechaniker zur See gefahren und danach in die Fremdenlegion eingetreten. Dort ließ er sich zum Fechtmeister ausbilden und heuerte später als Trainer in Stuttgarter Sportvereinen an.

Wir treffen uns in der Nähe von Kühners Elternhaus, im ehrwürdigen Café Stöckle gegenüber vom Arbeitsgericht. Der ehemalige Kriminalbeamte hat das 2015 eröffnete Polizeimuseum in der Hahnemannstraße mitbegründet und viele Jahre mit Recherchen über die Nazi-Diktatur verbracht. Aber erst 2007, beim Herumblättern in einem Buch, hat er erfahren, mit wem er einst unter einem Dach gewohnt hat. Wer der Onkel seines Schulkameraden Karl-Heinz war.

Das Back- und Sandsteingebäude Lerchenstraße 52 hat den Krieg nahezu unversehrt überstanden. Bis Ende der fünfziger Jahre wohnten im inzwischen abgerissenen Hinterhaus der Metzger Karl Hirth, seine Frau Maria, ihre Söhne Franz, geboren 1928, und Karl-Heinz, geboren 1948. Die Hirths waren in den dreißiger Jahren nach Stuttgart gezogen. Maria war eine von drei Schwestern des Hitler-Attentäters Johann Georg Elser. Er wurde 1904 in Hermaringen geboren, aufgewachsen ist er in Königsbronn am Brenz-Ursprung bei Heidenheim.

Kein Wort, sagt Kühner, habe man je im Haus über Elser verloren. Weder die Eltern noch die Nachbarn: Keiner hat den Namen erwähnt, nie wurde auch nur angedeutet, dass Maria Hirth die Schwester des Widerstandskämpfers war. Alle taten so, als wüssten sie nichts. In Wahrheit hatten die Leute in der Lerchenstraße alles mitbekommen.

Am 6. November 1939 besucht Georg Elser seine drei Jahre jüngere Schwester in Stuttgart. Er übernachtet in der Wohnung, nachdem er mit seinem Schwager in einer Kneipe am Bahnhof ein Bier getrunken hat. Maria gibt ihm dreißig Reichsmark für eine Fahrkarte. Er sagt, er wolle »über den Zaun«, in die Schweiz. Warum, sagt er nicht. Als er am 7. November geht, hinterlässt er in der Lerchenstraße einen Koffer mit Spezialmeißeln, Bohrern, Zeichnungen. Elser ist Kunstschreiner, ein begabter Tüftler.

Am 8. November 1939 um 21.20 Uhr detoniert im Münchner Bürgerbräukeller eine Bombe, gezündet von einem Uhrwerk. Georg Elser hat diese »Höllenmaschine«, wie man sie später nennt, gebastelt und in Nachtschichten in eine Säule eingebaut. Er will Hitler töten. Aufgrund des schlechten Wetters verlässt der »Führer« 13 Minuten früher als geplant den Saal. Sein Flugzeug wartet. Die Bombe geht zu spät hoch, tötet acht Menschen. Elser hat man bereits vor der Explosion an der Schweizer Grenze verhaftet. Er gesteht. Nach dem Überfall der Wehrmacht auf Polen, sagt er in den Verhören, habe er weiteres Blutvergießen verhindern wollen. Wenige Tage später werden Maria Hirth und ihr Mann von der Gestapo festgenommen. Ihre Wohnung wird durchsucht, der Koffer gefunden. Sie werden nach Berlin gebracht, der Gestapo-Chef Heinrich Müller verhört sie. Der elfjährige Franz wird nach der Schule von der Gestapo abgeholt, muss stundenlang beim Pförtner der Stuttgarter Gestapo-Zentrale im früheren Hotel Silber warten, bevor man ihn im Waisenhaus in der Türlenstraße abliefert.

Eine weitere Schwester Elsers, Anna, lebt damals mit ihrem Mann Fritz Hangs in Zuffenhausen. Am 13. November werden beide festgenommen und ins Gefängnis in der Büchsenstraße gesperrt. Anna Hangs wird erst nach einer Woche verhört und mit ihrem Mann nach Berlin gebracht. Auch weitere Familienmitglieder auf der Ostalb, darunter Elsers Bruder Leonhard und die Schwester Friedrike Kraft, werden in Stuttgart inhaftiert. Es gilt als sicher, dass die Nazis sie vor dem Weitertransport nach Berlin im Hotel Silber verhörten. Ende November 1939 werden sie freigelassen, einen Beweis für eine Mittäterschaft gab es nicht.

1989, fünfzig Jahre nach Georgs Elsers Attentat, fuhr ich nach Königsbronn, begleitet von meinem Vater Hans. Er wurde 1914 in Königsbronn geboren, und ohne ihn hätte keiner im Dorf mit mir über Elser geredet. Erst wenn sie meinen Vater erkannt hatten, kam es zu Gesprächen mit Zeitzeugen, auch mit Leonhard Elser. »Den Stauffenberg ehren sie jedes Jahr«, sagte er, »den Georg nie.«

Der Widerstandskämpfer Elser, ein einsamer Held aus dem Proletariat, blieb in Deutschland jahrzehntelang fast unbekannt. Erst ermordet, dann totgeschwiegen. Man wollte nicht wahrhaben, dass ein einfacher Mann in der Lage war, etwas gegen die Nazis zu unternehmen.

Nach dem 50. Jahrestag des Attentats änderte sich langsam etwas. Ein Film des Regisseurs und Schauspielers

Klaus Maria Brandauer, »Elser – einer aus Deutschland«, zeigte Wirkung. Ich hatte damals Gelegenheit, mich mit Brandauer zu unterhalten. Auch mit ihm hatte keiner reden wollen in Königsbronn. »Die Leute gingen mir aus dem Weg, sobald der Name Elser fiel«, sagte er. Es dauerte noch einmal zehn Jahre, ehe die Stadt Stuttgart Georg Elser eine Staffel widmete, 1999 in der Nähe der Villa Reitzenstein und der Richard-Wagner-Straße, die vor den Nazis Heinrich-Heine-Straße geheißen hatte.

Mit dem ehemaligen Polizisten Michael Kühner gehe ich in den Hinterhof der Lerchenstraße 52. Er weiß noch, wo unten im Haus ein Schuster gearbeitet hat, durch welches Fenster die Kohlenrutsche in den Keller führte. Elser war Kommunist, sagt Kühner, und mit Kommunisten wollten die Leute auch nach dem Krieg nichts zu tun haben.

Nur mit uns

Auf Papier gedruckte Buchstaben gelten heute als so zeitgemäß wie die Rauchzeichen der Indianer oder die Buschtrommeln der Afrikaner. Als unsereins im Zeitungsgeschäft anheuerte, war schwer abzusehen, dass der Papiertiger innerhalb weniger Jahrzehnte etwa so unverzichtbar werden könnte wie der Seifensieder, der Scherenschleifer oder der SPD-Politiker.

Als ich im Papierlager anfing, fuhren viel weniger Züge als 2013, und sie fuhren pünktlich, wenn sie nicht von Indianern überfallen wurden. Bezeichnend, dass die Eisenbahner heute noch exakt dieselben Weichen stellen wie ihre Kollegen vor hundert Jahren, als der Soze August Bebel das Zeitliche segnete. Die Machthaber von heute wehren sich mit Händen und Füßen dagegen, die Zusammenhänge zwischen den uralten, nie ausgewechselten Weichen der Bahn und den gegenwärtigen Verkehrskatastrophen zu sehen.

Es hat auch gar nichts miteinander zu tun, dass Schulgebäude nicht renoviert werden können, während bei Immobilien- und Bankenspekulationen Steuern in Milliardenhöhe vernichtet werden. »Verschiedene Töpfe«, brüllt der Politiker und hängt ein Plakat auf, das uns die wirtschaftlichen Zusammenhänge erklärt:

»Damit Deutschland stark bleibt. Nur mit uns. FDP«.

Es wäre naiv, die Wahlplakate, die jetzt wieder die Stadt verschandeln, allein als Zeugnisse vollendeter Inhaltsleere zu veralbern, auch wenn es einen beim Blick auf die SPD-Pappe juckt: »Im Alter nicht leer ausgehen«. Nein, Oma nimmt zur Senioren-Party künftig ihre dicke Geldbörse mit.

Die Propaganda des aggressiven Nichts, der kampflose

Wahlkampf, hat Methode und viel damit zu tun, was der Schriftsteller Hans Magnus Enzensberger in einem *Spiegel*-Essay als »Terror der Reklame« beschrieb. Als Spaziergänger im Papiergeschäft war es früher mühsam, sich einen Überblick zu verschaffen. Weil ich noch kein Taschentelefon mit Knipsfunktion besaß, musste ich die Plakatsprüche der Parteien in einem Buch notieren. Heute bräuchte ich weder Buch noch Knipser. Der Reklame-Terror breitet sich im Internet aus. Dennoch lohnt sich im Digital-Zeitalter das Herumgehen in der Stadt mehr denn je. Man erkennt Zusammenhänge. »Sparer schützen – nicht Spekulanten«, lese ich auf einem SPD-Poster am Hölderlinplatz, während der Blick auf die Werbung der hoch subventionierten BW-Bankfiliale gegenüber fällt: »Machen Sie sich die Bank, wie sie Ihnen gefällt.« Ich hole schon mal den Bulldozer.

Weiter zur Grünen-Reklame um die Ecke: »Mensch vor Bank. Und du?« Neben der Schrift das Foto eines zornig blickenden Mannes mit Bart und dicken Lippen. Klassische multikulturelle Tresorknackervisage aus den Tagen, als noch Bares im Geldspeicher lag. Die Duz-Nummer der Grünen geht über alle biologischen Grenzen. Neben auffällig vielen Kindergesichtern und saudummen Sprüchen wie »Hello Kita. Und du?« oder »Meine Mudda wird Chef. Und du?« ist auch ein Kuhkopf mit herausgestreckter Zunge zu sehen, der Text dazu lautet: »Was der Bauer nicht kennt, fress ich nicht. Und du?« Ich? Bin nicht mit jeder dummen Mudda-Kuh per du.

Im Reklame-Terror auf der Straße liest sich der Slogan des CDU-Kandidaten Stefan Kaufmann wie eine Drohung: »Weiter für Stuttgart«. Die benachbarte Hofbräu-Reklame aus dem Heimatkundebuch passt dazu: »Fürs Leben gern ein Stuttgarter«. Fast hätte ich in diesem Zusammenhang die Parole vom grünen Onkel Cem vergessen: »Für Stuttgart nach Berlin«. »Für Stuttgart in die Wüste« wäre mir lieber.

Polternd fallen vergleichsweise die Sprüche der Linken aus: »Statt Flaschen sammeln: 1050 Euro Mindestlohn!« Weiß nicht, ob ich nach dem Ende des Papiergeschäfts nicht besser vom Dosenpfand lebe. Rätselhaft die Forderung der Piraten: »Suchtpolitik statt Drogenkrieg«. Wie Suchtpolitik funktioniert, dafür hat der FDP-Kandidat Dirk Niebel eine Nase: »Klare Linie«.

Und immer schön den liberalen Kurs halten: »Lieber einkaufen als einparken« – diese Zeile unter dem Foto einer jungen, freizügig verpackten Frau ist nicht auf Brüderles FDP-Mist gewachsen. Urheber sind die Nahverkehrs-Kreativen der SSB, die das Gedöns der Partei-Reklame an den Straßenbahnhaltestellen mit ihrem Slogan auf den Punkt bringen: »Hier verpasse ich nichts«. Und tschüs.

In den Bergen

Neulich bin ich in einer Woche zweimal zur Stadtgrenze vorgedrungen, es waren aufregende, geografisch ausschweifende Ausflüge. Diese Trips haben nichts damit zu tun, dass ich mich in der jüngeren Vergangenheit als Schreibknecht eher selten zu Wort gemeldet habe. Das war die Bronchitis. Aber auch ohne mein Zutun verschmutzen tagtäglich reichlich Buchstaben die Welt, und ich kann jedem nur raten, gelegentlich den Blick zu heben und hinauszugehen an die Stadtgrenze, nach Uhlbach.

Seltsamerweise erinnere ich bis heute, wie ich während der Stuttgarter Leichtathletik-WM 1993 im Schlepptau einer sprachbegabten Kollegin mit einer Gruppe Italiener nach Uhlbach kam, und diese Leute bei der Ankunft schwärmten, sie kämen sich vor wie in der Toskana. So weit habe ich damals noch nicht gedacht. Ich wusste nur, dass man von einem guten Platz aus im Neckarstadion, dem Schauplatz der WM, hinaufschauen konnte zur Grabkapelle auf dem Württemberg, hoch über Uhlbach, knapp unter den Wolken. Und davon hatte ich nur gehört, weil es der Sportreporter und Schriftsteller Hans Blickensdörfer in den poetischen Ausschweifungen seiner VfB-Berichte erwähnte.

Wie klein die deutsche Großstadt Stuttgart doch ist. Die meistens Stadtgrenzen erreicht man von der Ortsmitte aus in weniger als einer halben Stunde mit öffentlichen Verkehrsmitteln. So lange braucht man in richtigen Metropolen, um einen Boulevard oder den Marktplatz im Eilschritt zu überqueren. In Uhlbach, am Rande von Esslingen, ist man blitzschnell, wenn man mit der S-Bahn nach Obertürkheim fährt und am Bahnhof in den 62er-Bus nach Uhlbach steigt. Ich empfehle diesen Kurzausflug dringend. Auf keine andere Art blickt man so frontal ins wahre Gesicht Stuttgarts.

Uhlbach ist weithin bekannt als Weindorf, und in der jüngeren Geschichte haben die Wengerter alles getan, ihre Erzeugnisse zu veredeln. Ich erlaube mir nicht, mich in die neue Rebenkultur einzumischen. Das überlasse ich Leuten, die ihre Nase minutenlang in das kreisende Weinglas zwischen ihren Pianistenfingern stecken. Dafür kann ich berichten, dass ich im Collegium Wirtemberg, dem Zusammenschluss der örtlichen Weinbauern, aufgeschlossene, angenehme Zeitgenossen getroffen habe.

Ich bin in Uhlbach herumgegangen, in nach Trollinger, Riesling und Sylvaner benannten Straßen, hab im Ochsen die berühmten Brätknöpfle mit Kraut gegessen und mit der Wirtin die Stuttgarter Weltlage besprochen. Im Weinmuseum mitten im Dorf, mit seinen historischen Fachwerkhäusern und der 500 Jahre alten Andreaskirche, habe ich eine Gruppe amerikanischer Ausflügler getroffen. Das alles sind touristische Erfahrungen. Folklore. In mein Notizbuch habe ich schließlich gekritzelt, was Uhlbach spirituell, also horizontmäßig einzigartig macht.

An dem topografischen Gebilde dieses Weindorfs erkennen wir so gut wie sonst nirgends die Geschichte und den Charakter Stuttgarts. Uhlbach öffnet sich mir wie ein von Dichter- und Malerhand erschaffenes Miniaturmodell der Stadt. Eingebettet in Natur, umgeben von Hügeln und Weinbergen, im Kessel von den rauesten Winden verschont, der Himmel nah über dem Württemberg im benachbarten Rotenberg. Diese Landschaft zeichnet ein Bild davon, wie Ganz-Stuttgart geschaffen ist und wie dumm, unwissend und roh die Immobilien-Dealer diese Topografie zerstören.

Der Flecken Rotenberg mit der berühmten königlichen Grabkapelle hoch über Uhlbach ist ein politisches Anhängsel von Untertürkheim. Uhlbach gehört zu Obertürkheim. Bei gutem Wetter kann man auch von Uhlbach aus die 1962 ohne Rücksicht auf die Natur erbaute Villa des einst berühmten Musikers Karl Münchinger sehen, in den Weinbergen am Rande Rotenbergs. Der Dirigent (1915 bis 1990) hat nach dem Krieg das später weltbedeutende Stuttgarter Kammerorchester gegründet und geleitet. Weiß der Teufel, warum – aber unter den Weinbergen geht zurzeit das Gerücht um, die Villa-Immobilie sei im Visier eines Swingerclubs. Um Irrtümern vorzubeugen: Branchenübliche Swingerclubs haben nichts mit der Musik von Glenn Miller oder Paulchen Kuhn zu tun. Sie sind Triebhäuser für unrhythmisch gelenkten Orchester-Sex. Wie gesagt, ein Gerücht zur Fasnetszeit.

Dann ging es hinauf zur Waldschenke Sieben Linden, auf die Weinberggipfel, Adresse Finsterklinge. Es lag noch Schnee, man fühlt sich beinahe wie in einem Wintersportgebiet. Im Garten des Ausflugslokals mit seinem Holzambiente war der Tannenbaum Anfang Februar noch weihnachtlich geschmückt, im Innern hing bereits die Fasnetsdekoration. In der Gaststube war es gemütlich warm, die Fleischküchle mit Kartoffelsalat schmeckten ausgezeichnet. Vermutlich sind die vom schwäbischen Weingeist beseelten Wirtsleute bis heute vom Milliarden-Geschacher der EU-Banditen verschont geblieben. Die Pächterfamilie der Sieben Linden heißt Katranis, und so ging ich mit der Gewissheit ins Tal zurück: In Uhlbach funktioniert die griechische Wirtschaft einwandfrei.

Herr Fußball

Kurz bevor das Jahr 2012 zu Ende ging, schickte er seiner Familie und seinen Freunden eine E-Mail. Er wünschte uns »ein erträgliches Jahr 2013« und machte uns Mut: »Müssen wir uns von allem und jedem in Beschlag nehmen, gar bedrängen und beeinträchtigen lassen? Wir müssen nicht! Machen wir uns also frei von allem, was wir nicht beeinflussen können, und konzentrieren wir uns auf jene Themen, die uns direkt angehen und auf die wir einwirken können.«

Bis hierher ging es um eine Anstiftung zum Denken, danach um die Konsequenzen: »Machen wir uns aber auch klar, dass sich dicke Bretter nur im Zusammenwirken mit vielen bohren lassen. Dürfen wir nicht dankbar sein, dass Politiker und Geldhaie zuverlässig dafür sorgen, dass unser Adrenalinspiegel uns vor Lethargie bewahrt? Wo unsere Zukunft und die unserer Kinder tangiert ist, sind wir gefordert.«

Eigentlich bin ich nicht berechtigt, diese Sätze aus privater Post in der Zeitung zu zitieren. Es geschieht jedoch im festen Glauben, der Urheber werde es mir verzeihen. Wir kennen uns seit fast vierzig Jahren, und da ist einiges möglich, ohne dass gleich der Adrenalinspiegel steigt.

Den Silvesterbrief hat er an seinem Laptop mit einer sogenannten Mund-Maus geschrieben. Man nennt dieses Werkzeug auch Integramouse; die Gebrauchsanweisung liest sich so: »Die Integramouse erlaubt es dem Benutzer, mit dem Mund alle Funktionen einer Computermaus zu aktivieren. Mausklicks mit der linken oder der rechten Maustaste werden durch Luftdruckveränderungen in der Mundhöhle und damit im Mundstück ausgelöst. Ein minimales Saugen oder Blasen genügt.«

Mit dieser Technik schreibt seit geraumer Zeit der Journalist Bruno Bienzle. Fehlerfrei. Elegant wie eh und je. Bis zu seinem Rentenantritt 2006 hat er jahrzehntelang als Redakteur bei den *Stuttgarter Nachrichten* gearbeitet, war unter anderem Sportchef und Lokalchef. Eine Figur der Stadt. Im Oktober 2009, bei einem Routineausflug mit seinem Fahrrad in der Nähe seines Hauses in Nürtingen, hatte er einen Unfall. Seitdem ist er vom Hals abwärts gelähmt. Das Unglück ist schwer fassbar. Keine Fremdeinwirkung. Eine falsche Bewegung.

Die Literatur kennt diesen Moment des »Was ist, wenn...«, diesen schicksalhaften Bruchteil einer Sekunde, der darüber entscheidet, wie sich die Dinge ändern. Bruno Bienzle hat sich mit diesem Bruchteil einer Sekunde auseinandergesetzt und das Unvorstellbare akzeptiert. Eine Freundin sagte neulich, sie benutze ein Wort seit jeher eher skeptisch, in diesem Fall aber ohne Bedenken: Bruno Bienzle, sagte sie, sei »ein Held«.

BB, wie ihn die Kollegen nennen, ist einer aus Stuttgart. 1943 in der Stadt geboren und aufgewachsen. Belesen, gebildet. Ein präziser Denker. Er kann einem die Phasen seines Zustands unaufgeregt, beinahe distanziert erklären. Es gibt Hochs und Tiefs in seinem Leben. Wochen, wo er im Rollstuhl sitzen kann. Wochen, wo er nur liegen kann. Es gibt Zeiten, in denen die Lähmung von schmerzhaften Beschwerden begleitet ist. Tage, an denen es hart ist, das Wachsein zu ertragen. Nächte, in denen keine Hoffnung besteht auf Schlaf.

Bruno Bienzle hat eine große Familie, seine Frau Annerose ist bei ihm, vier Kinder halten zu ihm. Wenn er darüber nachdenkt und spricht, worauf er sich konzentrieren muss, was er beeinflussen kann, wozu das Leben ihn herausfordert, denkt er an seine Familie. Familie bedeutet Leben in der Gemeinsamkeit. Ist die Gemeinsamkeit bedroht – womöglich aufgrund politischer Machenschaften – muss man etwas dagegen tun. Bruno Bienzle hat deshalb das Schreiben nie aufgegeben. Und er weiß verdammt viel, er besitzt dieses Elefantengedächtnis, den Speicher mit den guten Geschichten. Er beschäftigt sich mit Politik, mit Kultur, mit Sport, sieht die Zusammenhänge. Und er verkörpert die Geschichten, die ihm gefallen. Nie habe ich die Abende vergessen, an denen ihn die schwäbische Wirtin der Weinstube Widmer in der Altstadt mit den Worten begrüßte: »Grüß Gott, Herr Fußball.«

Wenn man ihn besucht, wirkt der Herr Bruno, wie wir ihn kennen, aus den Tagen vor dem Unfall, als wir in Paolos Restaurant in Heslach seinen Abschied von der Redaktion feierten. Er kann erzählen, und er hat Humor. Sein Humor kommt, wie im Lehrbuch, aus einer Verkettung von Wahrheit und Schmerz – komisch werden die Dinge aus der Distanz des Denkers, in jeder Lage.

Es ist leicht, Worte wie Würde und Haltung hinzuschreiben. Schreibt man sie in eine Reihe mit Bruno Bienzle, erscheinen sie einem nicht wie hingeschrieben. Es steckt etwas dahinter. Respekt. Hochachtung. Die Dankbarkeit, von diesem Mann etwas gelernt zu haben. Heute, am 4. Januar 2013, hat Bruno Bienzle Geburtstag. Er wird siebzig. Wie er diesen Tag verbringen wird, bestimmen er und seine Familie. Ziehen wir aus der Ferne den Hut. Auch eine Verneigung wäre nicht falsch.

Komakaufen

Unterhalb der Staatsgalerie an der Wand lang, ich liebe diese Strecke an der Stadtautobahn. Wo sonst findet man eine Museumsmeile, vor deren Haustüren man so große Chancen hat, von einem vorbeirasenden Auto in die Hölle befördert zu werden. Irgendwo an der Mauer meiner Lieblingsstrecke las ich eine sehr schön angebrachte Inschrift:

»Reicher Mann und armer Mann / standen da und sahn sich an. / Und der Arme sagte bleich: / Wär' ich nicht arm, wärst du nicht reich.«

Bertolt Brecht hat dieses Gedicht während des Zweiten Weltkriegs geschrieben, heute trifft es auch ohne Krieg den Nerv. Die etwas Frischeren erinnern sich, wie Stuttgart sich nach dem Zweiten Weltkrieg als Bundeshauptstadt beworben hat, etliche Jahre bevor die Stadt mit ihren charismatischen Galionsfiguren Schuster und Teufel als Olympia-Kandidatin für 2012 weltweit Lacherfolge erzielte.

Bundeshauptstadtkonkurrenten waren zunächst Frankfurt und Kassel. Mit üblen Tricks und Lügen setzte der aus Köln stammende Regierungschef Adenauer schließlich seine Nachbarstadt Bonn durch. Nach der Abstimmung im November 1949 deckte der *Spiegel* bei den Abgeordneten einen millionenschweren Korruptionsskandal auf. Die neue Republik startete also richtungsweisend für alle weiteren demokratischen Gepflogenheiten hierzulande.

Stuttgart war als Hauptstadtbewerber schon vorzeitig ausgeschieden, weil es, völlig untypisch, kein Geld hatte. Nur Schulden und Verpflichtungen. Vermutlich prägt diese Schmach den Kessel bis heute. Beim Wiederaufbau der Stadt erinnerten sich dann viele Rathauspolitiker an ein ökonomisches Erfolgsmodell ihres größten Führers aller Zeiten: Sie bauten fortan Autobahnen, und zwar quer durch die eigene Stadt. Diese Strategie war ein Zeichen für die Autoindustrie, erfüllte in der Folgezeit jedoch nicht den größten Wunsch der aufstrebenden Provinzpolitiker: Stuttgarts schneller Anschluss an die große Welt lässt bis heute auf sich warten.

Dieser Tage war ich im Reisebüro, weil ich Lust hatte, mal wieder einen Flecken Erde außerhalb des Kessels zu betreten. Beiläufig sagte man mir, dass es von Stuttgart aus für Reisen in Länder außerhalb Europas nur zwei Direktflüge gebe. Daran hat auch die Taufe unseres Filder-Flugplatzes auf den Weltstarnamen Rommel, Manfred, nichts geändert. Wenigstens phasenweise hatte man früher auch mal direkt nach New York fliegen können. Heute, so sagte man mir, erreiche man ohne Umsteigen nur noch Coca-Cola in Atlanta und die Scheichs von Abu Dhabi. Abu Dhabi ist für den Kessel existenziell wichtig, weil reiche Wirtschaftsflüchtlinge aus Arabien regelmäßig ganze Krankenhausetagen bei uns mieten.

Da Fliegen nicht unsere stärkste Nummer ist, hat der Gemeinderat vor mehr als zwanzig Jahren beschlossen, die Welt auf dem Landweg zu erobern. Das Stuttgarter Hochgeschwindigkeitskonzept ist bekannt: In zehn, zwanzig oder hundert Jahren, wenn man reichlich Tunnel gebohrt und die Stadt auch über der Erde verschandelt hat, sind wir mit der Eisenbahn schneller als der Schall.

Bis dahin tun wir im Kessel weiterhin alles, um uns als Beinahe-Bundeshauptstadt im Weltstadtkanon zu behaupten. Als wichtigste stadtpolitische Idee gilt seit geraumer Zeit der lange unterschätzte Effekt des kollektiven Shopping-Deliriums. Ich nenne es Komakaufen: eine Variante der Volksfestorgien mit Partykindern. Der Unterschied: Im Einkaufsgetümmel gehen weniger kleine Mädchen als auf dem Wasen in die Hocke, um sich im

Schutz ihrer Dirndl und im Schatten pissender Lederhosen zu erleichtern. Beim Blick auf die Gesamtkulisse nährt sich der Verdacht: Geld stinkt nicht nur, es sieht auch scheiße aus.

Der traditionelle Einzelhandel und das konventionelle Konzernkettengeschäft vegetieren inzwischen in Reservaten am Marktplatz und auf der Königstraße, während sich die fortschrittlichen Kannibalen in den Power-Shopping-Kolonien herumtreiben. Stuttgarter Händler fordern bereits den verkaufsoffenen Sonntag. Raum für einträgliche Opfergänge könnten die leer stehenden Kirchen der Stadt bieten. Hilfe leisten dann die Chöre der Kaufrauschgoldengel mit dem Liedgut unserer Zeit: »I Am Saling«, »Shoppin' On Heaven's Door«, »Atemlos durch die lange Einkaufsnacht« usw. Diese Großgoschen-Oper wäre eine kulturelle Bereicherung in der Stadt, eine Abwechslung in der allgemeinen Unvermeidbarkeit von Feinstaub, Korruption und Christoph Sonntag.

Unterdessen schwitzen die Schulkinder in den Muskelbuden ihre Primark-Klamotten beim Kaufkrafttraining blutig. Kredit- und Inkasso-Kämpfe sind ja der Traum aller Kaufbolde. Die wiederum freuen sich über jeden reellen Preisrabatz. Mütter und Väter treffen sich in den Fast-Food-Buden zum Früh-Shoppen und kauen schwer am Lied von der Moral: Fressen ist ja immer oral. Und keine Bange: Diese Kalauer habe ich samt und sonders aus dem Ramschregal der Sparwitze gestohlen. Jeder hat das Recht, auf seine Weise zu verblöden, sich mangels frischer Eier am Geistesgeiz aufzugeilen.

Die neue Kultur des Stuttgarter Lebens reduziert sich auf eine politische Forderung an alle lieben Mitbürger und andere Flüchtlinge, die sich schon heute keine Stadtwohnung mehr leisten können: Shop & Go!

Der Flug der Kugel

Heute berichte ich von einer Stadtreise mit mehreren Etappen. Die Tour war nicht an einem Tag zu leisten, und ausgerechnet als ich auf dem Gipfel mit der guten Aussicht in den Talkessel ankam, regnete es Hunde und Katzen. Da war ich auf dem Frauenkopf, begleitet von der Stuttgarter Galeristin Saby Lazi, die gerade Bilder von Max Ackermann ausstellte.

Auf dem Frauenkopf wohnen die Reichen in Villen hinter hohen Hecken. Am Ende des Waldhügels, im Südosten der Stadt, landet man in einer Schrebergartenkolonie. Bei uns sagt man nicht »Schrebergärten«, ich sage es trotzdem, weil der Stuttgarter Maler Max Ackermann 1887 in Berlin geboren wurde. Zwischen 1943 und 1957 hat er in seinem Gartenhaus auf dem Frauenkopf gelebt und gearbeitet.

Das Haus steht noch. In der Nähe der Fußballplatz des SKV Rohracker und der Speidelweg, der sich hinunterschlängelt nach Rohracker.

Klaus-Dieter Ackermann, 70, der Neffe des 1975 im Schwarzwald verstorbenen Malers, weiß noch, wie er als Kind den Onkel Max besuchte. Er erinnert sich an die dunkelroten Kirschbäume im Sommer auf dem »Wiesle«, wie man das Künstlerdomizil nannte. Lange hatte ich geglaubt, das Gartenhaus sei im Krieg zerstört worden. Ein Irrtum. Zehn Jahre vor seinem Tod, als er schon an der Witthohstaffel in Heslach wohnte, schlug Max Ackermann der Stadt vor, auf dem Wiesle ein kleines Museum mit seinen Werken einzurichten. Das Rathaus, erzählt Klaus-Dieter Ackermann, hatte kein Interesse. Die eigene Geschichte ist in diesem Laden selten ein Thema.

1912, nach seinem Studium in Weimar, schließt sich

Max Ackermann an der Stuttgarter Kunstakademie den Schülern von Adolf Hölzel an. Nach dem Ersten Weltkrieg arbeitet er – fasziniert von der abstrakten Malerei – in Stuttgart. Ende der Zwanziger trifft er im Kunsthaus Schaller revolutionäre Künstlerkollegen wie Wassily Kandinsky und George Grosz. 1936 erteilen ihm die Nazis Arbeitsverbot, die Staatsgalerie entfernt seine Bilder als »entartete Kunst«.

Er zieht weg an den Bodensee, besucht den Frauenkopf noch sporadisch. Nach dem Zweiten Weltkrieg verweigert man ihm an der Stuttgarter Kunstakademie den Professorentitel, weil er früher mit den Kommunisten sympathisierte. Erst 1957 ernennt ihn das Land zum Professor ehrenhalber.

Das Gartenhaus auf dem Frauenkopf ist bis heute im Familienbesitz, so dass noch einige Ausflüge mit der Aussicht ins Tal und auf gute Geschichten drin sein dürften.

Über den Speidelweg hinab in den historischen Ortskern von Rohracker – und weiter zur nächsten Stätte eines großen Künstlers. In der Rohrackerstraße 283, eingesäumt von schönen alten Wengerterhäusern, steht das Gasthaus zum Waldhorn mit seinem berühmten Schiller-Erker. Hier unter den Weinbergen, heißt es, habe Friedrich Schiller »Die Räuber« geschrieben, jedenfalls Teile davon.

Der Dichter liefert mir das kriminalistische Stichwort für eine weitere, unaufschiebbare Station meiner Stadttour, die uns zurückführt aus der Landluft in ein Wirtshaus im Betonkessel. Dort gab es nie Tageslicht, und jetzt ist es für immer dunkel. Die Kellerschenke im DGB-Haus hat geschlossen. Es wird keine neue Kneipe mehr geben unter Tage an der Willi-Bleicher-Straße, wo große Kapitel in der Geschichte des Arbeitskampfes geschrieben wurden. Dreißig Jahre hat Edith Küster die Kneipe geleitet, 2013 ging die Wirtin in den Ruhestand. Alles

über den Charakter der Kellerschenke hat uns der Schriftsteller Heinrich Steinfest aufgeschrieben. In seinem Kriminalroman »Der Mann, der den Flug der Kugel kreuzte«
heißt es: »Das Lokal, das der Katholik Borowski aus-
wählte, nannte sich Gewerkschaftskeller und besaß eine
nüchterne, jedoch nicht kalte Rustikalität. Wirkte mehr
ländlich als städtisch, trotz der Glasfenster im Stil des sozialistischen Realismus, durch die künstliches Licht
drang. Tageslicht gab es hier nicht. Was in keiner Weise
störte. Überhaupt vergaß man, wenn man dort unten saß,
dass man sich mitten in Stuttgart befand. Aber das war es
nicht, warum der Vielesser Borowski den Gewerkschaftskeller hoch schätzte. Was ihn anzog, war das er-
staunliche Zusammentreffen ziviler Preise mit großen
Portionen, anders gesagt: Hier wurden die Teller allen
Ernstes bis zur Gänze gefüllt. ›Und das nicht mit Dreck‹,
so Borowski wörtlich.«

Nein, es ist kein Dreck, was einem die Stadt erzählt,
wenn man den Flug ihrer Kugeln kreuzt. Was nicht heißen soll, einer aus den Frauenkopf-Villen habe auf uns
geschossen.

Die Welt in Schach halten

Heute plaudere ich mal aus der Werkstatt. Das Wort plaudern ist in diesem Fall nicht falsch. Die Schreiberei ist ja auch eine Art Selbstgespräch, vermutlich immer in der eitlen Hoffnung, es gäbe interessierte Zuhörer. Heute habe ich das merkwürdige Bedürfnis, etwas über die Verbindung von Gedanken zu erzählen, und darüber, wie ein Friedhof und ein jüdischer Texaner in die Kolumne geraten.

Am frühen Sonntagabend, es war nasskalt und schon dunkel, ging ich durch die Innenstadt. Die Calwer Straße sah sehr tot aus, geisterhaft, und man fragt sich, warum sie trotz ihrer vielen Restaurants, Bars und Läden keine Seele hat. Überhaupt hat selten ein Quartier in der Innenstadt eine Ausstrahlung, die einen wirklich anzieht und wärmend aufnimmt.

Kommt man vom Rotebühlplatz, steht in der Calwer Straße linker Hand das traditionsreiche Antiquariat Müller & Gräff. Beim Blick ins Schaufenster fiel mir, platziert neben Bänden über das Stauferreich und die Geschichte baden-württembergischer Weine, ein Buch der Autorin Christine Arbogast ins Auge: »Herrschaftsinstanzen der württembergischen NSDAP – Funktionen, Sozialprofil und Lebenswege einer regionalen NS-Elite 1920-1960«. Wach am Abend machte mich vor allem die Zeitangabe: NS-Elite »1920-1960«.

Der routinemäßige Gedanke, das Nazi-Kapitel sei mit dem Ende des »Dritten Reiches« erledigt gewesen, war schon immer heuchlerisch und gefährlich. Zurzeit tagt in Stuttgart der Untersuchungsausschuss zur Terrorgruppe Nationalsozialistischer Untergrund (NSU), und jeder muss begreifen, dass der braune Terror nach dem Zwei-

ten Weltkrieg nicht beendet war. Er lebt. Am Montag-
morgen rief ich den Stuttgarter Schriftsteller Wolfgang
Schorlau an. Er arbeitete gerade in der Landesbibliothek
an seinem neuen Kriminalroman zum Thema NSU.
Monatelang hat er dafür recherchiert.

Wie auch einige Journalisten wurde der Schriftsteller
im Ausschuss vernommen. Es ging um den NSU-Mord
an der Polizistin Michèle Kiesewetter 2007 in Heilbronn.
Erst Jahre nach dem Verbrechen waren die haarsträuben-
den Ermittlungen der Behörden, ihre Vertuschungen und
Nazi-Verstrickungen ans Licht gekommen. Lange wei-
gerte sich Baden-Württembergs Landtag, einen Untersuchungsausschuss einzurichten. Wolfgang Schorlau sagte
mir: »Es ist mehr als merkwürdig, dass die Abgeordneten
im Ausschuss nicht vom Innenministerium, nicht vom
Justizministerium und nicht vom Verfassungsschutz über
die Fakten informiert wurden. Und die Journalisten, die
präzise recherchiert haben, werden im Ausschuss behan-
delt wie Märchenerzähler.«

An dem Sonntag, als ich in der Calwer Straße war,
hatte ich eigentlich vor, Stuttgarts Israelitischen Friedhof
Steinhaldenfeld in Cannstatt zu besuchen. Die Straßenbahn braucht dafür von der Stadtmitte keine zwanzig Minuten. Am Mittag aber gönnte ich mir ein Matinee-
Konzert mit Beethovens Fünfter unter der Leitung des
charmanten Stuttgarter Staatsorchester-Chefs und Pferde-
schwanzträgers Sylvain Cambreling in der Liederhalle
und erledigte noch eine ehrbare Schreiberpflicht in Sachen Stuttgarter Kickers. Dann war es zu spät für einen
Ausflug. Steinhaldenfeld muss also nachgeholt werden,
und jetzt erzähle ich Ihnen, was mich auf den Jüdischen
Friedhof brachte.

Neulich besuchte ich in Berlin die Show des amerikanischen Country-Musikers und Schriftstellers Kinky Friedman. Bei uns wurde er in den neunziger Jahren vor allem
als Autor lustiger, skurriler, abgedrehter New-York-Kri-

mis bekannt. Detektivromane wie »Ballettratten in der Vandam Street« oder »Zehn kleine New Yorker« feierte man als Kult. Weltweit Schlagzeilen machte Kinky Friedman, als er 2006 für das Amt des Senators von Texas kandidierte. Mit seinem pechschwarzen Humor schockierte er so ziemlich alle von links bis rechts und holte dreizehn Prozent der Stimmen. Politiker wie Bill Clinton und Musiker wie Bob Dylan liebten ihn.

Kinky Friedman, in Chicago geboren, lebt heute in Texas und nennt sich einen »jüdischen Unruhestifter«. Die jüdische Geschichte spielt eine große Rolle in seinem Schaffen. In seinem Countrysong »Ride 'em Jewboy« geht es um den Holocaust. Seine Band nannte er, für viele Amerikaner eine Provokation, The Texas Jewboys. Immer wieder hört man von ihm den Satz: »Die Deutschen sind mein zweitliebstes Volk. Mein liebstes ist jedes andere.« Erst 1998 ließ sich der jüdische Cowboy zu zwei Auftritten in Deutschland überreden, er spielte in der Passionskirche in Kreuzberg.

Kinky Friedman ist 70 Jahre alt. Nach reichlich Drogenproblemen und der Schriftstellerei als Therapie wirkt er heute jung und frisch. Ein uramerikanischer Entertainer: böser, lakonischer Komiker und sensibler Sänger, listiger Anekdotenerzähler und liebenswerter Mensch. Vor der Show signierte er, die kalte Zigarre im Mundwinkel, CDs und Bücher, viele der Fans begrüßte er per Handschlag.

Am Tag, als The Kinkster in der deutschen Hauptstadt auftrat, las ich auf der Titelseite der *Berliner Zeitung*, Israels Ministerpräsident Netanjahu fordere die Juden in Europa auf, wegen der jüngsten Terror-Anschläge nach Israel zu ziehen. Der Zentralrat der Juden und die Bundeskanzlerin widersprachen sofort: Jüdische Bürger in der Bundesrepublik seien sicher. Am nächsten Tag, nach einem schönen Abend bei Kinky Friedman, besuchte ich den Jüdischen Friedhof von Berlin-Weißensee, den größten seiner Art in Europa. Auf diesem Weg kommen die Dinge zusammen, so entstehen meine kleinen Texte.

In seinem Buch »Greenwich Killing Time« schreibt Kinky Friedmann: »Ich lehnte mich in meinem Stuhl zurück, paffte ein wenig und versuchte einfach so die Welt in Schach zu halten.«

Was könnte man anderes tun auf dieser Welt.

Ewalds Kampf

Im Streit um die Wichtigkeit eines Gedenkorts in der ehemaligen Gestapo-Zentrale »Hotel Silber« wären die Rathaus-Politiker gut beraten, sich mal mit Ewald Conzmann zu unterhalten. Zweimal saß der »rote Ewald«, wie ihn die Leute nennen, in Stuttgarts berüchtigtem Folterkerker in der Dorotheenstraße ein. 1938 für acht Tage unter den Nazis, weil er der KPD angehörte. 1956 elf Wochen lang, weil er noch immer Kommunist war. Auch die neue Regierung hatte seine Partei verboten.

Ewald Conzmann ist ein unbeugsamer schwäbischer Rebell. Seit Ende des Zweiten Weltkriegs lebt er im Raitelsberg, einer in den zwanziger Jahren mit Bauhaus-Anleihen erbauten Arbeitersiedlung im Osten der Stadt, nicht weit vom Gaskessel. Heute ist das Quartier an der Hackstraße die neue Heimat vieler Migranten. Die Häuser gehören der Stuttgarter Wohnungs- und Städtebau-gesellschaft mbH (SWSG).

Ewald Conzmann hat sich sein Leben lang engagiert. Für Arbeitskollegen, für Nachbarn, für die Menschen in seiner Stadt. In den vergangenen Jahrzehnten kämpfte er vor allem für das Recht, in Würde zu wohnen. 2009 erhielt er die »Ehrenmünze der Stadt für sein verdienstvolles Wirken für die Mieterschaft der SWSG«. Freunde mussten ihn überreden, die Ehrung anzunehmen. Er ist ein Charakterkopf, knorrig auch in seiner Sprache: »Ich brauch' den Scheiß nicht«, hat er gesagt.

Im Frühjahr 2013 kämpfte Ewald Conzmann, der heimliche Bürgermeister vom Raitelsberg, einen für sein Leben untypischen Kampf. Er stritt in eigener Sache. Brauchte dringend von der SWSG eine freie Mietwohnung in seiner Nachbarschaft. Sein Domizil in der Parkstraße 9 lag im ersten Stock, drei Treppenabsätze über dem Erdgeschoss.

Nach wie vor ist er viel unterwegs und hellwach im Kopf. Nur die Beine machen nicht mehr richtig mit. Ewald Conzmann ist 93. »Die warten nur, dass ich ins Gras beiß«, hat er Freunden gesagt, »dann sind sie ihren größten Widersacher los.«

Als ich ihn einmal unangemeldet in seiner Wohnung aufsuchte und neugierig seine Bücher von Marx, Engels, Stalin betrachtete, pfiff er mich zurück: »Des isch heut' nimmer wichtig«, sagte er und zeigte auf fünfzehn Aktenordner im Regal: »Das Wichtigste für die Menschen ist das Mietrecht, ihr Recht auf anständiges Wohnen.« Dann rechnete er vor, wie die Miete bei ihm im Viertel in vierzig Jahren von 76 Mark auf 400 Euro stieg.

Ein paar Tage sind seitdem vergangen, und heute weiß ich: Ewald war wieder mal der Vorkämpfer. Der Mietwahnsinn breitet sich aus, und auch die SWSG sahnt in diesen Tagen immer härter bei den Leuten ab.

Ewald Conzmann, am 12. Mai 1920 in Gablenberg geboren, verkörpert ein Jahrhundert Stuttgarter Geschichte. Er ist einer der letzten Zeugen der Arbeiterbewegung. Als Achtjähriger tritt er in den Kommunistischen Jugendverband (KJVD) ein. Er macht eine Schneiderlehre, muss 1940 in den Krieg und wird im Russlandfeldzug zweimal verwundet. Nach seiner Entlassung aus der Gefangenschaft im Mai 1945 beteiligt er sich am Wiederaufbau der Stadt und wird ein wichtiger Mann der Arbeiterbewegung. Im Raitelsberg, oft zu unrecht als »sozialer Brennpunkt« abgewertet, gründet er seine Familie. 1959, drei Jahre nach dem KPD-Verbot, wird er aufgrund seiner politischen Haltung erneut verurteilt, diesmal zu neun Monaten Haft mit fünf Jahren auf Bewährung. Von 1961 an (und bis zu seiner Rente) arbeitet er bei der Firma Kühler-Behr in Kornwestheim, ist Betriebsrat und Metall-Gewerkschafter.

Die Kollegen schätzen ihn, Ewald setzt sich selbstlos für sie ein, auf Betriebsversammlungen schlägt er auch mal Firmenchefs in die Flucht. Conzmann trifft Gleichgesinnte wie Willi Hoss und Hermann Mühleisen, die in den Siebzigern als oppositionelle Gewerkschafter in der »Plakatgruppe« bei Daimler Schlagzeilen machen.

1975 beginnt ein neues Kapitel für den Rastlosen vom »RIO« (vom Raitelsberg im Osten). Nach seinen Erfahrungen im Kampf mit der Stadt um Wohnungen mit ordentlichen Türen, Toiletten und Bädern gründet er die Mieterinitiative und wird zu ihrem Vorsitzenden gewählt. Fünf Jahre lang führt er ehrenamtlich auch den Mieterverein, ist Mieterbeirat in der SWSG und ärgert sich, weil die Funktionäre Sitzungsgeld in die eigene Tasche stekken. Ewald und seine Mitstreiter spenden das Geld der Initiative.

Bis heute gilt er als bester Anwalt der Mieter, als ein Kämpfer, der sich lange von den Mächtigen, von »den Studierten« nichts gefallen ließ. »Ich habe mich immer gewehrt«, sagt Ewald. Was für eine Vorstellung, dieser Mann könnte ausgerechnet seinen eigenen Kampf um besseres Wohnen verlieren.

Chotjewitz, Stammheim

Zuletzt war er gern mit Borsalino, cremefarbenem Anzug und Gehstock mit Silberknauf unterwegs. Der Schriftsteller und Rechtsanwalt Peter O. Chotjewitz starb am 15. Dezember 2010 mit 76 Jahren in seiner Stuttgarter Wohnung an Krebs. Aus kurz vor dem Tod geführten Gesprächen hat der Frankfurter Autor Jürgen Roth eine Autobiografie erarbeitet, ein großartiges Dokument der Literaturgeschichte und der politischen Entwicklung der Bundesrepublik nach dem Zweiten Weltkrieg. Titel: »Mit Jünger ein' Joint auf'm Sofa, auf dem schon Goebbels saß«.

Es ist ein Genuss, dieses Buch zu lesen, und eigentlich Pflicht, will man Stuttgarts Geschichte und Gegenwart verstehen. Chotjewitz, »der Pit«, hatte von 1975 an ein anwaltliches Mandat für die Mitglieder der Roten Armee Fraktion (RAF) in Stammheim, er war befreundet mit Andreas Baader. Wie Baader und die Terroristen Jan-Carl Raspe und Gudrun Ensslin liegt er heute auf dem Dornhaldenfriedhof begraben.

Zum zweiten Todestag fand im Waldheim Gaisburg, ein Lieblingsort des Schriftstellers, eine Gedenkveranstaltung für Peter O. Chotjewitz statt. Jürgen Roth las aus seinem Buch, Cordula Güdemann stellte Bilder aus, der Künstler Wolfgang Kiwus zeigte Film- und Hörspielmaterial, der Musiker Georg Dietl spielte Klavier.

Wie inszeniert, war im Kunstmuseum am Schlossplatz gleichzeitig die Ausstellung »Stuttgart Stammheim« zu sehen. Der Fotograf Andreas Magdanz hatte dreißig großformatige Arbeiten arrangiert, fast alle in Schwarz-Weiß, aufgenommen im Gefängnis. Fünf Monate lebte er neben der Justizvollzugsanstalt, in einer Kaserne, wo

JVA-Mitarbeiter wohnen. Magdanz sagte, es gehe ihm darum, eine »Erinnerungslücke« zu schließen, bevor es zu spät sei.

Das Gefängnishochhaus von Stammheim soll abgerissen werden. In dem Trakt starben in der Nacht vom 17. auf den 18. Oktober 1977 die RAF-Mitglieder Andreas Baader, Gudrun Ensslin, Jan-Carl Raspe. Die Ausstellung, von der Baden-Württemberg-Stiftung gefördert, lässt im Prospekt keinen Zweifel daran, dass die RAF-Mitglieder »im siebten Stock des Hochsicherheitsgefängnisses Selbstmord begingen«. Im Namen Stammheim, heißt es weiter, verdichte sich bis heute der »Mythos um die Rote Armee Fraktion«, in dem Bau, wo »der sogenannte Deutsche Herbst ein dramatisches Ende fand«. Auch Ulrike Meinhof hat in Stammheim ihr Leben gelassen, 1976.

Schon sind Stimmen zu hören, man möge dem Spuk von Stammheim mit dem Abriss des RAF-Trakts ein Ende bereiten. Befürchtet wird, die Beschäftigung mit dem Thema befördere die »Glorifizierung von Verbrechern«. Am besten, man vergesse die Historie – wie etwa beim Abriss des Berliner Palasts der Republik in der DDR (die im bundesdeutschen Terrorismus eine wichtige Rolle spielte).

Wie mancher konservative Heimatkundler zu glauben, man könne die Stammheim-Geschichte auslöschen wie ein asbestverseuchtes Gebäude, ist Unsinn, gesteuert vom provinzlerischen Wunsch nach »Ruhe und Ordnung«. Schon die bildende Kunst hat das Stuttgarter Gefängnis unsterblich gemacht, etwa mit Gerhard Richters »Stammheim-Zyklus«. Der weltberühmte Künstler hat Fotoszenen nachgemalt, von der Festnahme bis zum Tod, sie nebelhaft verschleiert. An diese Sichtweise erinnern auch die oft verwischten Pressefotos in der Bearbeitung des Künstlers Hans-Peter Feldmann, die unter dem Titel »Die Toten« im Hamburger Bahnhof Berlin zu sehen waren.

Feldmann zeigt die Opfer des deutschen Terrorismus seit 1967: Polizisten, Täter, Geiseln, Zivilisten. Man sieht Gudrun Ensslin bei einer Demo neben ihrem Lebenspartner, dem Schriftsteller Bernward Vesper, den Kinderwagen schieben. Wir begegnen den Fotos der toten Polizisten Reinhold Brändle, Helmut Ulmer, den Begleitern des ermordeten Arbeitgeberpräsidenten und ehemaligen SS-Untersturmführers Hanns-Martin Schleyer.

Nicht nur die künstlerische Auseinandersetzung mit Stammheim erscheint einem verständlicher nach der Lektüre von Jürgen Roths Chotjewitz-Nachlass. Der Schriftsteller, mit dem Stuttgarter Literaturpreis ausgezeichnet, hat Stuttgarter Zeitstimmungen verarbeitet, nicht erst, seit er hier von 1995 an mit seiner Frau Cordula Güdemann lebte (die Malerin ist Professorin an der Kunstakademie auf dem Weißenhof, wo heute auch Felix Ensslin lehrt – das Baby aus Gudrun Ensslins Kinderwagen).

Als Peter O. Chotjewitz wusste, er würde bald sterben, hat er sich in der Weinstube Fröhlich in der Leonhardstraße von Freunden und Bekannten per Handschlag verabschiedet. Die Straße in der Altstadt kannte er seit den sechziger Jahren, noch aus der Zeit vor der Studentenrevolte: »Genau dort befand sich der Club Voltaire, im Parterre und im Keller ... der Club war nicht nur von Linken gegründet worden, sondern das waren auch linksliberale Bürger, linke Sozialdemokraten wie unser noch lebender, ehemaliger linker Bundestagsabgeordneter mit der Fliege oder wie der Buchhändler Niedlich, Bürger, die vielleicht nicht mal SPD gewählt haben, sondern auch FDPler, Gewerkschafter.«

Nach diesen Zeilen begreift man womöglich besser, was sich auf den Straßen von Stuttgart in der jüngeren Vergangenheit zugetragen hat und noch immer zuträgt. Peter O. Chotjewitz, am 14. Juni 1934 in Berlin geboren, hatte einen guten Draht zu unserer Stadt: »Ich habe mich in Stuttgart nie schlecht gefühlt«, heißt es in seinem letzten Buch, »und ich weiß genau, dass ich mich in Berlin nicht besser fühlen würde. Das könnte man für eine Alterserscheinung halten. Aber es ist keine. Ich kenne Stuttgart seit Jahrzehnten.«

Noch weiß keiner, ob die Stadt auch diesmal ihre Geschichte in einem Akt der Ignoranz auslöscht. Oder den Abriss des Stammheimer RAF-Trakts als Aufforderung zur Auseinandersetzung mit der Kultur der Erinnerung begreift. Und einen Ort dafür schafft.

Botnang

Wenn du wissen willst, wie die Welt sich dreht, gehst du nach Botnang. Von meinem Heimathafen aus sind es nur ein paar Stationen mit der Straßenbahn. Zu Wasser lässt sich die Stadt ja leider nicht erschließen. Und im Botnanger Buberlesbach könntest du dich nicht einmal ersäufen. Ich musste raus aus dem Kessel-Inneren. WM. Die meisten Leute sind in Wahrheit nicht im Fußballrausch. Sie fiebern im nationalen Partywahn. Dafür ist jeder Anlass recht, und auf Geheiß ihrer Reklamefritzen johlen und merkeln Populisten wie Kretschmann und Kuhn erregt mit.

Als man in Botnang einige Jahre vor dem Ersten Weltkrieg mit dem organisierten Fußballspielen begann, leisteten die Turner im Flecken heftigen Widerstand gegen diese »ausländische« Sportart. Schon seit der Jahrhundertwende rollte das Leder (oder etwas Ähnliches). 1907 durfte der Fußballklub Germania sogar eine Wiese als Sportplatz mieten, nachdem ihm die Bürokratie kurz zuvor mitgeteilt hatte, Wäschetrocknen sei wichtiger als Kicken.

Über die modernen Wettkampfspiele mit dem Ball ereiferten sich vor allem die Deutschnationalen. Der Stuttgarter Turnlehrer Karl Planck schrieb, er erlaube »sich nicht nur, diese Errungenschaften englischen Aftersports, sondern auch das Fußballspiel selbst nicht nur gemein, sondern auch hässlich, lächerlich und widernatürlich zu finden«. Der Ton erinnert an die Pamphlete »besorgter Eltern«, die hundert Jahre später mit Unterstützung von AfD, CDU und ähnlich afterkritischen Kreisen gegen liberalen Sexualunterricht an den Schulen Sturm laufen.

Das Fußballspiel in und rund um Stuttgart ließ sich

nicht aufhalten. Im Gegenteil, es erreichte ungeahnte Ausmaße. 1952 gingen die Stuttgarter Kickers auf Amerika-Tournee (wovon es heute noch eine Postkarte mit Mannschaftsfoto gibt). Es muss diese Kickers-Reise gewesen sein, die im Land von Football und Baseball dem Soccer zum großen Durchbruch verhalf. Kein Zufall also, dass heute der frühere Kickers-Spieler Jürgen Klinsmann das US-Team trainiert.

In der Heimat wird die Berufung des berühmtesten Fußballers vom Buberlesbach zum Nationaltrainer der Vereinigten Staaten von Amerika mit gewohnt schwäbischem Understatement gesehen. An der elterlichen Bäckerei und Konditorei Klinsmann in der Eltinger Straße zu Botnang, gegenüber vom geschlossenen Wirtshaus Rössle, flatterte am Morgen nach dem WM-Sieg der Amerikaner gegen Ghana nur die deutsche Flagge im Juniwind. Das fand ich schade, zumal die US-Jungs beim 2:1 über die Afrikaner in fast allen Belangen das Niveau der Stuttgarter Kickers erreicht hatten. Fast unsichtbar hingen die Stars & Stripes neben vielen anderen WM-Fähnchen über der Ladentheke. »Weil ich für Deutschland bin«, sagte die Bäckerin, als ich den Grund wissen wollte und einen Hefezopf kaufte.

Womöglich haben es ausländische Ballsportfreunde immer noch etwas schwer in Botnang. Im Dorf, das heute ein Stadtteil ist, erzählt man sich die Geschichte, wie ein osteuropäisches Fernsehteam in den Laden kam und fragte, ob Jürgen Klinsmanns Mutter im Haus sei. Einen Moment bitte, sagte die Dame hinter der Theke, sie müsse kurz schauen. Zurück im Laden, sagte sie: Nein, tut mir leid, Frau Klinsmann ist heute nicht da. Als das TV-Team enttäuscht gegangen war, brüllte die Kundschaft vor Lachen. Mutter Klinsmann hatte sich selbst gesucht und nicht gefunden.

Ich wüsste wenig über die Vergangenheit von Stuttgarts westlichstem Stadtteil, hätte ich nicht im Botnanger

Buchladen den bebilderten Geschichtsband »Aufwiegler, Rebellen, saubere Buben« über den »Alltag in Botnang« gefunden. In der ersten, vor zwanzig Jahren erschienenen Auflage schreibt Paul Sauer: »Botnang gehört zu den schönsten und beliebtesten Stadtbezirken Stuttgarts.« Stattliche Häuser, schmucke Straßen und gepflegte Gärten zeugten vom »Wohlstand seiner Bürger« in diesem von einer »herrlichen Waldlandschaft eingebetteten Ort«.

Wahr ist auch, dass viele Botnanger sich einst vom Akker- und Weinbau ernährten, für miese Löhne beim Leinwandbleichen und in der Wäscherei für die württembergische Hauptstadt schufteten und unter großer Armut litten. Sozialdemokraten und Kommunisten waren in der Mehrheit, bis die Nazis kamen. Bei den Kommunalwahlen 2014 wählte Botnang überwiegend konservativ. Auch der fortschrittliche Fußball hat sich am Buberlesbach nie mehr entscheidend durchgesetzt.

Der Hefezopf schmeckte gut.

Fukushima

Eine lange Pause liegt hinter mir. Das passiert, wenn die Dinge durcheinandergeraten. Eigentlich wollte ich in diesem heißen Juli 2015 nur einundzwanzig Tage damit verbringen, eine Ladung Texte zu sortieren und zurechtzustutzen, damit sie zwischen zwei Buchdeckel passen. Kaum aber hatte ich damit begonnen, beschallte man mich dermaßen mit dem tödlichen Sound von Bohrmaschinen und anderem schwerem Baugerät, bis ich mein Sturmgepäck packte und auf Trebe ging. Alle weiteren Vorkommnisse betrachte ich als eine Verzahnung widriger Umstände und höre jetzt auf zu jammern, weil Privatprobleme von Schreiberlingen weniger interessant sind als der Reissack, der auch in China wieder mal nicht umgefallen ist.

Diese Floskel war zwingend, da ich auf der Flucht in meiner heimischen Umgebung einen Laden mit »Original chinesischer Massage« entdeckte. Originaler geht es nicht: Als ich die Frau im Laden auf eine Rückenbehandlung ansprach, gelang mir eine Terminvereinbarung erst, als ich mit dem Finger auf meine Armbanduhr zeigte und damit unser Sprachproblem überbrückte. Über die deutsch geschriebenen Angebote auf der Menükarte – »Kopfmassage, Schröpfmassage, Akupressurmassage« – wollte ich nicht gleich entscheiden. Sicher war ich mir nach dem Dialog mit der Masseurin nur in einem Punkt: Wenn ich eines Tages vor dem Rassisten-Mob nach China flüchten muss, werde ich mit meinem Gestammel nicht einmal ein Zelt zum Übernachten finden.

Nach der Schreibpause müssten die Einfälle eigentlich aus dem Hirn flutschen, geschmeidig wie nach einer chinesischen Aroma-Öl-Massage. Aber so ist es nicht. In einer Autostadt wie Stuttgart überschlagen sich die Ereignisse schneller, als ein Pferd einen fahren lässt (Jack Nicholson in »Chinatown«). Weiß also fast nicht, wo ich anfangen soll.

Kaum auf einem Asphaltgartenstuhl vor meiner Stammkneipe in Siesta-Stellung, las ich in der Zeitung, der Oberbürgermeister habe einen grünen Masterplan zur Neuordnung des Freiluftmobiliars der Gastwirtschaften entwickelt. Wohl müssen demnächst die Sitzbänke abgesägt, die Werbeschriften auf den Sonnenschirmen vernichtet und die Gehsteige freigekämpft werden. Dagegen darf die von Autogasen verpestete Luft wie in jeder anderen Stadt unter der Fuchtel opportunistischer Machtpolitiker weiterhin unlimitiert geatmet werden. Auch wird im Rahmen der großstädtischen »Unser Dorf soll schöner werden«-Kampagne nichts dagegen unternommen, wenn einssiebzig große Männer mit 140 Kilo Lebendgewicht in kurzen Hosen und ärmellosen Unterhemden auf ihrem Freiluftsitz in ein feuchtes »Boah« ausbrechen, weil vor ihrer Wampe ähnlich geschmackvolle Typen ihre lächerlichen Boliden durch die Straße jagen. Da fragt sich der verspannte Draußensitzer: Was für eine Augenweide im Stadtbild ist ein Sonnenschirm mit Whiskywerbung neben einer Kneipenbank im Vergleich zu einem bekleckerten Muskelshirt voller fetter Biertitten?

Zum besseren Verständnis der Lage halte ich mich an den Slogan meiner Tankstelle in Explosionsreichweite am Rosenbergplatz: »Das Leben ist zu kurz, um Benzinpreise zu vergleichen.« Diesen Rat empfehle ich vor allem Leuten, die kein Auto besitzen.

So fuhr ich einige Male mit der Linie 2 Richtung Cannstatt, ehe die SSB im schönsten Sommer alle Gleis-Verbindungen zu den Mineralbädern kappte. In der Neckarstraße fiel mein Blick mehrfach auf eine große Tafel mit der Aufforderung: »Bereite dich darauf vor, Gott zu begegnen.« Selbstverständlich werde ich darauf achten, ihm nicht im ärmellosen Leibchen mit dem Aufdruck »VfB« gegenüberzutreten. Wie aber soll ich erahnen, ob ER vor mir steht? Hat er eine graue Bürstenblockfrisur, ausgeleierte Stimmbänder und reist unter dem Decknamen »Landesvater«?

Ausgerechnet dem irdischen Gottvater der Grünen widerfährt im Landtagswahlkampf scheinbar eine Art von Unglück, das ihn selbst einst an die Regierung brachte: Konnte er 2011 nur dank der Natur- und Nuklearkatastrophe von Fukushima die CDU besiegen, hängt man ihm diesmal die Schuld für ein durch und durch humanes Problem an, das Politik und Medien kurzum zur Naturkatastrophe erklärt haben. Angesichts der Flüchtlinge dieser Welt spricht man, zur Vertuschung des generellen politischen und organisatorischen Versagens, nur noch von »Flüchtlingsströmen«, von »Menschenflut«, von Ausländern, die das Land »überschwemmen«. Das heißt: Diesmal haben CDU & Co vor der Wahl ihr Fukushima gefunden, ungeachtet der Tatsache, dass sich Grüne & Sozen auch in der Flüchtlingspolitik kaum von der Geistesströmung im schwarzen Kanal unterscheiden. Der schwarze Kanal aber wird mit seiner »Zustrom«-Propaganda von den braunen Seitenarmen der Rassisten profitieren.

In Stuttgart mit seinen 600.000 Einwohnern leben zurzeit 3300 Flüchtlinge, bis Jahresende könnten es 5400 werden. Besonders bedroht vom »Flüchtlingsstrom« fühlen sich naturgemäß Leute, die nie mit internationaler Kultur bewässert wurden, deren Neugier auf das Fremde und Neue erloschen ist oder nie geweckt wurde.

Bleiben Sie gelassen, wenn Ihnen meine Hirntropfen auf den aufgeheizten Stein nicht passen, in der allgemeinen Zorn- und Hassüberflutung. Ich melde mich wieder nach der chinesischen Kopfmassage.

Wenn die Katze kommt

Wenn sich ein geistesgestörter Fußball-Glotzer wie ich auf dem Sofa wälzt, um nach Mitternacht ein 0:0 zwischen Japan und Griechenland wenigstens im Wachkoma zu Ende zu sehen, wäre das normalerweise keine Zeile wert. Doch egal wie oft ich im Kampf gegen den Schlaf als zweiter Sieger vom Sofa fiel: Das Problem des Fußballschnarchers wäre nur dann ein privates, müsste er beim öffentlich-rechtlichen Fernsehen nicht Gebühren abdrücken. Als zahlender TV-Kunde hätte er das verdammte Recht, bei der Fußball-WM auch mal was über Fußball zu erfahren.

Bleibt er aber halbwegs klar wie beim nächtlichen 2:2 der USA gegen Portugal, blökt ihm ein ehemaliger Pfeifenkopf namens Meier entgegen: »Die Sieger des Spiels waren die Schiedsrichter.« Wenn derselbe ZDF-Experte mit dem etatmäßigen Verbrecherjäger Cerne auf Streife geht, wähnt man sich in einer Fortsetzung von »Aktenzeichen XY«, einer verbalen Vorstufe der Lynchjustiz. Merkwürdigerweise ist der Scharfrichter Meier ganz zahm, wenn es darum geht, dem Schiedsrichter Brych Amnestie zu gewähren, nachdem der gerade den Russen einen klaren Elfmeter verweigert hat. Brych ist nämlich Deutscher, und Kritik am Deutschen passt nicht, wenn die Kommentatoren der Öffentlich-Rechtlichen ihre Nationalisten-Partys in Wir-Form feiern. Da zählt sogar der Referee zu »unseren Jungs«. Prompt entschuldigt sich der Experte sechsmal, weil man die Bilder des elfmeterwürdigen Fouls einspielte.

Der Bückling vor dem DFB ist deutsche Vaterlandspflicht, sobald die Verbrüderung zwischen Reportern und Protagonisten in Gefahr ist. Frau Müller-

Hohenstein, die Mensch gewordene Quietscheente mit den Füßen im Interview-Pool, entschuldigt sich vor der Kamera beim DFB-Manager Bierhoff in aller Form, weil ihr Sender gerade fälschlicherweise die Sensation verbreitet hat, die deutschen »Spielerfrauen« seien per Hubschrauber zum Spiel ihrer Spieler geflogen worden. Solche Nachrichten verbreitet man gern mal, wenn man einen am Propeller hat.

Dazu passt die Unterbrechung in der ARD, weil der DFB-Bus auf dem Weg ins Stadion gezeigt werden muss. Obschon nur Spielermänner an Bord, entfährt es dem ARD-Moderator Obdenhövel hoch erregt: »Oh, jetzt können wir den Bus sogar mal von oben sehen.« Von unten war er weniger geil.

Da ist es konsequent, wenn der ZDF-Kommentator Réthy beim Spiel zwischen Belgien und Russland die ADAC-Preisfrage stellt: »Springt jetzt in der 85. Minute der Motor an?«, um wenig später dem Abschleppdienst zu melden: »Nachdem der Wagen nur geschoben wurde, ist die Maschine kurz vor Schluss angesprungen.«

In der Fußballberichterstattung des Fernsehens ist Fußball inzwischen die lästigste Nebensache der Welt. Den Anstalten geht es nur noch darum, sich im Glanze deutschen Glücks zu sonnen. So himmelt Müller-Hohenstein (diesmal nicht am Pool, sondern im Gartenstuhl) den DFB-Trainer Flick an: »Sie haben so eine tolle Farbe!« Als Flick im weiteren Verlauf des Interviews verraten soll, welche Töne ihn musikalisch färben, verweist er auf die Beschallung seines Chefs: Jogi hört Jürgens, Udo. Lieb Vaterland, magst ruhig sein.

Nach so viel harter Fußball-Analyse klärt uns der altgediente ZDF-Seher Poschmann vollends auf, wohin die Sushi-Kugel rollt: »Wenn sich die Japaner in der zweiten Halbzeit durchsetzen können, werden sie gewinnen.« Da wird klar, worauf sich der Blick der Fußballballfachleute richtet, wenn sie uns wie Réthy die Revolution von unten

lehren: »Die Zeit des Besitzfußballs ist vorbei.« Was danach kommt, weiß Müller-Hohenstein: »Man kann sich
die Palmen anschauen. Hin und wieder kommt auch eine
Katze vorbei.« Falls sie nicht schon im Helikopter sitzt.
Schon zurück auf meinem Sofa, fahre ich hoch beim To-
desalarm des ARD-Experten Scholl: »Der Iraner steht
tief.« Nicht nur der.

Berlin, Mexiko, New York

Wenn es zum ersten Mal im Jahr nach Frühling riecht, gehe ich zum Marienplatz. Der 26. Februar 2015 war so ein Tag. Nach einer langen saukalten Zeit voller lächerlicher Krankheiten und Entbehrungen schien sich das Leben zum Guten zu wenden. Die Sonne am blauen Himmel brannte nicht mehr auf den Pelz, weil keiner mehr nötig war.

Die Menschen saßen in Reih und Glied vor den Bars neben der Bankfiliale im Kaiserbau. Blick auf die Zahnradbahn und den Marienplatz, wo schon viele andere Leute die Treppen erobert hatten, im Gesicht die Sonne, vor der Nase die Autos auf der Böblinger Straße und den SMS-Verkehr auf ihren Smartphones.

Einer der Kaiserbau-Investoren hat die kurze Café-Strecke zwischen dem Ende der Tübinger Straße und der Stadtautobahn Hauptstätter Straße als »ein Stück Berlin« bezeichnet. Ich kann dieses Dorfgeschwätz aus den Marketing-Büros nicht mehr hören. Warum nennt man ein paar Auslaufmeter für ein paar Dutzend läufiger Bar-Hocker und einige Hornbrillen-Hipster nicht einfach ein Stück Marienplatz? Oder ein Stückle Stuttgarter Süden? Was haben eine Handvoll benachbarte Kneipen im Kessel mit dem Kiezleben in Berlin zu tun?

Keine Frage, der dynamisch-offene Marienplatz ist eine schöne, einladende Nische in der Stadt geworden, die neuen Bars sind gute Belebungsstationen. Zwischen der Gelateria, dem italienischen Café Kaiserbau, der Pizzeria La Signorina und dem Fahrradladen Bike-Sport hat sich das Condesa etabliert. Die Investoren gaben den Chefs der neu gebauten Bar nach einer Probezeit einen unbefristeten Mietvertrag.

Der Name Condesa ist mir geläufig, seit ich neulich einen Freund in Mexiko-Stadt besucht habe. Auf unseren Touren spazierten wir auch durch den Bezirk Condesa (spanisch für Gräfin). Das Quartier mit seinen Jugendstil- und Art-déco-Anleihen aus den Anfängen des 20. Jahrhunderts ist das bekannteste Gentrifizierungsviertel der mexikanischen Hauptstadt. Es liegt neben dem Bezirk Roma, beides teure Wohngegenden mit Bars, Parks und Einkaufszentren. Bildende Künstler, Musiker und andere Artisten zogen in diesem Revier vor der Jahrtausendwende Yuppies, Investoren und Europäer an. Gut in Erinnerung sind mir die vielen Hundesitter, die rudelweise Huskys, Windhunde und andere exotische Köter der Reichen durch die Grünanlagen führen.

Folgt man der Investoren-Logik, haben wir neuerdings also auch ein Stück Mexiko am Marienplatz. Bester Beweis dafür ist auf der Condesa-Karte der Café Americano: ein auch in Mexiko üblicher, mit Wasser gestreckter Espresso. Nicht zu verwechseln mit dem Filterkaffee zum Nulltarif in US-Restaurants oder gar mit dem deutschen Muckefuck, einem erregenden Kaffee-Ersatzgebräu aus alten Zeiten.

Adios, Marienplatz. Über die Hauptstätter Straße gehe ich in die Kolbstraße 17, zu Annas Treff. Bis Ende 2013 hatte die Wirtin Anna Soussouridou ein Lokal am Marienplatz: den Treff bei Anna in den Räumen des heutigen Condesa. Dann passte ihre Eckkneipe für den einfachen Mann nicht mehr ins Investoren-Konzept. Seit einem Jahr ist Anna in der Kolbstraße.

Ich schaue nach, was es mit dieser Straße auf sich hat. Benannt ist sie nach Paul Kolb, dem Chef der 1845 gegründeten Kolb'schen Brauerei an der Ecke Lehen-/Heusteigstraße, am Ende der heutigen Kolbstraße. Auf dem Brauereigelände wurde 1898 das Varieté Apollo eröffnet. Bei uns kennt man ein Apollo-Theater als Möhringer Musical-Bühne. Das wahre, das berühmte Apollo-Theater, die Heimat von James Brown und Michael Jackson, steht in Harlem. Angesichts unserer Stadtgeschichte, als Harlem-Tourist und mit großem Respekt vor unseren weltläufigen Immobilien-Investoren stelle ich fest: Die Kolbstraße ist ein Stück New York!

Die Wirtin Anna hat die Sechzig überschritten und eine Menge Erfahrung im Kneipengeschäft. Leider ist sie mit ihrem neuen Lokal nicht so richtig glücklich. Viele ihrer alten Stammgäste sind nicht mit ihr umgezogen. Am Marienplatz kamen sie noch alle. Renter, Lehrer, Arbeiter, Akademiker, Gewohnheitszecher, Automatenzocker, junge und alte Abhänger, Neugierige. Einige waren schon Gast bei Anna, als sie noch mit ihrem Mann Georgios in der Nähe die Hauptstätter Stube, die frühere Kolbstube, führte. Georgios starb vor fünfzehn Jahren.

Annas Laden im Kaiserbau haftete der Wohnstubengeruch des Rauchers an, gemütlicher Schmuddel. Die neu gestaltete Kneipe in der Kolbstraße, vor Jahren mal das Gastro-Domizil des früheren Boxers Claus »Attila« Parge, ist geräumiger, moderner, mit ihren dunklen Polsterbänken und Holzstühlen etwas feiner ausgefallen. Tabak ist nach wie vor erlaubt, die Automaten stehen noch, es gibt Flachbildschirme zum Fußballgucken und ein Nebenzimmer für den vertraulichen Rückzug.

Annas Treff läuft nicht wie früher. Die Wirtin muss kämpfen. Eigentlich könnte ihre Bar am Rande des Marienplatz-Trubels ein lustiger, internationaler Laden werden. Eine Griechin als Chefin, im Ausschank Anja aus Polen, Mariam aus Georgien, Martha aus der Slowakei. Das sind doch gute Voraussetzungen für ein neues Kolbstraßen-Varieté voller Lebenskünstler. Für eine Stadtteilkneipe im kühlenden Schatten der brummenden Kaiserbau-Bars.

Food Lounge

Mitte des 19. Jahrhunderts ließ Wilhelm I. am Schlossplatz den Königsbau errichten. Seine Location für VIP-Partys, Musik-Events und Shopping-Trips. Vermutlich war der Königsbau eine mega-coole Venue, bevor sie Investoren Anfang des 21. Jahrhunderts zu einem Center mit Food Lounge fürs Relaxen umbauen ließen. Sechsundzwanzig »kulinarische Treffpunkte«, heißt es, gibt es neuerdings im Königsbau.

Die Deutung des Begriffs »kulinarisch«, gemeinhin der guten Küche gewidmet, überlasse ich den Köchen und Feinschmeckern. Dass ich an den »kulinarischen Treffpunkten« im Königsbau jemanden treffen will, glaube ich eher nicht. Zum Austausch über die Stadtflucht und den Fluch der Stadt sollten wir ein Wirtshaus wählen, das die Marketing-Barbaren auf ihrem Beutezug vergessen haben.

Loswerden muss ich noch, dass Wilhelm I. den Königsbau als Geschäfts-, Konzert- und Ballhaus errichten ließ. Damit habe ich fast alle eingangs gebrauchten Angeber- und Verschleierungswörter übersetzt. Außer der heute ebenfalls gern gebrauchten Venue; dieses Wort bedeutet auch bloß Veranstaltungsort, so wie sich hinter einer Location nur eine Adresse und hinter dem Event meist nicht mehr als ein Allerweltspups mit No-go-Area verbirgt. Die Bezeichnung Food Lounge wiederum erinnert an eine aufgeblasene Wurst; gerecht werden wir ihr in der Übersetzung mit Schnellfressbuden-Geschoss für Döner, Donuts, Darmverschluss.

Bei »Martha's« im Königsbau gibt es Curry-Würste vom Hällischen Landschwein, Flammkuchen mit Speck und solche Sachen. Die Öko-Loge befindet sich aller-

dings zwei Stockwerke unter der Food Lounge, im Erdgeschoss, weshalb nicht klar ist, ob sie sich noch zu den
»kulinarischen Treffpunkten« zählen darf. Vorsichtshalber hat Landschwein-Martha auch Champagner im
Angebot; es könnte sonst der Verdacht aufkommen, im
Königsbau habe sich neben sechsundzwanzig Fast-Food-
Buden eine ordinäre Imbissbude eingenistet.

Das Stadtleben im Event-Location-Dschungel ist kompliziert geworden. Wer kann schon wissen, welchen von
den sechsundzwanzig Futtertrögen eine arme Sau aufsu-
chen muss, wenn sie stinknormalen Kohldampf schiebt.

Die Angst, zwischen den flammenden Highlights urba-
ner Kulinarik das Augenlicht zu verlieren, treibt viele
Städter aufs Land. Wenn auch oft nur in Gedanken. Es
sind die Großstädter, die millionenfach Wald- und Wie-
senmagazine wie *Landlust* verschlingen. Auf dem Dorf
ist die Welt noch in Ordnung. Da hat noch keine Investo-
ren-Mafia die Wirtschaft Zum Goldenen Ochsen in eine
Food Lounge umgebaut. Wehrhaft wurde sie verteidigt
und erhalten. Heute heißt sie Pizzeria Ochsen da Toni.

Neulich, im Dunstkreis der Food Lounge, packte mich
die Landlust, und so fuhr ich auf direktem Weg vom Königsbau zu einem der drei Kaiserberge, um mit der Aussicht auf eine anschließende Belohnung in einem anstän-
digen Wirtshaus die Burgruine Hohenrechberg zu er-
klimmen. Oben angekommen, landete ich nicht wie er-
wartet in einer Lounge übrig gebliebener Staufer. Ich traf
auf eine Horde glatzköpfiger Typen; Schriftzug und
Wappen auf ihren T-Shirts ließen keine Zweifel: Es waren Rassisten, Neonazis. Alte Burgen sind beliebte Treffpunkte dieses Gesindels. Eingeweihte nennen den Hohenrechberg auch Reichsberg.

Die Landluft, das Parfüm der vermeintlichen Idylle, ist
mit Vorsicht zu genießen. Gut, im Wald sah ich neben
Nazis auch Brombeeren und Walderdbeeren. Aber
schlecht war mir noch lange. In der Stadt fühle ich mich

sicherer beim Spazierengehen, auch wenn die Fast-Food-Ingenieure von Stuttgart 21 nicht wissen, ob der Bahnhofsturm auf Stahlbeton- oder Eichenholzpfählen steht, wenn er fällt.

Es gibt nur einen Weg, Landluft zu atmen, ohne an den Abgründen der Dörfer zu landen. Er führt zu unserem bewaldeten Bolzplatz, zu den Stuttgarter Kickers, wo beim Blick auf die Motorik und Technik unserer Fußballspieler die Frage immer wieder neu gestellt werden muss: Stahlpfähle oder Holzlatten?

Wenn wir uns am Sonntag in der Loser-Lounge des B-Blocks versammeln, um unsere Mannschaft im großen Derby gegen den VfB II zum Sieg zu führen, dann wissen wir: Unsere Natur- und Schmalkost-Bude auf der Waldau steht auf tönernen Füßen. Aber eine so geile Event-Location wie unser Degerloch findest du sonst nirgendwo.

Im Schlachthof

Von 1902 bis 1992 hat man in der Nähe des Gaisburger Gaskessels im großen Stil Tiere getötet, zerlegt, verarbeitet. Als der Stuttgarter Schlachthof noch in Betrieb war, habe ich ihn lediglich als blutige Bühnenkulisse wahrgenommen. Der Theaterhaus-Chef Werner Schretzmeier inszenierte dort in den achtziger Jahren das Schauspiel »Vermummte«; die Besucher saßen unter Fleischerhaken. Der Regisseur arbeitete damals nicht zum ersten Mal an diesem Ort. Zuvor hatte er ihn für seinen TV-Film »P 3« zur Bebilderung eines Songs von Humble Pie über die Dekadenz gewählt.

Der Schlachthof an sich ist ein kulturhistorischer Mythos. Dem amerikanischen Automobil-Giganten Henry Ford dienten Anfang des 20. Jahrhunderts die mörderischen Arbeitsbedingungen an den Demontagebändern der Schlachthöfe von Chicago als Vorbild für seine Fließbänder. Und wer Bertolt Brechts Drama »Die heilige Johanna der Schlachthöfe« mit seinen Chicago-Motiven nicht kannte, begegnete dem Thema spätestens Ende der Siebziger im Kino. In dem Hollywood-Film »Rocky« arbeitet der Boxer Rocky Balboa alias Sylvester Stallone im Schlachthof und trainiert seine Schlagkraft an aufgehängten Schweinehälften, bis er seinen Job verliert.

Der Stuttgarter Schriftsteller Wolfgang Schorlau und unsereins fahren am Mittag mit der Linie 9 Richtung Hedelfingen zur Haltestelle Schlachthof im Osten der Stadt. Der größte Teil der einst sechzig Hallen wurde vor mehr als zwanzig Jahren abgerissen. Das Verwaltungsgebäude, das Pförtnerhäuschen und die Polizeiwache blieben aus Denkmalschutzgründen stehen.

Schorlau isst schon seit einiger Zeit kein Fleisch mehr,

nur in Notfällen, etwa um ahnungslose Gastgeber nicht in Verlegenheit zu bringen. Von seinem 22-jährigen Sohn hat er gelernt, dass inzwischen fünfzehn Prozent der Studenten an der Freien Universität Berlin Veganer sind, Menschen, die keinerlei Tierprodukte essen oder als Kleidungsstücke verwenden. Dazu kommen noch viel mehr Vegetarier.

Das Fleisch, das wir essen, ist guter Krimistoff und Schorlau Spezialist für abgründige Branchen mit mafiosen Strukturen. Seine Detektivfigur Dengler hat sich zuvor um Gangster-Geschäfte mit Wasser und Pharmaprodukten gekümmert. Der Schnüffler ist ein politischer Mensch. »Es gibt Branchen, die verbindet man automatisch mit Kriminalität«, sagt Schorlau, »das gilt beispielsweise für die Bauwirtschaft oder die Chemie.«

Der Schriftsteller veröffentlichte gerade seinen Krimi »Am zwölften Tag«, die siebte Geschichte mit dem Ermittler Dengler, einem Ex-Bullen, der an den psychischen Folgen seiner BKA-Vergangenheit leidet. Für das Buch gab es 50 000 Vorbestellungen. Dengler schnüffelt in der Fleischindustrie, im Milieu der Mästerei-Betriebe geht es um Massentierhaltung und die Ausbeutung osteuropäischer Arbeiter.

Schorlau ist kein Fundamentalist, keiner, der missioniert. Es hätte sonst wenig Sinn, mit mir, einem unbelehrbaren Fleischfresser, zu plaudern und den ehemaligen Schlachthof aufzusuchen. Vor einigen Jahren haben private Betreiber in den architektonisch schönen Überbleibseln neben einer rustikalen Gaststätte ein Schweinemuseum eingerichtet. Eine Touristen-Adresse mit dem Stallgeruch der Provinz zur Glorifizierung und Romantisierung der Sau.

Die Räume sind zugestellt mit unzähligen Ringelschwanz-Exemplaren, eine Mono-Schau mit seltsamen Regie-Einfällen. In einer Ecke der Dauerausstellung steht ein mit Stofffetzen sparsam bekleideter Frauenkörper mit

Rüssel neben zwei Spielautomaten. Hackebeil-Symbolik: das Glücksschwein.

Schorlau erzählt, nach der Lektüre seines Buchs hätten ihm Krankenschwestern und Ärzte Dankesbriefe geschrieben: Inzwischen fragen sie ihre Patienten vor jeder Operation, ob sie etwas mit der Landwirtschaft zu tun haben. Wenn ja, droht die Gefahr, dass in ihren Körpern Antibiotika nicht mehr wirken; mit Medikamenten verseuchtes Tierfleisch macht die Menschen immun.

Das alles sind keine neuen Erkenntnisse, für die es – wie zur Aufdeckung anderer politischer Skandale – die Recherchen und die Fantasie des Kriminalschriftstellers bräuchte. Darum geht es nicht. »Bei fast allem, was du machst, hast du so gut wie keine Ahnung, was dahintersteckt«, sagt Schorlau. »Krimis zu schreiben macht Spaß, weil man mit dem Detektiv hinter die Kulissen geht.« Der literarische Detektiv steht heute für eine Eigenschaft, die vielen Menschen fremd geworden ist: die natürliche Neugier, die Lust, das Unbekannte im Alltäglichen zu erforschen, die Auflehnung gegen die Gleichgültigkeit, die Beschäftigung mit dem Möglichen.

Als wir genug haben vom musealen Schweinestall, entdecken wir in einer Ecke das gerahmte Poster einer vegetarischen Initiative: »Die moderne Frau kocht ohne Sau.« Wir fahren zurück in die Stadt. Zum Mittagessen.

Hitler im Wulle-Saal

Der Herbst ist da, man kann ihn sehen und riechen und mit Nietzsche sagen: »Was ward die Welt so welk!« Ich bin mir nicht sicher, ob die Jahreszeit Schuld hat an der welken Welt. Der Herbst ist ja ein lustiger Vagabund, man sammelt auf dem Karlsplatz einen Haufen Kastanien ein und überlegt, wer eine Kopfnuss verdient hätte.

Heute wird das Einkaufszentrum Das Gerber eröffnet. Mit dem historischen, in der Nachbarschaft gestohlenen Namen wollen die Manager Identität mit der Stadt vortäuschen und ihren läppischen Slogan »Hier wächst Stuttgart zusammen« unterstreichen. Die Konsumvollzugsanstalt an der Paulinenstraße wirbt auch mit dem überflüssigen Plakat-Text: »Nicht denken, kaufen!« Wie sollte die Art von Kaufen sonst funktionieren?

Rasch weiter, Richtung Osten. Jeder kennt heute wieder das Wulle-Bier, vor allem wegen der Bügelflaschen. Über die Qualität des Inhalts kann ich nichts sagen, habe keine Bierprüfer-Ausbildung. Ich weiß nur: Die einstige Wulle-Brauerei hat eine bewegende Geschichte. 1861 an der Neckarstraße eröffnet, war sie keine vierzig Jahre später auch Besitzerin des legendären Varietés Friedrichsbau, wo Stars wie Josephine Baker und Charlie Rivel auf die Bühne gingen. Auch Karl Valentin war im Friedrichsbau zugange. Der Komiker konnte seinen Fan Hitler nicht leiden und trat auch nicht in die NSDAP ein.

1926 hielt Hitler im Wulle-Festsaal eine Rede. Der Bau stand an der Stelle, wo heute das Hotel Méridien ist, an der Willy-Brandt-Straße. Das riesige Wulle-Areal zog sich hinauf bis zum Kernerplatz (mit dem heutigen Umweltministerium) und wurde in den siebziger Jahren, nach der Übernahme der Brauerei durch Dinkelacker, mitsamt seiner prächtigen »Bürgerhalle« abgerissen. Der Wulle-Festsaal wird selten in Zusammenhang mit Hitlers frühem Stuttgarter Propaganda-Auftritt erwähnt. Populärer ist, neben den noblen Versammlungen der Stuttgarter Kickers, die Geschichte von Hitlers Landsmann Arnold Schwarzenegger, dem Mann, der es als Muskel-Star zum Gouverneur von Kalifornien brachte.

1965 stieg der Soldat Schwarzenegger über eine Kasernenmauer der österreichischen Armee und flüchtete nach Stuttgart. Bei den Internationalen Herbstmeisterschaften der Bodybuilder im Wulle-Saal kürte man ihn zum »Bestgebauten Athleten« der Junioren. Weil er sich unerlaubt von der Truppe entfernt hatte, wanderte er bei seiner Rückkehr hinter Gitter, wurde rehabilitiert und war nach dem Triumph von Stuttgart bereit für Hollywood.

Der andere Österreicher mit Knasterfahrung, der Postkartenmaler Adolf Hitler, betrat am 19. April 1926 den Wulle-Festsaal. Über das Gastspiel des Nazi-Verbrechers, einen Tag vor seinem 37. Geburtstag, berichtet der Propagandachef Joseph Goebbels in seinen »Tagebüchern«.

Der braune Trupp reist von München, der »Hauptstadt der Bewegung«, über Ulm nach Stuttgart. Goebbels schreibt: »Ulm! In einer kleinen Kneipe Mittag. Man erkennt ihn. Jubel unter den Leuten. Einer von den Spießern kommt und hält ihm sein Bild vor. Mittag! Bärenhunger.« Der Berichterstatter Goebbels leidet an einer Art Ausrufezeichen-Fieber. »Weiter! Sonne scheint. Wind heult! Württemberg! Bis 6 h nachmittags. Stuttgart … Hitler abgeladen. Ich zum Hotel … Dann im Auto zum Wulle-Saal. Ich spreche vor einer vieltausendköpfigen Masse 2 Stunden, und es ist eine göttliche Stille. Man tobt am Schluss. Weg! Zum anderen Saal. Hitler spricht noch. In Ekstase. Ein Donner der Zustimmung. Dann muss ich noch ½ Stunde sprechen … Hitler umarmt mich, als er mich sieht. Ich spreche über ›unsere Arbeit im Ruhrgebiet‹ … Dann kommt er zurück. Spricht ein Schlusswort. Das knallt wie Maschinengewehr … Bei Frau Dr. Nölter zum Kaffee. Wir feiern Hitlers Geburtstag … 37 Kerzen um Blumen brennend … Adolf Hitler, ich liebe Dich, weil Du groß und einfach zugleich bist. Das was man Genie nennt … Abschied von ihm. Leb wohl! … Zum Abendessen bei Familie Weidle. Gut und ehrlich. Da fühle ich mich wohl. Abschied! Ade, mein Stuttgart. Auf dem Bahnsteig stehen unsere Leute und winken. Heilrufe! Auf Wiedersehen.«

Ein Stuttgarter Wiedersehen mit Hitler gibt es am 15. Februar 1933. Als der »Führer« nicht weit vom Wulle-Saal, in der ruhmreichen, später im Krieg zerstörten Stadthalle, seine Hetzrede hält, schlagen vier Arbeiter aus dem antifaschistischen Widerstand mit einem Beil das Kabel für die Rundfunkübertragung durch.

Wenn heute irgendwo der Bügel einer Wulle-Flasche knallt, tut sich Stuttgarter Geschichte auf. Man muss sich davon nicht irritieren lassen. Gemütlicher ist es, beim Blick aufs Bier den Werbeslogan des Einkaufkomplexes zu justieren: »Nicht denken, saufen!«

Köpfe auf Stangen

Es stärkt nicht nur den Kreislauf, am Morgen in der Stadt herumzugehen, bevor man seinen Schreibtischstuhl besteigt. Auch die Neugier wird geweckt. Neben dem Kaufhof beinen sie die Imbissbude aus, ein fettiges Überbleibsel aus den großen Tagen des 2007 verarmt verstorbenen »Wasen-Königs« und CDU-Stadtrats Walter Weitmann. Über der Bude steht »Spielcenter am Hirschbuckel«. Jetzt kommt die »Fritty Bar«.

Zufällig habe ich zuvor in der Bahn einen Satz des Modeschöpfers Wolfgang Joop gelesen: »Die Leute fragen mich, warum ich so schlank bin – ich bin appetitlos geworden, durch das Überangebot an Fressen!« Joop sprach vom Fast-Food-Wahn.

Mein Ziel ist nicht der Futtertrog, ich gehe zum Wilhelmsplatz, der Steinhalde neben der Chaoskreuzung an der Hauptstätter Straße. An diesem Morgen ist ein Bauernmarktstand aufgebaut. Ich könnte etwas Honig kaufen und ihn den Genossen in der benachbarten SPD-Zentrale ums Maul schmieren. Oder ihnen ein paar Eier bringen. Die kannst du brauchen, wenn deine Partei auf vierzehn Prozent heruntergekommen ist.

In Wahrheit bin ich da, um ein paar Züge Stadtgeschichte zu atmen. Vor 500 Jahren, am 9. August 1514, wurden auf dem heutigen Wilhelmsplatz sechs Aufständische des Bündnisses Armer Konrad hingerichtet. Den Männern hat man auf dem Richtblock, wegen seiner Laib-Form »Käs« genannt, den Kopf abgehackt. Der verschwenderische Herzog Ulrich von Württemberg hatte Bauern und Bürger gegen sich aufgebracht, weil er maßlos Steuern eintreiben ließ, um seinen bankrotten Haushalt zu sanieren und Krieg zu führen.

Die Opfer des Tyrannen waren Hans Schmeck aus Waldenbuch, Peter Wolf, dessen Sohn Bernhard Wolf, Kaspar Schmid und Peter Koch aus Glashütte (heute ein Stadtteil von Waldenbuch) sowie Jörg Legelin, genannt Tiegel, aus Stuttgart.

Die Kämpfer unter der blauen Flagge des Armen Konrad hatten ihren Verbündeten das Stadttor öffnen wollen. Der Stuttgarter Historiker und Dichter, Politiker und Theologe Wilhelm Zimmermann, 1807 in der Jakobstraße 6 geboren, schrieb in seiner »Allgemeinen Geschichte des großen Bauernkrieges«: »Fast wäre die Hauptstadt den Bauern in die Hände gefallen. Ein Stuttgarter, Jörg Tiegel, dessen Mutter Legelin hieß und am Zwingtor wohnte, ging auf den Kappelberg und versprach den Bauern, Stuttgart zu überliefern.«

Der Verschwörer Legelin-Jörg verabredete mit »vier städtischen Soldknechten«, den Bauern um Mitternacht das Tor zu öffnen. Leider war die staatliche Abhörspionage auch schon vor 500 Jahren erfolgreich. Die Rebellen wurden belauscht und verhaftet, der geplante Angriff abgeblasen.

Bevor der Scharfrichter am 9. August seinen Job erledigte, hatte der Herzog ein Spektakel »auf offenem Markt« angeordnet. Die abgeschlagenen Häupter von zwei Delinquenten mussten an Stangen zum »abschreckenden Beispiel öffentlich aufgesteckt« werden. Die Mutter Legelin bat nach der Hinrichtung vergeblich um den Kopf ihres Sohnes. Sie erhängte sich daraufhin am »Heilandbild am Ilgenzwinger«. Ihre Leiche wurde weggeschleift und neben Jörgs Überresten verscharrt.

1811 wurde die Hinrichtungsstätte am Wilhelmsplatz abgerissen und in die Feuerbacher Heide verlegt. Die blutigen Schauspiele mit den fallenden Häuptern erklären uns den Namen »Hauptstätter Straße« (die eigentlich Hauptstätterstraße geschrieben werden müsste, weil sie auf keinen geografischen Ort hinweist). Heute erinnert allenfalls die jährliche Open-Air-Party mit dem witzig gemeinten Namen »Henkersfest« an die Brutalität der Herrschenden, ihre Justizwillkür und den Widerstand schwäbischer Bürger. Mit üblicher Geschichtsverdrängung haben die Rathauspolitiker den Märtyrern des Armen Konrad bis heute kein Zeichen des Respekts gesetzt.

Als ich über den Wilhelmsplatz gehe, sind über dem Freiluft-Mobiliar der Bar Mono Sonnenschirme mit Werbung für französische Zigaretten aufgespannt. Aufschrift: »Place de la liberté«. Platz der Freiheit.

So gut wie draußen

In der Regel kommt der Mensch nicht unter freiem Himmel zur Welt, und wenn er vernünftig ist, sucht er auch im Leben den Schutz des geschlossenen Raums. Er muss sich nicht wie der kleine Oskar in Günter Grass' »Blechtrommel« unter den Röcken der Großmutter verkriechen. Als Kokon empfiehlt sich eine Bar mit gepflegtem Licht. Das wäre ein wichtiger Schritt der Menschheit in Richtung Stil.

Seit jeder Nachkomme der deutschen Pickelhaube glaubt, er müsse bei der Wahl seines Schankraums die Lebensart der Italiener oder Spanier nachäffen, geht es auf unseren Bordsteinen zu wie im Sommerschlussverkauf der schlimmsten Ramschläden: Alles muss raus!

Die Frischluftgier, der Wahn, sich als cooler Outdoor-Abhänger mit einer Blasenentzündung zu adeln, erzeugt absurde Bilder. Gestresste Bachelor-Studenten mampfen im kältesten Winter Asia-Schlamm aus Pappkartons auf Gartensesseln. Provinzwirte stellen im Frühsommer Marktplätze mit Liegestühlen zu, und hinterwäldlerische Bürgermeister eröffnen – ohne Blickkontakt zum Wasser – grausam beschallte »Stadtstrände«. Das ist das Dolce Vita des Draußensitzers. »Gärne« deckt er sich im Freien mit Rheumadecken zu, sitzt er nicht nikotinsüchtig unter Heizpilzen. Die Frage, ob es nicht peinlich ist, an einer hässlichen Straßenkreuzung mit der hochstaplerischen Bezeichnung »Platz« im Abgas eines Fünfunddreißigtonners Prosecco zu schlucken, stellt sich längst nicht mehr. Wieso auch. Selbst in den Gärten vor den Halbhöhen-Villen genießt man den Gestank verkohlter Grillware auf Biobasis mit erotischer Lust.

Da gilt als Kauz, wer keine Lust hat, sich von freilau-

fenden Kindern und spielenden Hunden unter Bordstein-
mobiliar an die Stiefel pissen zu lassen. Der lieber seinen
Panama aufsetzt und auf dem Weg in seine nicht von
Tageslicht getrübte Bar dem Sandalenträger vor der
Open-Air-Kaschemme auf die Zehen tritt.

Der Kampf, la bella figura als lebenden Teil eines geschlossenen Gesamtkunstwerks zu begreifen, ist freilich
verloren. Wer sich als Gastwirt nicht ein paar Quadratmeter zum Servieren neben einem Gully ergaunert hat,
dekoriert die Decke seiner ehrbaren Indoor-Anstalt am
besten mit einem Strick. Als Gastronom ist er so gut wie
draußen.

Mann ohne Schatten

Die Stuttgarter Olgastraße ist etwas mehr als 160 Jahre alt, ziemlich lang und bunt. Von der Stitzenburgstraße in der Nähe der Weinsteige komme ich die Wächterstaffel herunter. Es ist ein angenehmer Tag in den Gegenden des Landes, wo in diesem Sommer 2013 kein Hochwasser herrscht.

Zur Olgastraße 136 muss ich, Ecke Cottastraße in das französische Stehtischlokal *épicerie fine*. Die Leute aus dem Viertel gehen in diesem Bistro zum Mittagessen und packen danach etwas Feinkost für ihr restliches Leben ein.

Unterwegs komme ich an dem lustigen Mehrzweck-kiosk mit Namen Olga 120 vorbei. Er ist einer der letzten seiner Art. Vor der Bude Korbstühle, ein kleiner Tisch, ein Sonnenschirm. Der Kioskmann wünscht mir einen guten Tag, als würde er mich schon lange kennen, und empfiehlt mir seinen ebenfalls guten Kaffee. Im Angebot hat er auch Heiße Wurst für einsneunundneunzig, Chili con carne und was zu rauchen.

Es gibt ein Überleben in der Olgastraße. Wer es frisch und würzig mag, wechselt die Straßenseite, geht zum weithin berühmten Türkenimbiss Alaturka oder versorgt sich im Obst- und Gemüseladen Kauf Yad. Bäume werfen ihren Schatten auf den Zeitungskiosk. Auf dem Foto, das ich mit meinem Taschentelefon zur Erinnerung mache, sieht die Bude aus, als hätte man sie mitten in einen Stadtwald hineingebaut. Wer in diesen Tagen in der Alaturka-Gegend Bäume sieht, denkt an die Parkschützer von Istanbul. Auf ihren Schildern steht: »Erdogan holzt Bäume ab, deren Schatten er nicht verkaufen kann.«

Ich kenne einen Mann, der seinen eigenen Schatten verkauft hat. Sein Name ist Peter Schlemihl. Nach einer langen Seereise lernt er an Land Herrn Thomas John kennen, einen reichen Kaufmann, der ihm einen guten Preis für seinen Schatten bietet: ein Säckel Gold, das sich immer wieder von selbst füllt. »Peter Schlemihls wundersame Geschichte« hat vor zweihundert Jahren der Dichter Adelbert von Chamisso aufgeschrieben. »›Belieben gnädigst der Herr, diesen *Seckel* zu besichtigen und zu erproben‹«, sagt Herr Thomas John, und Chamisso erzählt, wie es mit Herrn Schlemihl weitergeht: »Er steckte die Hand in die Tasche und zog einen mäßig großen, festgenähten Beutel, von starkem Korduanleder, an zwei tüchtigen ledernen Schnüren heraus und händigte mir selbigen ein. Ich griff hinein und zog zehn Goldstücke daraus, und wieder zehn, und wieder zehn, und wieder zehn; ich hielt ihm schnell die Hand hin: ›Topp! der Handel gilt, für den Beutel haben Sie meinen Schatten.‹«

Herr Schlemihl, der Mann ohne Schatten, wird nach dem Deal nicht glücklich mit seinem vielen Geld. Viele Menschen, die ihm begegnen, bekommen Angst vor ihm, andere verhöhnen ihn. Und irgendwann stellt er fest: Seinen Handel hat er mit dem Teufel gemacht. Als es ihm endlich gelingt, aus dem Pakt auszusteigen, besorgt er sich von seinem letzten Geld im Seckel ein Paar Siebenmeilenstiefel.

Seit ich die Geschichte kenne, bin ich hinter Herrn Schlemihl her. Eines Tages, da bin ich mir sicher, werde ich ihm begegnen: vielleicht in der Chamissostraße im Stuttgarter Westen. Herr Schlemihl, werde ich sagen, verkaufen Sie mir unverzüglich Ihre Siebenmeilenstiefel. Kohle ist reichlich vorhanden: Seckel gibt es genügend in der Stadt.

Nach meinem Besuch im deutschen Franzosenlokal am Ende der Olgastraße gehe ich eine Weile herum. Der Weißenburgplatz in der Nachbarschaft mit seinen paar Bäumen und Bänken ist ein passabler Fleck zum Verweilen. Das Café Zimt & Zucker hat geöffnet, gegenüber auch das Caffè Attimi. Am Anfang der Straßeninsel warten Tür an Tür zwei Wellness-Läden auf Kunden. Wer sich den Kopf waschen lassen will, sollte den Eingang zum Friseur nicht mit dem des Hundesalons verwechseln, und falls doch, ist es wurscht, denn am Schaufenster steht: »Lifestyle für Hund UND Halter«. Ich ahne, dass sich der Hundesalon nicht mehr lange halten wird.

Fröhlich mit dem Schwanz wedelnd, gehe ich auf dem Rückweg die Schlosserstraße entlang. Was für malerische, wild bewucherte Backsteinhäuser in den Hinterhöfen. Und was für ein auffallend ruhiger Junitag im Schatten der Straßenbäume. Es scheint, als trauten sich die Menschen nach dem langen Frustwetter nicht in die Sonne, auch nicht die coolen Herrschaften, die monatelang – in fette Wolldecken gehüllt – hoffnungsfroh vor den Bars saßen.

Am frühen Nachmittag komme ich am Wilhelmsplatz an. Hinter dem Betonkasten der Barmer Krankenkasse an der Torstraße mit leer stehenden Büros im Angebot ragt verloren der Tagblattturm in den Himmel. Der Wilhelmsplatz ist menschenleer. Wie kann eine Stadt so einfallslos mit ihren Plätzen umgehen. Leider sind Stuttgarts Stadtplaner nie dem wahren Teufel begegnet. Sie haben alle einen Schatten.

Am Rand der Steinwüste residiert, fast vergessen, die Stuttgarter SPD. Die Sozialdemokratie feiert gerade 150. Geburtstag, und sie erscheint einem gar nicht so alt, wenn man weiß, dass ein halbes Jahrhundert vergangen ist, seit Bob Dylans Song *Blowin' In The Wind* auf Platte erschien. Als Willy Brandt sechs Jahre später (1969) Bonner Kanzler wurde, war Bob Dylan ein Weltstar und unsereins ein Schulerbub. Heute sind die Sozialdemokraten am Aussterben, ein paar ihrer Überlebenden singen noch immer Bob Dylans Lieder, als ginge es um Sozen-Winde.

Bis zur Willy-Brandt-Straße mit ihren neuen Ministeriumsklötzen ist es mir zu weit, ich gehe zur Markthalle, wo der Spaziergänger zu jeder Jahreszeit den Sommer riechen kann. Er müsste eine Nase haben wie der Mörder Grenouille in Patrick Süßkinds Roman »Das Parfüm«, wollte er die Gerüche der Markthalle beschreiben, bis sie glaubhaft aus dem Zeitungseinwickelpapier herausstinken wie sonst die Meldungen über die Euro-Krise, über den Ausländerhass oder einen eingewickelten Fisch.

Als ich vor der Markthalle ankomme, kann ich den Sommer sogar hören. Eine gut integrierte Blas- und Zupfkapelle aus Osteuropa singt den Schlager »Rosamunde« auf Deutsch. Ich werfe einen Fünfer ins Säckel der Musikanten, klatsche Beifall und frage sie, ob sie mir ihren verdammten Schatten verkaufen. Geh zum Teufel, sagt der Trompeter.

Schicksal

Zuletzt spazierte ich nur deshalb durch die Stadt, weil ich nach diversen Einschlägen im Rücken nicht mehr richtig stehen, liegen und sitzen konnte. Wie ein Karussell-Esel stiefelte ich am Eckensee herum. Es war noch elend heiß, und wie den Esel zog es mich zur Tränke. Vor dem Opernhaus badeten ein paar junge Männer im Schicksalsbrunnen. Das war zu der Zeit, als es hieß, die Stuttgarter Bürger trauten sich nicht mehr in den Schlossgarten, weil geflüchtete Menschen aus Osteuropa im Park kampierten.

Ich unterhielt mich eine Weile mit den Jungs, allesamt astreines Deutsch sprechende Typen, die gern in Brunnen baden, wenn es heiß ist. Einer von ihnen hatte seinen Ohrring im Wasser verloren, und ich sagte: Mann, das kann dir passieren, im Schicksalsbrunnen. Ja, sagte er, wahrscheinlich ist mein Ohrring durchs Abflusssieb gerutscht.

Wäre es nicht so verdammt heiß gewesen, hätte ich den Schicksalsbrunnen gar nicht beachtet. Ich finde es eh etwas übertrieben, dass man diese Jugendstil-Skulptur des Bildhauers Karl Donndorf der Opernsängerin Anna Sutter gewidmet hat. Gut, sie war eine große, liebeshungrige Sopranistin, aber sie hätte besser ein kühles Bad genommen, als sich auf eine Affäre mit dem Hofkapellmeister Aloys Obrist einzulassen. Musiker haben fast immer eine Macke. Kaum hatte Frau Sutter ihre Beziehung mit ihm beendet, erschoss er sie im Juni 1910 mit einer Pistole in ihrer Wohnung in der Schubartstraße im Osten. Danach brachte er sich selbst um. Zehntausend Trauergäste kamen zur Beerdigung der Diva auf dem Pragfriedhof. Eine solche Liebesleich' hatte das Stuttgarter Opernpublikum eher selten erlebt.

1914 hat man der Sängerin zum Gedenken den Brunnen vor der Oper aufgestellt und ihn 1963 versetzt, da er sonst völlig verloren an der Konrad-Adenauer-Straße herumgestanden hätte. In Karl Donndorfs Skulptur sitzt in der Mitte die Schicksalsgöttin, daneben gibt es zwei Liebespaare. Dem Liebhaber des Paares links von der Göttin fehlt der rechte Fuß. Ein Unbekannter hat ihn irgendwann abgehackt. Mit der Affäre Sutter hatte dieses Attentat wohl nichts mehr zu tun.

Gleich neben dem Schicksalsbrunnen steht das Schiller-Denkmal, entworfen von Karl Donndorfs Vater Adolf, aufgestellt 1913. In der linken Hand trägt der Dichter eine Leier, in der Darstellung des Künstlers steigt er vom Olymp herunter. Gut, dass er inzwischen unten ist, denn seit vergangenem Jahr fehlt ihm der rechte Unterarm. Keiner weiß, wer den Schiller verstümmelt hat. Sicher ist nur, dass er den Arm nicht auf seiner Flucht aus Stuttgart verloren hat.

Bis heute habe ich nichts davon gehört, dass sich die Stuttgarter Bürger nicht mehr in den Schlossgarten trauen, seit sich dort Leute herumtreiben, die gern Gliedmaßen abhacken. Daraus schließe ich, dass sich vor dem Park vor allem Leute fürchten, die von der Stadt sowieso nur ein paar Parkhäuser kennen. So wie vorzugsweise Menschen Angst vor der Straßenbahn haben, die nie mit der Straßenbahn fahren. Großstädtisches Leben zeichnet sich ja überall auf der Welt durch eine gewisse Gelassenheit aus. Manchmal hilft bei der Betrachtung des städtischen Lebens auch eine gesunde Portion Gleichgültigkeit, sofern man dieses Wort richtig begreift. Dann kann es passieren, dass man im Park nicht mehr auf die Haut- und Haarfarbe der Menschen, sondern auf die Inschrift des Brunnens achtet: »Aus des Schicksals dunkler Quelle / Rinnt das wechselvolle Los / Heute stehst du fest und groß / Morgen wankst du auf der Welle.« ... und schon fehlt dir eine Elle!

Raus aus dem Park, weg von den Verstümmelten, hin zu den Neubauten. Am Zaun des Dorotheen-Quartiers, dem Einkaufsprojekt in der Nachbarschaft der ehemaligen Gestapo-Zentrale »Hotel Silber«, lese ich den Werbetext: Bei Breuninger entstehe »ein Ort, an dem sich Menschen und Marken begegnen«. Diese Botschaft nehme ich mit Gelassenheit, zumal mir die Begegnung von »Menschen und Marken« gute Dialoge verspricht. »Ey, Armani«, werde ich sagen, »heute Morgen riecht es wieder streng nach Puma im Quartier.« Und Armani, cineastisch gebildet, wird antworten: »Ey, Mann, heute stinkt mal nicht der Puma. Der Teufel trägt Prada.«

Erhellend auch die Mitteilung des Werbetexters, »in direkter Nachbarschaft« des Neuen Schlosses würden »nun drei Gebäude ein völlig neues Viertel formen und die Stadt im Kern wieder verbinden«. Im Kern unserer von der Stadtautobahn tranchierten Stadt allerdings sehe ich nur eine Reklameverbindung: Als der Einkaufskomplex Das Gerber an der Tübinger Straße hochgezogen wurde, las man am Bauzaun: »Ein Ort, der die Stadt verbindet, der uns noch näher zusammenbringt.« Wir sollen lernen: Menschen finden heute nur noch im Einkaufszentrum zusammen. Unser Schicksal heißt Rundumkonsum. Hoch die Kassen!

Es gibt weitere Parallelen im Geschäft mit »Menschen und Marken«. Zunächst hieß Das Gerber »Quartier S«. Dann kamen die Marketingstrategen auf die Idee, es könnte besser ankommen, wenn sie die Leute in der Gegend »einbinden« – wie Verwundete. Also wählte man mit einem geografischen Taschenspielertrick als neuen Namen »Das Gerber« – so heißt das benachbarte Traditionsviertel. Der Breuninger-Bau wiederum war ursprünglich als »Da Vinci« geplant. Inzwischen heißt er mit Blick auf die historische Umgebung »Dorotheen Quartier« (für die Coolen auch: »Doqu«).

Was soll's. Ich gehe wieder in den Schlossgarten, nehme ein Bad im Schicksalsbrunnen und singe ein Lied für die Geflüchteten, die Verstümmelten und die Gemeuchelten. Und für Anna die Ballade vom Liebestod.

Gänsesuppe mit Hindernissen

Obschon ich einige Weihnachten aus nächster Nähe und bei klarem Verstand erlebt habe, ist mir nie eine gute Weihnachtsgeschichte eingefallen. Weder nach noch vor Weihnachten. Auch hat mir nie einer eine Weihnachtsgeschichte geschenkt, nicht mal eine, die er nicht mehr brauchen konnte. Es ist schwer, eine Weihnachtsgeschichte zu finden, und noch schwieriger, sie aufzuschreiben.

Es regnete in Strömen nachts um halb zwölf, als ich im Westen der Stadt in Begleitung einer Dame von der Rötestraße aus die Reinsburgstraße hinaufging. Ich ging in guten Stiefeln mit hohen schrägen Absätzen und dünnen Ledersohlen, und ich erzähle Ihnen das, weil man in guten Stiefeln mit Ledersohlen ein anderes Gefühl für eine Straße hat als in Schnürschuhen oder Sandalen.

»In meinem ganzen Leben ist mir nie eine Weihnachtsgeschichte eingefallen«, sagte ich zu der Dame. »Dann denkst du falsch über Weihnachten, du hast einen falschen Ansatz. Das wahre Weihnachten, das Motiv jeder Weihnachtsgeschichte ist die Weihnachtserwartung«, sagte sie. »Das ist mir zu hoch«, sagte ich. »Ganz einfach«, sagte die Dame, »Weihnachten selbst ist bei Weitem nicht so weihnachtlich wie die Weihnachtserwartung der Leute.«

Unsinn, dachte ich. Weihnachten ist, wenn Bob Dylan mit seiner Männerstimme singt: »I'll Be Home For Christmas«. Eine gute Weihnachtsgeschichte erzählt vom Leben wie ein guter Song, und sie trägt einen Titel wie die Weihnachtsgeschichte des Schriftstellers Franz Dobler: Heimat ist da, wo man sich aufhängt.

Unterwegs in der dunklen, verregneten Reinsburgstraße

lässt sich durch die dünnen Ledersohlen hindurch spüren, dass in dieser Straße früher das Leben war. Die Straße ist für Stuttgarter Verhältnisse außerordentlich lang, ihr Charakter ausschweifend, und die Architektur der Häuser erzählt einem auch in einer verregneten Dezembernacht von vergangener Würde und Schönheit.

Seit 1854 heißt sie Reinsburgstraße, früher lebte hier der Adel. Es gab stattliche Geschäftsgebäude und erheblich mehr Cafés, Restaurants und Vergnügungsläden als heute. Friedrich Schiller hat im Hofküchengarten, in der nahen Augustenstraße, an »Wallensteins Tod« gearbeitet und in diesem Werk schon Ende des 18. Jahrhunderts alles über die Haltung der Leute im Rathaus von heute vorhergesagt: Ich hab' hier bloß ein Amt und keine Meinung.

In der Reinsburgstraße wohnten nach dem Zweiten Weltkrieg Juden und Arbeiter aus Polen und der Sowjetunion, von den Nazis verschleppte Menschen. Die Amerikaner führten sie unter der Bezeichnung »Displaced Persons«, entwurzelte, geschundene Menschen, die nicht ohne Hilfe in ihre Heimat zurückkehren konnten.

Nach dem Krieg blühte in der Reinsburgstraße der Schwarzhandel; gegen das Glied einer goldenen Uhrkette oder für 250 Mark konnte man ein halbes Pfund Kaffee oder ein Pfund Butter kaufen. Am 29. März 1946 stürmten deutsche Polizisten auf der Suche nach Schwarzmarktware und Diebesgut die Häuser. Es kam zu einem Kampf, und ein Polizist schoss den Juden Zmuslek Danziger in den Kopf. Zmuslek Danziger, gerade erst auf der Suche nach der Heimat zu seiner Familie nach Stuttgart zurückgekehrt, war tot. Die US-Militärs verboten daraufhin den deutschen Polizisten, je wieder das Gelände allein zu betreten, und diese Geschichte ist keine Weihnachtsgeschichte.

Ich weiß nicht sehr viel über die Reinsburgstraße. Lange habe ich nicht mal gewusst, dass die Karlshöhe bis

1889 Reinsburghügel hieß, auch war mir nicht bekannt, dass Eduard Mörike von August 1871 bis September 1873 im Haus Nummer 67 wohnte. Es gäbe noch viel zu erzählen. Aber ich wollte in der Reinsburgstraße ja nur ein paar Meter in diese mysteriöse Weihnachtserwartung hineinstiefeln, von der die Dame gesprochen hatte.

Bei Dunkelheit wirken manche Straßen, als hätte man sie erst vor Kurzem ausgegraben, als gehörten sie noch nicht in die Gegenwart. Ähnlich gestaltet sich für viele Leute Weihnachten. Ihre Weihnachtserwartungen sind geprägt von den alten Geschichten. Man gräbt Erinnerungen aus und duckt sich im Kerzenlicht eines Tannenbaums für ein paar Stunden weg aus der Gegenwart. Vielleicht aber ist es gar nicht wahr, was ich sage. Viele alte Geschichten sind zeitlos wie Märchen. Einige Tage vor Weihnachten 2012, zweihundert Jahre nach dem Erscheinen von Grimms Märchen, habe ich in einem Buch mit persischen Märchen geblättert. Es lag in einem Schnäppchenkorb vor dem Kiosk im Königsbau. Persische Märchen sind bei uns nicht so gefragt wie die Märchen der Brüder Grimm. Sie tragen aber berührende Titel. Eine heißt »Gänsesuppe mit Hindernissen«, eine andere »Bohlul und die eisenfressenden Mäuse« und die schönste trägt den Titel »Der Furz aus Varamin«. Oft beginnen die persischen Geschichten wie Grimms Märchen mit »Es war einmal«, häufig aber auch mit den geheimnisvollen Worten: »Einer war, einer war nicht«.

Ich werde an Weihnachten die Rolle des *Einer war nicht* übernehmen. Womöglich war nichts, und es war Weihnachten.

Falls Sie noch immer eine Weihnachtsgeschichte von mir erwarten, dann sage ich Ihnen in aller Freundschaft, wie es ist: Mir schenkt auch keiner was.

Weltmännisch

Es ist schwül und feucht, als ich am Morgen über den Marktplatz und den Schillerplatz gehe. Die Belagerung des Rathauses, der Stiftskirche und des Alten Schlosses ist in vollem Gang. Ich weiß nicht, ob das Gelage etwas damit zu tun hat: Vor meinen Augen kommt der Oberbürgermeister aus dem Rathaus und eilt unter urbangelassener Nichtbeachtung weiter Kreise der Bevölkerung in die nächste Apotheke.

Männer und Frauen, die am Vormittag rund ums Rathaus Tische und Bänke in ihren Lauben zurechtrücken, tragen Uniformen, eine Art androgyner Kostüme: Geschlechterübergreifend hat man das Personal in kurze Lederhosen und karierte Hemden gesteckt. Das Stuttgarter Weindorf ist ein Trachten-Rummel, voll auf Zeitgeist getrimmt: Die Landeier-Klamotten aus dem Retro-Koffer heißen offiziell »City-Trachten«. Ihre Erfinder nennen diesen Folklore-Kommerz in vollem Ernst »urban«.

Längst gebrauche ich das einst edle Wort »urban« nur noch in Ausnahmefällen. Seit in den Städten der totale Konsum in Shopping- und Fast-Food-Zentren ausgelebt wird, ist der Begriff »urban« zu einem Hohlwort der Reklame verkommen. Jedes Einkaufszentrum, jeder Saftladen nennt Kraut & Rüben heute »urban«, und die hippe Kundschaft spricht es cool amerikanisch aus: »örbän«.

Den Begriff definieren Duden und Brockhaus mit »städtisch, weltmännisch, gebildet«. Man geht also mit weltmännisch gefüllter Krachledernen und stramm geschnürtem Mieder aufs städtische Weindorf und bestellt sich, international gebildet, an der Metzgerbude »Ox to go«. Das »Urban«-Gelaber vor dem Hintergrund der Ochsen zum Mitnehmen ist der Versuch geistiger

Heimatvereinsmeier, mit einem anderen Wort für »modern« die Trollinger-Backen aufzublasen. »Moderne Trachten« klänge ja selbst in einem Kessel ziemlich dumm, wo Rathaus-Politiker traditionell glauben, »Stadtbelebung« stelle man am besten mit Bier- und Weinfesten her. Gleichzeitig verbieten sie Alkohol auf öffentlichen, meist schäbig gestalteten Plätzen, damit die Dialoge ihrer Jungs und Mädels nicht ständig mit einer Tracht Prügel enden. Bei Zuwiderhandlung kommt die Trachtengruppe der Polizei und schleppt die armen Freiluft-Trinker vor den Scharfrichter in der Urbanstraße – benannt nach Papst Urban I., oft verwechselt mit dem heiligen Urban von Langres, dem Schutzpatron der Winzer und Zecher.

Die Lauben-Froschperspektive beim Blick auf die Urbanität der Stadt ist so landpomeranzig wie der Glaube, weltläufiges Großstadtklima entstehe, wenn man die Stadt mit den immer gleichen Beton- und Glasklötzen zustellt. Für die bevorstehende Opernsanierung ist ausgerechnet mitten im Schlossgarten ein zwanzig Millionen teurer Interimsbau geplant. Da klingt es fast rührend, wenn Stuttgarts SPD dazu auf ihrer Homepage Fachwissen verbreitet: »Eine Stadt wird nicht dadurch definiert, was sie wo wie baut. Stadtprägend sind gerade auch die Räume, die nicht bebaut sind ... Plätze, die zum Verweilen einladen und Kommunikation fördern, sind elementarer Bestandteil einer Stadtarchitektur.«

Wie weltmännisch die sonst als Bagger- und Beton-Partei bekannte SPD generell drauf ist, beweist sie mit ihrem Foto zum Text: Es zeigt nicht das Opern-, sondern das benachbarte Schauspielhaus. Dieser Blick fürs Wesentliche entspricht durchaus sozialdemokratischer Kulturauffassung: Theater ist nun mal Theater.

»Elementarer Bestandteil einer Stadtarchitektur« in Stuttgart sind allerdings nicht Räume zum Kommunizieren, sondern Dorfplätze zum Konsumieren. Volkes Sehnsucht nach Uniformen und der geilen heilen Welt zeigt sich aber nicht nur beim Weindorf-Gelage, dem Vorspiel fürs Volksfest auf dem Wasen. In einem Laden in der Hirschstraße liegen neben Dirndl und Lederhose auch schon Halloween-Trachten bereit. Und bald trägt man wieder Nikolausmützen auf dem Weihnachtsmarkt, der nächsten Ballermann-Station im weltstädtischen Event-Programm. Ich bin mir fast sicher, dass sich bald auch für dieses Glühweindorf »City-Trachten« aus irgendwelchen Rauschgoldengel-Depots in Tschechien oder China fabrizieren lassen. Nostalgie made in Germany.

Allerdings gebe ich zu: Es ist nicht besonders urban, sich wie unsereins über die Lust auf Landluft zu ärgern, wo der wahre Grund dafür doch mehr als simpel ist: Wichtigstes Teil der Trachten-Mode ist die Investierhose, im Sinne des Werbespruchs »Die Tracht, die kracht« gefüllt bis zum Platzen. Darauf ein Prosit, bevor ich mich beim Spiel der Stuttgarter Kickers unter die blau-weißen Trachten mische.

Aus der Reihe Critica Diabolis

http://www.edition-tiamat.de